生在澳洲

——北京爷们儿的澳洲"怀孕日记"

李晗 著

人民日报出版社

写在日记之前的话

儿时，常听老爸讲宇宙和外星生命，那时小似懂非懂；长大后，方知宇宙中有数不清的星系，而我们所在的银河系里，就有2000亿颗恒星。在浩瀚如烟的宇宙中，地球，充其量也就是一个小沙粒，至于人的渺小就更不用说了。但渺小的身体和短暂的生命，我们更应该珍惜呵护，因为作为有生命的人，来到这个世界上只有这一次。

好了，言归正传。

改革开放后的中国，正在逐步打开国门。然而，由于地域、历史、文化等东西方的差异，很多中国年轻人并不了解国外与众不同、丰富多彩的生活。我通过记录一个小生命的孕育和成长过程，用图文并茂的形式，向国内的年轻朋友详细介绍澳大利亚的医疗系统、生产就医过程以及不同于国内的育儿方式，还有各种生活信息和美丽的自然风光，展现一个多元化的西方社会，以满足越来越多年轻人盼望了解国外生活、探索、学习新鲜事物的欲望。

全书通过诙谐幽默的语言，以一种轻松愉快的方式来嬉笑调侃一家北京人在墨尔本的快乐生活，并结合时下流行的语言、电影以及事件，希望能给国内年轻的爸爸妈妈、准爸准妈们以及在工作生活压力下，节奏日趋紧张的年轻人们，带来一份真诚的快乐。

至于本书的受众人群，应该是60后、70后、80后、90后所有了解中国文化的华人。本书虽以日记的形式记录了怀孕生产的过程，但也提供了大量翔实有趣的澳洲生活信息，希望您在享受快乐的同时，亦能增长一些知识和见闻！

这是我写此书的初衷。

Jay爸　2011年12月30日

目录 Contents

写在日记之前的话

开篇

快乐篇　怀孕的日子

第5周	怀孕喽！	4
第6周	约见GP	8
第7周	D低了	12
第8周	女人吐吧吐吧不是罪	17
第9周	半歇半逛游墨尔本	21
第10周	第一次见医生	29
第11周	吃了吗，您哪？	36
第12周	筛一筛	42
第13周	西藏	46
第14周	摘樱桃	53
第15周	特殊的"症状"	58
第16周	准爸爸的娱乐	63
第17周	澳洲的新房	70
第18周	夜话	78
第19周	爸爸的话题	82
第20周	仙境之旅——大洋路	88
第21周	男孩or女孩？	101

目录 Contents

第 21 周	JayJay	106
第 22 周	时尚歪谈	110
第 23 周	床	115
第 24 周	给 JayJay 买的东西	119
第 25 周	Jay 姥爷 Jay 姥要来了	125
第 26 周	聊聊澳洲的房子	130
第 27 周	卫星天线	138
第 28 周	回家的诱惑	143
第 29 周	看医生 & 美食诱惑	148
第 30 周	锻炼与养生	156
第 31 周	下午茶	161
第 32 周	酷刑 or 顺产	167
第 33 周	Daylesford 散步	174
第 34 周	iPad 兔	181
第 35 周	猪蹄儿下午茶	185
第 36 周	不要敲门	189
第 37 周	放屁	194
第 38 周	亚拉河畔喝早茶	198
第 39 周	大扫除	206
第 40 周	Jay 妈的 Game Plan	211

目录 Contents

惊喜篇　JayJay来了

预产期这天	218
破水	224
催产	230
麻醉	236
放松	240
顺产	244

幸福篇　产后的生活

住院期间	250
坐坐月子吧	268
社区护士的家访	277
Jay 姥的演唱会	284
JayJay 的福利	288
Party	293
阻止不了的！	298
最后一次复查	303
澳籍华人	308
产后的锻炼	313
写在日记之后的话	319
写给 JayJay 的一封信	320

开篇

　　这个就是墨尔本（Melbourne），澳大利亚维多利亚州的首府，也是目前全球最适宜人类居住的城市——400万左右的人口，40%的城市绿化面积，宜人的气候，多元的文化外加良好的福利政策。

　　您想知道生活在这个城市里会是个什么样子吗？您想看看这座城市周边令人窒息的风景吗？最关键的是您想不想知道，在这里孕育生产一个小宝宝会有哪些趣闻？哪些经验？哪些与国内不一样的地方？

　　想？！那还等什么，就请接着翻篇儿吧。^_^

照相的时候本来是想着男左女右的,结果忘了相片是反的。

右边的就是我,这篇日记的执笔者,被家人称"旦旦",被老婆称"旦",日记的后半部分升级为"Jay爸"。性格开朗,话密能侃,能吃能喝,超级喜爱运动。左边这位是我太太,被家人称为"贝贝",被我称为"贝宝",日记的后半部分同样升级为"Jay妈"。性格是和人熟了之后开朗,和人熟了之后话密能侃,能吃能喝,超级不喜爱运动。

朋友看完这本书的草稿后总结出几句话:最好不要在办公室或者公交车上看,否则情不自禁地笑出声来会让别人误以为您在犯病;绝对不要在吃饭的时候看,这样不但会破坏您的饮食节奏更容易呛着;还不要在攒钱的时候看,因为里面的美景很容易让您对澳大利亚旅游蠢蠢欲动而阔绰出手;更不要在饥肠辘辘的时候看,否则画面中的美食照会令您腹中的馋虫躁动不已。总之,这本书是生活日记中最好的怀孕日记,怀孕日记中最好的旅游日记,旅游日记中最好的生活日记。

我简化一下朋友的评论:一本能在如厕时看的好书 & 日记中的战斗机,喔、耶~~

别等了,开看吧! ^_^

快乐篇
怀孕的日子

第 5 周　2010 年 10 月 25 日　怀孕喽！
October 25th 2010

朋友们的经验告诉我们，怀孕其实并不是那么容易的一件事情。通过他们的经验，我总结怀孕是一件需要综合天时地利人和等多种因素在一起的，是不能着急的。不过话又说回来了，只要工夫深，怀孕能成真！再说了，这备孕的生活还是不错的，各种各样的好吃好喝，呵呵，所以时间长点也无所谓了。

可就在我刚做好了长期抗战准备之时，贝宝给我带来了一个意外的惊喜！

话说今天中午吃过饭后，贝宝说道："旦，我想用试纸试一下！"

"路漫漫其修远兮，你我还需上下努力。老婆，这刚哪到哪呀，别浪费试纸了！"我说道。

"不嘛，等不及了！"说完后贝宝一溜烟儿跑到了厕所里。

几分钟后，贝宝兴奋地举着"中队长"标志跑了出来："旦，我们有宝宝了！！！"

"啊？？！！真的！！"我惊讶地嚷道，不会这么快吧，怎么和拍电影似的，我刚碰你一下你就有孩子了！不过惊讶之外，激动的心情却是油然而生呀，毕竟也是年过三十的人了，在异国他乡中第一次就要升级做父母，这时候大喜过望的心情真是难以言表！

这也就是为什么日记要从第 5 周开始，因为怀孕的漫漫长路是要从末次月经开始，因此前 4 周的时候我们还不知道自己已经是准爸准妈了 ^__^

于是我抓起电话，立刻把这个喜讯告诉远在万里之外的父母："妈，您要升级啦！"

可能长途刚接通不太清楚，那边说道："喂？谁呀，升级？！我不打扑克！"

"什么扑克，妈，我是旦旦，您要升级当奶奶了！"我兴奋地说道。

"儿子呀，真的！！太好了，好儿子，好儿子，男孩女孩？"

💧……"妈，才刚怀上行嘛。"

"呵呵，是呀是呀，瞧我这激动的。太好了，儿子，祝贺你们呀，我们真高兴，我喜欢女孩，你爸喜欢男孩。"

"妈，基因决定性别，请不要根据个人喜好选择。基因就是XY染色体，女孩是XX，男孩是XY……"

"你别说什么XXOO的，我这里要嘱咐你一件非常重要的事情，你知道为什么你那么健康好看吗？"老妈问道。

"天生丽质，没办法呀。"

"你少臭美，因为我怀你的时候就没和你爸在一起过。"

"这个我知道，你在新疆当兵，我爸在山西当兵。"我说道。

"不是这个意思，你们在孩子出生前先不要同房，这样孩子生出来后就会干干净净的，也非常健康。"老妈语重心长地说道。

"啊，不会吧，妈，那岂不我得当10个月的和尚了？"

"和尚也好，道士也罢，总之为了下一代，儿子，一定要给我忍住了！"

💧……我勒个去呀……挂了电话，觉得很滑稽，但是我好像确实也听说过类似的说法。唉，算了，只要能让我的宝宝更加健康和漂亮，别说当和尚了，就是公螳螂我都不带眨眼的，忍了！！于是转身走到电脑前开始准备删一些"进口教育片"。>_<

删完后我搂着贝宝坐在沙发上，然后郑重其事的说道："贝宝，谢谢你给我带来一个大宝宝，我一定好好努力，让你和宝宝生活美满，快乐幸福！"

"哈哈，那你准备给宝宝起什么名字呀？"

"要是男孩的话，我想……"

"脑子里又想着哪个NBA球员的名字呢吧！"贝宝说道。真是知夫莫过妻呀，作为超级NBA（美国职业篮球赛的缩写）球迷，球星们的名字开始回荡在我的脑海里，"你可别给我起科比什么的，再说了，科比那也是日本的神户市呀！"（科比·布莱恩特，NBA著名球星）

"这你就不懂了，老婆，科比好像也是一种牛排的名字，据说科比他老爹吃完了这个牛排，咂吧着嘴久久难忘这美味，于是就命名自己的儿子为科比了！不过……"

"不过什么？"

"要是以你喜欢的那一口儿给孩子起名的话，这孩子恐怕得叫肘子了。"我说道。

"得了，照你这么说人家科比就应该叫牛排布莱恩特，你得找一个放在肘子前面的词！"贝宝说道。

"有了，老婆，要不咱孩子就叫东坡吧。"我兴奋地说道。

"天，可怜的孩子。"贝宝说道。

"怎么可怜了？！"

"你想呀，有人要是问咱家孩子，你为什么叫东坡呀，是不是因为你父母为了纪念北宋大诗人苏东坡起的呀？可怜的孩子低着头小声说道，不是纪念大诗人，是为了纪念我妈爱吃的大肘子起的。"

哈哈……

"要是女孩呢？"我问道。

"要是女孩的话我就叫她沛凝，小名凝凝，英文名Chelsea。"贝宝说道。

"嚯，看来你认定是女孩了，早就准备好了吧！！"

兴奋过后，我抓起电话，预约了GP，开始了我们怀孕之旅的第一站——社区诊所！

 温馨小贴士

孕期同房

其实妈妈电话里的提示不无科学道理。通常性生活会使子宫痉挛长达一分钟之久，容易使胎膜早破或使阴道内的细菌上行至子宫从而引起感染。而在孕早期，胎盘还没有完全形成，处于一种非常不稳定的状态，很多具有保胎作用的孕激素分泌不足，所以这段时期极易发生流产。因此孕早期夫妻不宜同房。

第6周 2010年10月26日 / October 26th 2010　约见GP

今天上午，带着贝宝来到了我们家所在社区的诊所。下面的图片是诊所内部的前台和等待区，几乎每天都有很多人在这里看病就诊。

在澳大利亚以及很多西方国家，医疗体系和老百姓就医的过程其实是和国内有点区别的，大家就随着贝宝怀孕就医的过程，来了解一下在西方社会怎么看病吧。

首先我们在自己测试后得知怀孕了，要立刻联系所住社区的诊所。这种社区的诊所是澳洲医疗体系中最基本的单位，任何要看病的人一般都是先和诊所前台预约，然后再到诊所看病而并非直接去医院。在诊所看病的时候，如果病人需要一些特殊的检查，那么诊所的GP会把病人推荐到相应的检查机构，比如超声、核磁什么的。检查机构的工作人员在病人检查后，会把结果反馈到社区诊所的GP那里。如果需要进一步专业治疗的话，诊所的GP会把病人推荐到相应的专科医生和医院那里。这就是一个简单就医过程，当然了，一些急症肯定是要直接去医院急诊室的。

而在社区诊所中工作的医生，被人称为GP（General Practitioner），我们姑且就理解为全科医生吧。其实他们的任务就是治疗一些相对简单和基本的疾病。一旦病情复杂，他们就要根据自己所学的专业知识，将患者推荐到最为对口的专科治疗机构。在澳洲，不少大医院的医生都是先通过GP的执照考试，然后再一步步地考取专业医师（Specialist）的专业执照，比如妇产科、儿科、心脏外科等等。

怀孕和看病，其实大同小异。我们如约来到了住家附近的Medical One诊所，由于这是我们搬家后第一次来这里，所以GP先为贝宝建立了就诊档案。其中包括个人信息，曾经的就医记录以及有无各类病史等等。档案建好之后，GP询问了贝宝末次的月经，然后确定了预产期为6月28日，那天正好也是贝宝的生日。接着又为我们简单介绍了一下整个怀孕生产的过程，最后，需要我们选择私立医院生产还是公立医院生产。

在澳大利亚，私立医院和公立医院是有一定区别的：初产妇适合选择私立医院，因为那里的就医环境相对较好，而且私人医生会自始至终地进行孕期检查并最终完成接生。每次检查，医生都会用一种小型B超仪监测胎儿的发育情况，很是认真负责。但是孕妇需要额外支付医生费用和私人医疗保险；而公立医院的就医环境相对稍差一些，如果没有紧急情况发生，孕妇大部分的检查都是由助产士来操作，而且最后孕妇的分娩也是由助产士来完成的。不过孕妇从怀孕到分娩的整个过程不需要花钱，费用全部由澳大利亚联邦医疗保险（Medicare）支付。

由于贝宝是第一次怀孕，没有任何生产经验，再加上我们已经提前买好了私人保险，所以我们自然选择了私人医生和私人医院 Frances Perry House 来生宝宝。这所医院的设备、住宿及饮食条件都是墨尔本数一数二的，而且宝宝生完三天后，还可以选择住在墨尔本的五星级饭店里休息。大家会在后面的日记里，看到贝宝在私人医院里的全部检查和生产过程。

确定好了医生和医院之后，GP 为贝宝常规检查了心跳血压等，接着是抽血化验，检查内容包括：血型（Blood Group & Antibody Screen），HCG（Human Chorionic Gonadotropin，就是人绒毛膜促性腺激素，确定怀孕的检查），水痘带状疱疹（Varicella Zoster），B19 微小病毒（Parvovirus B19），梅毒（Syphilis），风疹病毒（Rubella IgG），艾滋病病毒（Hmuan Immunodeficiency Virus, HIV），丙肝抗体（Anti-HCV），甲状腺功能（Thyroid Function），维生素 D 以及各种微量元素。抽完血后还要进行尿液检查，包括尿糖、尿酸、尿蛋白等一系列项目。

化验结果大约在两周后出来，GP 需要把化验结果外加一封推荐信给我们，然后我们预约私人医生。在第一次见面时把这些资料交给医生，这样就基本完成了由诊所 GP 转到专科医生的过程。

从社区诊所出来后坐在车上，看着贝宝目前还是因肥肉而略微拱起的腹部，想想再过 10 个月我就要升级当爸爸了，一股暖流顿时涌上心头。于是暗自下定决心，从今天开始，我要把老婆孕育宝宝，一直到宝宝诞生的经过，全程记录下来。等将来宝宝长大了，我们也老了，坐在一起翻开日记再看看，会多么的惬意！那是我们家宝贵的财富啊！

傍晚跑步锻炼的时候心情大好，平时跑了无数圈的小区草地今天看起来却是格外的美丽。于是跑回家拿出了相机，对着夕阳下的小区开始照起相片来。

在这本日记里，你将会看到很多贝宝就医以及墨尔本的人文风景图片。我觉得，生动的文字加上美丽的图片，才能构成一本完美的日记嘛。

我现在的心情就如同雨过天晴后的小区——爽啊！^_^

私人保险

大家都知道澳大利亚的福利很好,看病不花钱,其实这并非绝对的。每一个澳大利亚的公民和永久居民,都可以免费享受澳大利亚联邦医疗保险(Medicare),Medicare可以报销大部分的就诊费用和治疗费用。对于一些低收入的家庭,甚至可以不花任何钱去看病;但是当你的家庭收入超过了一定金额的时候,你就必须购买私人医疗保险从而缓解公立医院的压力。

而对于要在澳大利亚生宝宝的准爸准妈而言,购买私人保险是要提前计划好的,不能等到怀孕的时候再去购买。因为几乎所有的私人保险公司都有一个政策,就是对于住院生产这一项都有一个12个月的等待期,也就是说你要算好了,要在预产期之前的12个月买好保险,这样私人医院的费用才能从保险公司得到报销。

第7周 2010年11月6日 November 6th 2010   D低了

　　上一篇日记里面提到了贝宝在GP那里做了怀孕之初的化验，昨天诊所打来电话告诉我们贝宝的化验结果除了血液维生素D含量有点低以外其余的都正常。

　　其实与澳大利亚女性相比，很多中国年轻女性血液中的维生素D含量都会略微偏低，这或许与我们的文化习俗有关。在中国，女孩子以白为美，讲究一白遮百丑。媒体和大街上，随处可见各种美白增白的化妆品广告；而西方社会里，女性则是以一身古铜色肌肤为美，他们认为皮肤过于苍白，说明你贫穷或者没有健康意识，只能天天坐在办公室里面打拼而没有时间去享受阳光和健身。确实是这样，和我们国内一些男人女性化和女人男性化的审美观点比起来，西方人可能更加欣赏凸显性征的美，就是男人要一身腱子肉，而女人要前挺后撅的。因此，墨尔本周末的海边到处可见身体健壮的小伙子和性感妩媚的姑娘们，不是在沙滩上晒着日光浴，就是在打排球或者冲浪，真的是活力四射呀。

　　我记得以前一个澳洲朋友到北京旅游，站在长城的烽火台上正享受阳光，突然看到旁边的几个女孩陆陆续续拿出雨伞来了，澳洲哥们儿当时就诧异了，伸出手做了一个接雨水的动作，估计他在琢磨这大晴天的哪来的雨呀！？看着打伞远去的女孩们，他一脸茫然地看着我似乎在说，是她们疯了，还是我疯了？！然后又做起了接雨水的动作。

　　我心想，你们都没疯，正常着呢。于是告诉他这就叫做文化审美观差异，俺们中国人是以白为美的，女孩子们都怕晒黑了。再说了，要是把你们老外女人穿着比基尼晒太阳搁我们长城上,那就叫耍流氓了,是违反精神文明建设的。

接着说说贝宝吧。本来就不大爱室外活动,怀孕后更是大门不出二门不迈了,成天猫在家里,缺少阳光的照射,这维生素 D 能不低嘛。看着外面晴空万里的,我对贝宝说道:"您老人家现在就像是一床被尿湿的被子,需要拿出去暴晒一下。"然后不由分说地把她拉出了门。

贝宝叫上了好友三顺。三顺这个绰号是我们给她起的爱称。因为她曾经学做西点,又颇似韩剧《我的名字叫金三顺》里面金三顺温柔善良的那一面,故获此淑名。三顺是个性情较慢,但超爱逛街的 PLMM。记得上学那会儿贝宝每次给她打电话时都是这样:

"喂,三顺,干吗呢?"

"Melbourne Central 逛街呢?"

"喂,三顺,干吗呢?"

"High Point 逛街呢?"

印象最深的一次,贝宝在圣诞节当天给她打电话,那天可是所有商场都关门的日子。

"喂,三顺,干吗呢?"

"Ebay 上逛街呢。"

💧……

我们一起漫步在墨尔本亚拉河畔,晒着暖暖的太阳,不时抬头看看一望无际的

亚拉河畔

亚拉河畔的商业区

蓝天，那种感觉真是太惬意了。

亚拉河（Yarra River）是一条贯穿整个墨尔本的河，就好比北京的护城河。而亚拉河畔也是墨尔本著名的商业区之一，沿岸有数不胜数的餐馆、咖啡厅、商店等。

散完步晒完太阳后，我们仨找了一家餐厅一起吃午饭。贝宝现在除了晚上9点之后偶感恶心之外，其他时间胃口都很好，于是我们俩合伙儿干掉了一大份牛舌饭、鳗鱼饭、一碗拉面外加一份牛肉锅贴。三顺都看傻了，说道："你们几天没吃饭吧？这也太能吃了吧！"

"没办法呀，这不怀孕了嘛！"我说道。

"你老婆怀孕，你又没有！"三顺说道。

贝宝说："这不算什么，我们家旦旦从小就这样，饭桌上从来不讲究剩饭的。"

"那家教可够严的。"三顺说道

"不是，是因为有了我家里就从没有剩过。"我说。

"哈哈，不错，那你这不错呀，我看很多小孩吃饭都挺费劲的，父母喂饭的时候都是追来追去、连哄带劝的。"三顺说道。

"怎么哄？"我问道。

"比如宝贝好好吃饭呀，妈给你买玩具什么的。"

贝宝突然指着我大笑道："哈哈，你知道吗，他妈也哄他，旦呀，少吃点吧，少吃一碗妈就给你买个玩具。"

"你少来了，我妈缺心眼儿呀。"我说

"哈哈……"三顺大笑道:"那你最多一次能吃多少?"

"嘿,瞧你问这问题!让我想想啊……遥想当年我'血气方刚,朝气蓬勃,风华正茂'的时候……"

"你就贫吧。"贝宝插嘴道。

"一次因为早晨抽血化验的原因没有吃饭,到了中午基本饿得就剩'半条命'了,再不吃东西,体内就该'生化危机'了,于是大吃一顿俨然已经是'使命召唤'了……"

"嚯!最近游戏没少打吧。"

"于是打完针我妈赶紧带我下馆子去了。我记得那是一家倍儿正宗的四川馆子,当时午饭时间已过了,餐厅人不多,我就在我妈和诸位服务员惊愕的注视下干掉了8两米饭,四份菜外加一碗酸辣汤。"我说道。

"啊!!"三顺惊讶得张大了嘴,"那时候你多大呀?"

"芳龄17。"

"天哪,要么说半大小子吃死老子呢。"

"老子倒是没被吃死。不过我想这么能吃可能和我小时候的喂养习惯有关。"我解释道。

"嗯?什么喂养习惯?"

"我刚出生后是我爷爷奶奶帮着带的。唉,老人家们喂我就一个标准——喂到吐!我绝非造谣或者虚张声势,小的时候我爸总认为孩子能吃是健康,所以到处宣传我的'丰功伟绩'呀。"我说道。

"哈哈……"

我琢磨着,你说这将来宝宝要是遗传了我俩,那得多能吃呀!呵呵!就这样在吃吃喝喝、说说笑笑中度过了一个散步晒太阳的周末。

关于维生素 D

作为以白为美的中国女性来讲,避免晒太阳可以防止变黑变丑,可同样引发另外一种结果,那就是血液中的维生素 D 含量减低。

维生素 D(Vitamin D)属脂溶性维生素。它的种类很多,以维生素 D_2(麦角钙化醇)和维生素 D_3(胆钙化醇)较为重要。虽然人们通过一些食物(比如香菇、鱼油等)可获得维生素 D,但是最主要的获取途径还是晒太阳。通过阳光中的紫外线照射,人体皮下的胆固醇能转化为维生素 D,并且极易被人体吸收。因此维生素 D 也有着"阳光维生素"的美誉!

维生素 D 的主要作用在于维持血清钙磷浓度的稳定,保持骨骼的强壮。维生素 D 缺乏会引起骨头和关节疼痛、肌肉萎缩、失眠、紧张等症状,甚至还会导致少儿佝偻病和成年人的软骨病。

而在怀孕或母乳喂养的时候,体内维生素 D 含量低,容易产生一些妊娠并发症,还会对宝宝的成长、牙釉质的形成和宝宝的身体处理钙的方式产生不利影响,甚至可能让宝宝有出生时患佝偻病或在儿童期发展为佝偻病的风险。

因此准妈妈们不要怕晒太阳,因为它能给你和宝宝带来健康。澳大利亚的医生告诉我们,每天只要裸露双臂在充足的阳光下照射 20 分钟便可满足一个成年人每天所需要的维生素 D。

第8周 2010年11月12日 / November 12th 2010 女人吐吧吐吧不是罪

前几天，我们怀着激动的心情又去了家门口的社区诊所。GP 热情地把我们迎到屋里，然后把贝宝上次的血液化验结果全部打印出来，因为贝宝的血液维生素 D 含量稍微低一些，所以 GP 建议她口服一些维生素 D。这样人为补充一些，可以避免怀孕晚期孕妇出现缺钙症状。接着 GP 给贝宝量血压，测心跳等。待一切检查结束后，GP 把血液化验结果连同一封推荐信装到一个信封里递给我们，这就是即将第一次见私人医生时所需要带的全部资料。从现在开始，我们将告别社区诊所和 GP，进入怀孕之旅的第二站——私人医院和专科医生。

大家也许看过电影或电视里的女主角，一般都是在某个时候一捂嘴，然后呕……的一吐——她怀孕了，这就是传说中的早孕反应。当然了，人与人不同，早孕反应的轻重程度也有所区别。就拿贝宝来说吧，至今也未出现过呕吐的症状。该吃就吃，该喝就喝，潇潇洒洒的，丝毫看不出孕妇的模样！

不过就在怀孕差不多 7 周的时候，早孕反应悄悄地来了。奇怪的是，贝宝从来没有在早晨出现过反应，只是每天晚上 9 点之后经常出现恶心想吐的症状。但是贝宝明白不能过于放纵这种症状，否则，再过些日子就什么都别干了，整天蹲在马桶前吐着玩儿吧。总结经验后，她发现凉西红柿或者水蜜桃，能在一定程度上缓解恶心的症状。于是从这天起，冰箱底层的抽屉里便总是放满了西红柿和水蜜桃。

还有一件很奇怪的事，就是贝宝口味发生不小的改变。随着孕期的发展，一向不屑于西餐的她开始厌烦中餐，尤其是带有香油口味的食品。反倒是对三明治、牛排、比萨等西餐越来越感兴趣。于是家里的香油全部扔掉，冰箱里面又堆满了大量的面包、生菜、蛋黄酱、意大利香肠等。

贝宝的好友Kerry和三顺也沉浸在她怀孕的喜讯中，于是大家决定一起欢聚庆祝一下。鉴于贝宝的口味改变，我们选在了位于墨尔本Lygon街上的一家意大利餐厅，大家点了一个超级大又超级好吃的比萨，是将青口（Mussel，学名叫贻贝）、菠萝（Pineapple）、虾（Prawn）、碎辣椒（Chili Flake）以及烧烤酱（BBQ Sauce）放在饼上，再加上独特的意大利奶酪烘烤而成，味道非常美味独特。我之所以标注上英文，就是为了方便大家将来有机会来墨尔本的时候尝一尝。

席间，贝宝大吃大喝，有说有笑，丝毫看不出怀孕期间的任何不适。可就在当天晚上，她终于没有忍住，来了一次怀孕之后最为波澜壮阔的呕吐。

饭后，Kerry提议到她家一起打牌庆祝，爱玩儿的我们怎能放过这种机会，于是大家驱车来到Kerry家。把车停好，就在下车的一瞬间，贝宝突然和我说："旦，我好恶心呀！"

我看了一眼表，说道："老婆，你这早孕反应还真挺规律的，尽量忍着别吐呀。"

"行，我试一……"话未说完，哇……贝宝就已经把刚才吃的大餐全都吐在了Kerry家的车道上了。

Kerry和三顺赶紧跑了过来，一个人扶着贝宝，一个人帮着拍背。贝宝是边吐边哭，于是我赶忙安慰她："哦，哦，好老婆，没事没事了，嘿，老婆你看你吐的，还真有水平，这有一小块虾，那还有香肠，嗯，这边还有没嚼碎的饼，拼一拼又可以做一个迷你小比萨了。"

哇……贝宝吐得更厉害了，边吐还边说："迷你个脑袋，闭嘴，太恶心了！"

"有你这么安慰人的吗？"Kerry冲我嚷道，"刚才咱们是不是吃了什么她特别敏感的东西了?"

"没有呀,她现在就对香油比较敏感!"我说道。

"啊?!香油呀,西餐厅里应该没有的,为什么会对香油敏感呢?"三顺插话道。

"我也不知道呀,以前她还很喜欢香油的味道呢!"我说道。

"这很正常,怀孕了就是这样,可能香油既油腻味道又特殊的原因吧。"这里唯一有过生产经验的Kerry说道。

哇……贝宝又吐了好多,然后大声嚷道:"你们仨统统给我闭嘴,不许再提'香油'这两个字……"哇……

呵呵,这就是贝宝的第一次呕吐,也是她整个怀孕过程当中的唯一一次呕吐。

关于早孕反应

绝大多数女性怀孕6周左右,都会出现不同程度的恶心、呕吐,这个就叫做孕吐。这是因为受内分泌的影响,怀孕后人绒毛膜促性腺激素会急剧上升,这种激素在血液中的浓度越高,孕吐反应也就越严重。在正常情况下,人绒毛膜促性腺激素在怀孕的第10周后开始下降,因此,孕吐症状也会因此而改善。研究表明,孕吐反应还和情绪、压力等因素有关,因此孕妇要尽量避免情绪激动或者压力过大。

除了孕吐反应以外,怀孕早期的其他反应还包括:

1. 排尿次数增多——这是由于子宫增大压迫和刺激膀胱所造成的。

2. 疲倦——尤其是在怀孕12周左右，孕妇经常会在白天就感到极度的疲惫并且昏昏欲睡。可以通过面部按摩、听音乐、聊天和散步等方式减轻疲劳，恢复精力。

3. 乳房变化——在雌激素和孕激素的共同刺激下，乳房逐渐胀大，乳头和乳晕颜色加深，还会有少许清水样乳汁分泌。

4. 嘴馋——怀孕初期很多女性会变嘴馋或者没有任何缘由地想吃某种食物，不过，这种现象大多会在怀孕12周左右缓解。

5. 口渴——口渴表示孕妇和宝宝需要更多的液体，可以每天增加饮水量，并且多吃一些水果和蔬菜。

第9周 2010年11月18日 November 18th 2010 半歇半逛游墨尔本

时间过得真快呀，转眼贝宝怀孕9周了。这也是个很有意义的时间，因为从第9周起，肚子里面的宝宝就不再被称为胚胎了，而可以被正式称为胎儿了。

今天早晨起床后听见贝宝在哼唱着《外面的世界很精彩》，琢磨着可能在家待了两个多月，憋坏了！看见外面阳光明媚的，又是个周末，于是决定带她出去晒晒太阳、散散步。

约了贝宝的好友Kerry一起来到墨尔本的City逛一逛。这个City到底是个什么地方呢？说白了，就是市中心。北京不是有一个CBD吗，那是Central Business District的缩写，就是中央商务区的意思。墨尔本也有CBD，不过这个C是指City，城市商务区。很多西方城市的城市建设都和墨尔本一样，市中心是高楼大厦的，出了市中心后再也找不到任何高楼大厦，取而代之的全是住宅区。

由于贝宝还在怀孕初期，所以我们基本上都是开车到一个地方，然后下来，走5分钟歇10分钟的样子。一路上，我是拿着相机照来照去，而贝宝和Kerry也是有说有笑地逛着。说话间，我给她们也拍了一张，贝宝说道："拜托你今天别再玩儿印象派了，行吗？"

"什么印象派呀？"Kerry问道。

"虚幻化的街头涂鸦，寂静车站的铁道，亚拉河畔的桥洞等等，就是一种特殊的美，她隐藏在那些看似不起眼的地方，需要你用一种独特的视角去发现她、表现她。"

"呵呵，听着挺艺术家的啊。"Kerry 说道。

"还艺术家呢，就是带着相机净往犄角旮旯儿里钻呗。我怎么觉得您这艺术家和老鼠有一拼呀。"贝宝损道。

嘿，敢说我是老鼠，行，今天就给你来点光天化日下的街景。

上面这就是墨尔本市中心里最中间的路——Swanston 街，其实主路并不是很宽，而且还是有轨电车与汽车共行的道路，不过路边的店面可真是多如牛毛，还有各种风味的餐厅。可以说每天这条街上都是这么的热闹。

而下面这一张是拍摄于墨尔本市政厅的门口。

继续往前走便到了Swanston街的尽头,也是墨尔本一个标志性的建筑物——Flinder火车站,常年熙熙攘攘、摩肩接踵的。有意思的是Swanston街另外一端和这里完全两样,是一片公墓。

Flinder火车站

除了主路之外,City里面也不乏小巷,举起相机,拍下里面的涂鸦,也别有一番格调。

鉴于贝宝的身体,我们没有敢在市中心逛太久。接着我们又驱车来到了市区边上的圣帕特里克大教堂(St. Patrick Cathedral)。

小巷涂鸦

圣帕特里克大教堂是墨尔本也是南半球最大最高的天主教堂。这座教堂大部分用青石建成,是19世纪最具代表性的哥特

圣帕特里克大教堂

圣帕特里克大教堂内部

式建筑。教堂内有丰富的工艺作品收藏，包括细致的彩绘花窗玻璃、巧夺天工的木雕及石匠工艺，都凸显出天主教堂的宏伟与庄严。

走进教堂，感受到一种前所未有的庄严与神圣。

就在圣帕特里克大教堂的对面有一个著名的景点，那就是库克船长的小屋（Captain Cook's Cottage）。

库克船长是 18 世纪英国最伟大的航海探险家，他曾经 3 次远渡重洋来到南半球，他不但发现了澳洲大陆，也发现了新西兰和夏威夷等太平洋的众多岛屿。1934 年当墨尔本建市 100 周年大庆时，澳洲知名的实业家拉塞尔爵士出资将库克船长在英国的故居买下，作为礼物送给墨尔本市民。于是这座故居被一块块拆下来，装在 253 个箱子里，总重量 150 吨，由英国海运到墨尔本，照原样组建成。今天这里是墨尔本每年接待海内外游客最多的历史古迹，也是澳洲最知名的观光景点之一。

教堂也看了，库克船长的小屋也去了。于是我们选了一家名叫 Brunetti

库克船长的小屋

的咖啡厅,坐下来好好休息一下。

看见咖啡厅里一位妇女推着双胞胎,Kerry感慨道:"唉,看看人家都有兄弟姐妹,可咱们父母那时候正好赶上计划生育,小的时候家里连个玩伴都没有。"

"我就有小姨子。"我说道。

"啊,真的?"Kerry问道。

"而且她还特别好看。"

"那是,通过你老婆能想象出来。"

"我那小姨子特别喜欢我。"我说。

"一般小姨子都比较敬佩姐夫。"Kerry

库克船长铜像

说道。

"每次我去丈母娘家,一进门小姨子就冲过来抱住我。"

"太夸张了吧。"Kerry 惊讶道。

"而且我坐哪她就坐哪,还老靠着我。"我说。

"不会吧!"Kerry 时不时转头看看贝宝。

"而且她还老亲我的手,动不动含住我的手指头。"

"啊……!"Kerry 诧异得叫了出来。

"你别贫了,旦。Kerry,别理他,他小姨子叫乐乐,是我妈养的小狗。"贝宝说道。

"咳……"Kerry 如释重负地叹道。

就这样,大家有说有笑地度过了一个快乐的周末。

我的小姨子乐乐

喝完咖啡后在回家的路上,贝宝和 Kerry 要去一趟墨尔本 Dockland 的大型超市买点东西,而我呢,正好抱着相机来到墨尔本港(Port Melbourne)拍点相片。

墨尔本港是澳大利亚最大的、最繁忙的现代化水上货运港口,也是澳大利亚东南地区羊毛、肉类、水果及谷物的输出港,每年处理全国 38% 的水路集装箱运输。除此之外,在墨尔本港的另外一端,是墨尔本最现代化的商业区,高级写字楼、海景公寓和商场,映衬在湛蓝的天空下,很能让人体会到一种都市的人文之美。

美丽的墨尔本港

关于澳大利亚

1788年1月26日，第一个英国殖民区新南威尔士建立。1803年，拓展到塔斯马尼亚。之后，西澳、南澳、维多利亚和昆士兰四处相继于1829年、1836年、1851年和1859年也建立殖民区。到1901年1月1日，六个殖民区联合议定的宪法被英国国会通过，正式成立澳大利亚联邦，并改组为联邦下属的六个州。

到今天，澳大利亚仍旧保留着君主立宪制。和加拿大、新西兰一样，澳大利亚这片领土从理论上讲仍是英国皇室的，而澳大利亚最高的统治者还是英国女王，如果女王不在，那么女王会钦定一个总督来替她监管领地。这就是为什么澳大利亚没有总统或者主席，而政府最高的领导人是总理。当然了，这个仅仅是理论上的，而实际上澳大利亚虽然是英联邦国家，但从立法上规定，英国不能干涉澳大利亚的领土、外交以及主权，就连英国女王的总督也是澳洲人内部定的。

澳大利亚有六个州（State）和两个领地（Territorry）。州和领地的立法权有很大分别，州在某些领域可以自行立法，而联邦不能干预。六个州分别是：

新南威尔士州（New South Wales），被誉为"首要之州"（The First State），首府为悉尼（Sydney）；

维多利亚州（Victoria），被誉为"花园之州"（The Garden State），首府为墨尔本（Melbourne）；

昆士兰州（Queensland），被誉为"阳光之州"（The Sunshine State），首府为布里斯班（Brisbane）；

西澳大利亚州（West Australia），被誉为"激情之州"（The Passion State），首府为珀斯（Perth）；

南澳大利亚州（South Australia），被誉为"节日之州"（The Festival State），首府为阿德莱德（Adelaide）；

塔斯马尼亚州（Tasmania），被誉为"岛之州"（The Island State），首府为霍巴特（Hobart）。

而两个领地分别是：

澳大利亚首都特区（Australia Capital Territory），政府所在地是堪培拉（Canberra）；

北领地（North Territory），政府所在地是达尔文（Darwin）。

第10周 2010年11月19日 November 19th 2010 第一次见医生

今天吃过午饭，我们便怀着激动的心情来到了墨尔本皇家妇女医院，第一次和我们的私人医生见面。时间约在下午2点，但我带着贝宝早早就到了，主要是怕不好停车。作为从墨尔本大学主校区毕业的我，深知在工作时间这边停车有多困难，交钱你都找不到地儿。

把车停在了医院对面的街道上，然后拉着贝宝，兴奋地走向医院。大家不妨随着我的文字描述和图片，看看贝宝在澳大利亚的就诊过程吧。由于不便拿相机，所有图片均为手机拍摄。

下面这张图片就是墨尔本的皇家妇女医院（Royal Women Hospital）。

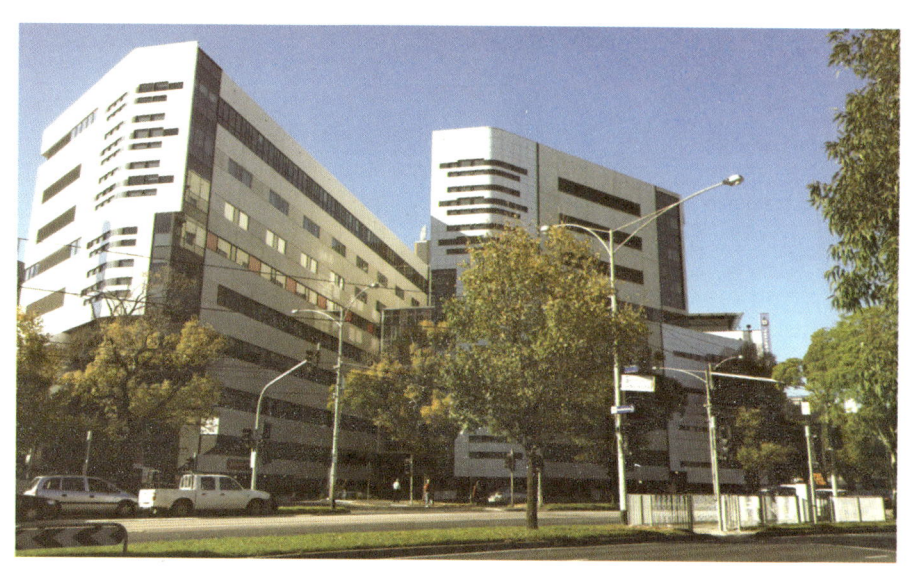

由于澳大利亚至今仍是英国的领地,所以非常喜欢用"皇家"或"女王"的字样,比如医院附近还有皇家墨尔本医院(Royal Melbourne Hospital)、皇家儿科医院(The Royal Children's Hospital),皇家墨尔本理工大学(the Royal Melbourne Institute of Technology,RMIT)等等。而墨尔本市中心边上有一个非常著名的大市场,它被命名为女王维多利亚市场(Queen Victoria Market)。

其实,真正的皇家妇女医院是图片中大楼的一层到五层部分。而五层以上则是皇家墨尔本医院的私立部分,叫做Frances Perry House,也就是将来贝宝要住院生宝宝的地方。

下面的图片是医院大门入口,看起来好像非常普通,和国内一些气派宏大的大型医院的门脸儿相比,确实有点儿相形见绌的感觉。

后面的图片是走进大门后医院内部的样子。

和中国的医院比起来，这里的医院似乎更像一个国家政府办公楼或者公司，空气中没有任何消毒水的味道。而医生也好护士也好，他们在病房或者手术室中都是穿着相应的工作服，而一旦走出病房或者手术室，就必须更换成普通的便装，所以这也是为什么在医院的大厅里，根本看不见穿着白大褂的医生或护士到处走动。

大家随着我们来到二楼。右图中每一扇门外都挂有一个号码，

这个就是各位医生的咨询室（Consulting Room）了，和国内的门诊大同小异。每一个咨询室里包括了医生的办公室、前台、等待区以及检查室等。

一般来讲，国内医生大部分的工作时间是在病房（一些小科室例外）。在病房里级别较高的主任医师或者副主任医师，都有自己专门的办公室，而其他的普通医师则是共用一个大办公室。工作几年后的医师还要定期去门诊或者急诊值班，外科的医师同时还要定期进行手术。而在澳大利亚，专科医生都会有一个自己专属的咨询室，包括了医生的办公室、办公室前台以及专门为这位医生工作的前台秘书。而找医生看病需要和医生的秘书预约，然后按照预约时间来看病。医生定期去急诊、上手术台或者到病房查看自己的病人，除此之外，医生并不会在急诊、病房或者手术室坐班。

找到了我们的医生咨询室后，和前台的医生秘书确定了贝宝的姓名、地址、联系方式等信息，然后就坐在了等待区。等待区很简单，就是前台对面的一个小厅，摆放着十几把椅子，还有一个书架，上面放着各种与孕产有关的杂志和一些娱乐杂志，书架上还有一个CD播放器，里面放着节奏缓慢但却很优美的曲子。这里给人一种祥和放松的感觉，第一次见医生的兴奋与紧张感顿时消失得无影无踪。

过了不到10分钟，我们的医生走了出来，热情地将我们请到了他的办公室。

看看这办公室，知道

等待区

的是外国医生的，不知道的还真以为某公司的经理办公室呢。我们坐在医生办公桌对面的沙发上，开始和他攀谈起来。

我们的医生是一位看起来非常面善的亚裔医生，服务态度非常好，技术也很高超。很多墨尔本的中国宝宝都是由他接生的。坐定后，医生开始简单介绍了一下他自己，然后在电脑里面调出了贝宝的资料，里面包括了在 GP 那的化验结果。然后又询问了很多信息以及健康史等。

大约交谈了十几分钟，医生得到了足够的信息后，示意贝宝躺在检查床上，为她量血压，并用一个小型 B 超仪查看一下胎儿的胎位。

检查完毕后，医生再次嘱咐了贝宝一些注意事项，

医生办公室

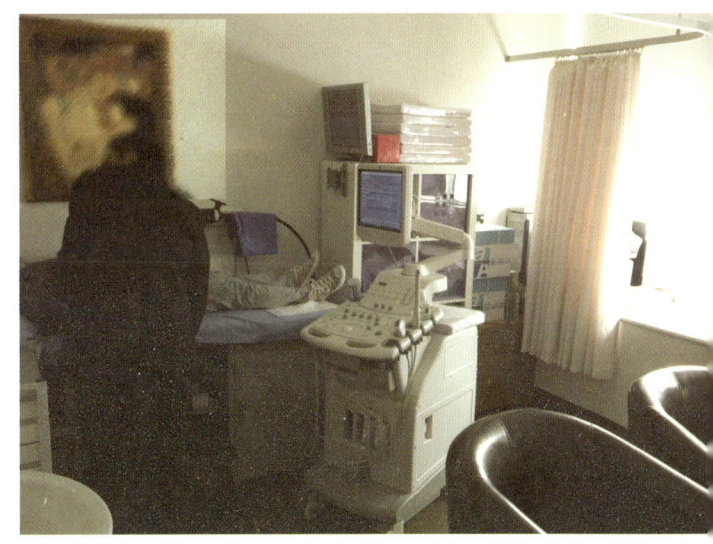

然后就宣布我们的第一次见面结束了，并告知我们一个月后再来。啊，这就完了，再见面还需要一个月！这期间要是有事情发生怎么办？贝宝要是不舒服怎么办？工作之外的时间我们怎么联系医生……对于我们而言还有太多的问题。医生似乎看出了我们的顾虑，安慰我们说，不要紧张，怀孕

生产就像吃饭睡觉一样，是一种自然的生理现象，而非病理现象，不必过分紧张。不要因为怀孕了就把孕妇看得和病号一样。你该干什么就干什么，只是稍加注意一下就行。

也是呀，看着我们的邻居，好嘛，三四个孩子，最近好像又怀孕了，在家该干什么还干什么。可能人口较少加上文化政策等原因，怀孕生孩子，在外国人眼里似乎并不是什么特别重大的事情。

这就是我们第一次看医生的经历。临走时，医生还给我们一沓儿资料，包括怀孕期间的精神健康信息，怀孕期间的常规检查，孕期的体重和血压，孕期的锻炼和旅游，如何分娩等众多信息。说白了，就是把教科书上的很多知识，以简单、明了、易懂的方式配上图片做成宣传单。这样，对于没有专业医学知识的普通人，也可以一目了然地了解、掌握很多孕期的基本知识。

从医院出来后，我说道："老婆，要不咱们去散散步吧？"

"好呀，好呀！"贝宝回答道。

于是我们开车来到了位于墨尔本市中心南边的 St. Kilda 海边，拉着贝宝的手漫步在海边的草地上，闻着带有大海气息的清新空气，感觉好舒服呀。附上两张海边的相片，和朋友们一起分享一下。

海边公园

海边公园

 温馨小贴士

澳洲医生的建议

澳大利亚的医生建议，怀孕期间，孕妇要避免食用有可能滋生细菌的食物，以防止孕妇发生感染从而影响胎儿的健康，这些食品包括动物内脏制成的肉酱（Pate），预先拌好的各种沙拉（Prepared Salad），软冰淇淋（Soft serve ice cream，就是那种没有经过冷冻固化而直接从冷凝机里取来食用的冰淇淋，比如麦当劳那种很便宜的圆筒冰淇淋），以及任何没有加工熟透的各种肉类（Precooked meat）等等。

第 11 周 吃了吗,您哪?

2010 年 12 月 4 日
December 4th 2010

今儿贝宝起了个大早,等我醒来的时候看见她已经坐在沙发上看电视了。于是走过去问道:"老婆,吃了吗?"

"嚯,您起个大早儿呀,早吃了,您哪?"

哈哈,看到这里,有人会说,你俩典型的北京人,见面就爱问吃了吗。确实是这样,老北京里面最常用的一句客套话便是'吃了吗,您哪'。不过这种问候绝对是有时有晌的。

还记得上大学那会儿,上铺的兄弟来自河北唐山,一次吃饭时他问我:"为什么你们北京人到哪都问吃了吗?"

我一听,琢磨着兄弟你这是对北京老礼数有误解呀,于是说道:"理论是这么讲的,但是也分地方分时候,不是都这么问,你想想,俩大老爷们儿在厕所里蹲坑儿时遇见了,如果两人还上赶着互相问吃了吗,这合适吗?"

其实老北京人是最讲究礼数的,"吃了吗"实际在北京是一种普遍的礼节问候,但并非随时随地地可以去问,也要分时候的。比如中午的时候老张从外面回来,刚一进院儿,看见老李正在厨房忙活着呢,于是打声招呼:"大哥,您吃了吗?""没呢,兄弟,这不正做呢嘛!怎么着,兄弟您吃了吗?没吃在哥这儿凑合一下儿?""谢了您哪,家里还有点儿剩的,一热就得,省事。那什么,大哥,您先忙着,回头咱哥儿俩再聊!""得嘞,您呐!"

呵呵,典型的老北京对话。甭管礼节也好,客套也好,这吃确实是很重要,要么说"民以食为天"呢。而对刚怀孕的准妈妈们来说,这吃更是重要了。

我和贝宝不主张怀了孕就要大吃特吃，那种恨不得把全天下所有有营养的东西全都塞到嘴里，其实大可不必这么做。毕竟我们是生活在物质极度发达的现代社会里，本身并不缺营养。另外，有些看似昂贵有营养的食物未必就真比老百姓平常吃的食物高级到哪去，这不电视台里面的养生节目都说过了吗，在普通的超市里面完全可以找到和人参、鲍鱼、燕窝、海参等具有同等营养价值的食物。胡萝卜就和人参的营养价值非常相似，而牛奶和鲍鱼的营养价值也有一拼，豆腐和燕窝相似，鸡蛋和海参相似。其实我也有同感，很多东西之所以贵，主要原因是在于它的稀少，但其中的营养价值未必就和价位成正比。

呵呵，所以说我们这一天吃的东西也够"奢侈"的，早餐就是一大杯"鲍鱼"和两个"海参"，到了中午还有"人参"炒肉片，晚上再来个白菜"燕窝"汤。这饭吃得伤不起吧！所以，我们总结孕妇在怀孕之初应该遵循合理饮食、健康饮食的原则！

另外，孕妇也要稍微有些针对性地吃，比如准妈妈们在怀孕的第一个月里，肚子里面的小宝宝还仅是一个小胚胎芽而已，但是他（她）却能以飞快的速度分裂生长，体积在一个月之内迅速扩大 7 倍之多。如此之快的分裂生长需要大量携带父母遗传基因的 DNA（脱氧核糖核酸），而 DNA 的生成是需要大量的叶酸来参与完成的。有很多准妈妈甚至不知道自己怀孕了，所以没有及时补充足量的叶酸从而出现叶酸缺乏导致胎儿中枢神经发育畸形。因此，打算怀孕的女同胞们一般都是从怀孕前三个月开始补充叶酸。而在怀孕一个月后也可以适当补充一些含叶酸的食品，比如各种豆类、橙汁、橘子以及动物内脏（动物内脏务必要做熟了）。同时，各种微量元素也非常重要，因为它们是人体神经系统正常发育的保障，准妈妈们要多吃一些富含微量元素的食品。

除了要注意营养之外，怀孕之初的准妈妈们在饮食上也是有一定禁忌的。记得贝宝刚刚怀孕的时候，到朋友家聚会，朋友的妈妈特别热情，做了一大桌子的饭菜，有鲍鱼、生蚝、螃蟹面（三个大螃蟹十几斤）、三文鱼、烤羊排、红烧肉，还有上好的红酒。太丰盛了，都是好朋友，我也不客气了，甩开腮帮子撩起后槽牙，大吃特吃。吃个肚儿歪几乎站不起来了。饭后我对朋友妈妈说："阿姨，您做的饭太好吃了，这要是传出去了，那可不得了，来您家的客人都得扶着墙进扶着墙出了。"

一番赞美后阿姨笑成了一朵花。但是贝宝好像没怎么吃，这是为什么呢？因为聪明的贝宝知道这天的大餐里面很多食物对一个怀孕之初的准妈妈来讲是有一定危险的。比如海产品，虽然具有活络血脉的作用，但是对于刚怀孕的女性来讲，胎盘还很不稳定，如果食用过多的海产品容易造成胎盘滑动，甚至流产。尤其是蟹爪，属于大寒，对胎盘影响比较大，特别容易造成流产堕胎。

另外还有一些寒性食物也尽量忌食，比如木耳、山楂、荸荠等等，因为寒性食物会让子宫兴奋收缩，从而引发流产。除此之外，一些热性食物也不大适合怀孕之初的准妈妈，比如羊肉、狗肉、荔枝、桂圆、杏等等，这些热性食品能够增加人体的热量，使得身体聚血养胎的功能减弱，从而造成流产。

当然了，人非圣贤，孰能无过，有些准妈妈们难免会吃到一些禁忌食品，这也并非绝对，不是说你吃了什么对胎儿不好的食品就一定会发生什么，只不过要多加注意，毕竟，谁不想要一个健健康康的宝宝呀！

除了要了解一些饮食上的禁忌之外，良好的饮食习惯也很重要。现在都市的生活节奏越来越快，很多刚刚怀孕的准妈妈仍旧需要工作上班，早晨起晚一点很容易就忽略了早餐，这里我想说的是，不管你起得多晚，早餐是一定不能忽略的。

从晚上入睡到早晨起床，是人一天中禁食最长的一段时间，而当起床后人体进入活动状态时，肌肉便开始消耗糖分，这时候血糖会降到 $3.3-3.6 mmol/L$（60-65 毫克／分升），人便会感到饥饿。如无早餐供应补足血糖，肌肉与脑所需血糖必须来自肌肉中的蛋白质，再由蛋白质转化为糖以供消耗。但是你又不是阿诺德·施瓦辛格（奥地利健美健将），你的肌肉通常无法供应足够的血糖，因此，脑内血糖仍会很低，这时人会感到疲劳，反应迟钝，注意力不集中，精神委靡。而怀孕的准妈妈们要比正常人体质弱一些，如果不吃早餐很容易引起低血糖，严重时甚至会晕倒。而在怀孕初期，长时间的低血糖还有可能会造成流产，所以为了自己和宝宝的健康成长，不管你愿不愿意，早餐一定要坚持吃。

那么早餐吃什么呢？街上买俩油饼就碗炒肝儿？千万别，早餐禁忌油腻，准妈妈本身就有早孕反应，再来点又咸又腻的东西，不吐了才怪呢，没早孕反应的都得吃出早孕反应来。贝宝建议准妈妈们要以清淡、健康无污染为原则。

这里简单介绍一下贝宝最爱的早餐：

1．两片粗麦面包（Whole meal toast）

贝宝选的这款粗麦面包是由小麦（Wheat）、大麦（Barley）、黑麦（Rye）、燕麦（Oat）等各种麦类以及葵瓜子（Sunflower seed）、南瓜子（Pumpkin seed）、芝麻子（Sesame seed）等各类种子混合制成的。富含植物油、微量元素以及矿物质。

2．一片全脂奶酪（Cheese）

奶酪是一种发酵的牛奶制品，含有和酸奶一样的乳酸菌，但浓度却要比酸奶更高。每公斤奶酪制品都是由10公斤的牛奶浓缩而成，因此营养价值很高，含有丰富的蛋白质、钙、脂肪、磷和维生素等营养成分，还是纯天然的食品。但同时它也带来很高的热量，几乎是牛奶的6倍，所以一片即可。

3．火腿（Ham）

火腿含有丰富的蛋白质和适度的脂肪，以及多种氨基酸、维生素和矿物质。但是最好选用那种新鲜的火腿，而不要选能够保存很久的那种。

4．牛油果（Avocado）

牛油果，又叫鳄梨，被誉为世界上最健康的水果，它含有维生素B_6、维生素A、维生素C和维生素E，叶酸及微量元素锌、铁、硒等等，尤其是含有大量维生素E，牛油果是世界上维生素E最佳的水果来源。同时牛油果还含有大量油酸、棕榈油酸和亚油酸等不饱和脂肪酸，这些都是人体必需脂肪酸，不但能提供能量还能降低人体胆固醇含量。

5. 苹果（Apple）

苹果的营养价值是有目共睹的，外国有一句俗语：An apple a day keeps the doctor away（一天一个苹果，医生远离我）。因为苹果对人体有太多的益处，包括预防癌症、强化骨骼，维持体内酸碱平衡，抗氧化，降低血脂，降低血压，减肥等等。但是吃苹果时一定要细嚼慢咽，如果一个苹果能在15分钟左右吃完，它的营养不但能够被充分地吸收，而且苹果中的有机酸和果酸还能把口腔中的细菌杀死，所以也有吃一个苹果相当于刷一次牙的说法。

做法超级简单，先将火腿平铺在面包片上，然后切开牛油果，用小刀像刮黄油一样将牛油果刮下来抹在火腿上，然后再铺上一片奶酪，最后放到小烤箱里面烘烤3分钟左右，看到奶酪融化在面包上后，这既简单又健康的早餐就算是做好了。

贝宝的早餐

 温馨小贴士

关于微量元素

微量元素是人体神经系统发育的重要保障，缺乏微量元素会导致胎儿的神经系统发育异常，还有可能造成早产和流产。而微量元素中尤以锌、铜、铁为重要，因为它们最大限度地参与了胎儿中枢神经的发育，所以准妈妈们在怀孕之初对这些微量元素的需求会比以前更高。

富含微量元素锌的食物包括：香蕉、各种坚果、卷心菜、牡蛎、洋葱等。

富含微量元素铜的食物包括：各种坚果、干豆、谷类、绿色蔬菜、水果、牡蛎、鱼虾、动物肝脏等。

富含微量元素铁的食物包括：猪肝、鸡蛋、牛肉、猪肉、猪肾、大豆等。

第 12 周　2010 年 12 月 14 日　筛一筛
　　　　　　　December 14th 2010

　　贝宝已经怀孕 12 周了。但今天我们的心情有些紧张，因为要进行唐氏综合征早期筛查中的 B 超检查。

　　唐氏综合征（Down Syndrome）也称"先天愚型"或者"21 三体综合征"，天才指挥家舟舟就是一个典型的唐氏综合征患者。正常人有 23 对染色体。其中的 22 对是常染色体，1 对是性染色体。而唐氏综合症是特指患者 21 号染色体由正常 2 条变成了 3 条，比正常人多出 1 条。这是一种先天性染色体异常的多基因畸变造成的疾病，发病率大约为 1/600–1/800。

　　唐氏综合征患儿大多有严重智能障碍，发育迟缓，双眼距离较远、眼睛向上斜，鼻梁骨平坦，嘴、牙齿及耳朵均细小，大部分患者手掌纹呈猿型（俗称断掌），手指呈特殊的蹄状纹，第一及第二脚趾的距离特宽，并伴有其他并发症，如先天性心脏病、白血病、消化道畸形等，平均存活年龄只有 20–30 岁。大多数患儿基本生活可以自理，但需家人的长期照顾才能生存，目前尚无任何治疗方法。患病风险是随孕妇和配偶年龄的增加而增加的，我和贝宝都已经年过三十，你说能不有点紧张吗。当然了，除了年龄之外，孕妇的病毒感染史、夫妻一方的染色体异常、滥用药物、吸烟酗酒、习惯性流产等等，都有可能成为唐氏综合征发病的诱因。

　　在澳大利亚，唐氏综合征的早期筛查一般是在怀孕的 11 周 3 天到 13 周 6 天之间进行，因为这段时间是筛选的最佳时期。检查的主要内容包括两项：抽血和 B 超。这个抽血检查也被称为母体血清筛查，主要是通过测量母体血清中 PAPP-A（妊娠相关血浆蛋白 A）和 Beta HCG（β 人绒毛膜促性腺激素）的含量来判断胎儿患唐氏综合征的风险；而B超主要是检查胎儿颈后部皮下组织内液体的聚积量，所以这个B超检查也被称为胎儿颈后半透明层厚度检查（Nuchal Translucency）。一般来讲，在这段孕期胎儿的颈后部皮下都会有一些液体聚积，但液体量增加的话就表明患唐氏综合征的风险增加。当然了，除了确定颈后皮下液体之外，B超还要检查胎儿心率、鼻骨、面部角度、心脏动脉导管和三尖瓣血流的情况。最后，要综合抽血和B超检查的结果后来判断胎儿患唐氏综合征的风险性。

医生还告诉我们，这种唐氏早期筛查的准确率高达90%以上，但是筛查结果显示高风险的胎儿，并不是100%就是唐氏综合征患儿。而筛查结果显示为低风险的胎儿，也存在着至少5%患唐氏综合征的风险性。

这个检查在澳洲并非强制性的，而是可以选择的。因为有些人老来得子，或者极度尊重生命，所以不管孩子是否有先天愚型都会要的，就是长成怪物史莱克，他们也要陪伴孩子快乐地成长。但也有很多年轻夫妇不愿意冒这个风险，喜欢有一个健康的宝宝，所以一旦检查出唐氏综合征呈现高风险，就会立刻终止妊娠，可以理解，优生优育嘛。

午饭过后，我和贝宝来到了指定的B超检查中心，前台服务人员热情招待了我们并把我们引到等待区，告诉我们医生几分钟就会为贝宝进行检查。这时候贝宝有点紧张，生怕肚子里面的宝宝会有唐氏综合征，于是她问了我一个非常难以回答的问题："旦，医生要是告诉你咱们的宝宝患唐氏综合征的风险很高怎么办？"

"那我就把他打成唐氏综合征。"我开玩笑地说道。

"你好好说！"

"老婆，咱们先别操这没影儿的心行吗。再说了，咱俩都那么健康，宝宝肯定不会有任何毛病的，不信你等着结果出来就知道了。"我想贝宝现在可能更需要听到一些安慰的话语，这样至少可以减缓一下她的紧张情绪。

还没等她回答，医生就出来叫到了贝宝的名字。于是怀着不安的心情，我俩走进了检查室。检查大概持续十几分钟，医生认真地逐一检查了宝宝的各个部分，最后告诉我们：通过 B 超来看，宝宝非常健康，患有唐氏综合征的风险非常低，但还要结合抽血的检查最后判断一下。不过你们不用太担心，应该问题不大。

听到这话，我和贝宝心头的一块小石头"啪"的一下落地了。我对她说道："我说什么来着，咱家宝宝肯定没问题！"然后医生又给了我们一幅 B 超的截图，接着把刚才 B 超检查的整个过程刻成了一张光碟送给了我们。

就这样我陪着贝宝做完唐氏综合征筛查的 B 超检查。回家路上，感觉饥肠辘辘的，于是说道："我买个汉宝宝（这是我老岳母对汉堡包的萌称）吃吧。"

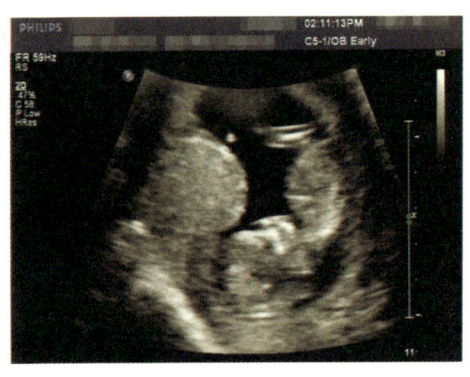

宝宝的第一张相片

"不行！最近你好不容易瘦点。那些垃圾食品除了热量以外一点营养都没有！"

"可是饿得没劲儿，车都开不动了！"

"又没让你拉着车走，有点毅力，让我敬佩你一下，行吗？！"

"这话都让你说了，可是我觉得你就没什么毅力！"我说道。

"我当然没有毅力了，所以你才要有嘛，这样才能带动我呀，要不这家不就完了。"贝宝说道。

我去，这等着我呢，话都说到这份儿上了，我要再吃的话也就太没骨气了，老子忍了，不吃了。

"咱们去趟韩国超市吧，最近韩剧看多了，特想吃泡菜和炒年糕，你要是饿了，到那看看有什么可吃的。"贝宝说道。

"算了吧，韩国超市里面不是泡菜就是咸鱼的，还不如汉堡包呢。"

"得了，至少人家韩国人的饮食还是很健康的。"贝宝说道。

"是够健康的，一点儿肉腥儿都看不着，一家五口围着一条指甲盖大小的咸鱼还让来让去的。"

"谁说的,还有蔬菜呢。"

"对,泡菜管够。"

"你就损吧。"

来到韩国超市,车子停好,拉着贝宝走了进去。虽然嘴上损了几句韩国饮食,可是看看人家在墨尔本的超市,到处都是那么干净,东西摆放得井井有条,超市服务员对每一位客人都是彬彬有礼的,和某些又乱又吵的华人超市构成了鲜明的对比!在结账的时候,不管是收钱还是找零钱都是用双手或者一手拿钱另外一只手扶住拿钱的手。

其实中国才是亚洲最大的礼仪之邦。但是,我们能否把这些传统礼仪,用到平时的工作和生活中呢?所以我们不管对韩国有什么看法,但至少应该肯定他们处处遵守传统礼仪的这种美德。

关于唐氏综合征检查的结果

平均每 25 名接受唐氏综合征早期筛查的产妇中,就会有一名产妇的结果显示唐氏高风险。但是不要担心,这个结果并不意味着胎儿肯定患有唐氏综合征,而只是意味着需要进一步检查来确定。而大部分高风险的产妇,经过进一步检查后都确定胎儿是正常的。进一步的检查包括在怀孕 12 周的时候,进行绒毛膜取样或者怀孕 15 周的时候进行羊水穿刺。而每 25 名接受唐氏综合征早期筛查的其余 24 名产妇的结果都会显示唐氏低风险。这个结果说明胎儿可能患有唐氏综合征的概率非常低,但并非意味着百分之百的没有。

第13周　2010年12月18日　西藏
December 18th 2010

今天是贝宝怀孕的第13周了，不容易呀，要忍受着早孕反应还要处处小心，着实辛苦。于是我对贝宝说："老婆，辛苦了，要不咱们去哪玩一玩儿，放松一下怎么样？"

"还是先别了吧，这怀孕刚刚到三个月，还是再等一段时间吧。"

"好老婆，经得住考验，要不给你看看上次和我爸去西藏的相片吧，虽然现在哪儿也去不了，但咱也过过眼瘾，放松一把。"我说道。

"好呀，西藏哪里最好玩儿呢？"

"哪儿好玩？怎么说呢，很难用好玩儿这个字眼儿来形容，不过无论在哪里，我都无法挪动我的脚步。"

"为什么？缺氧了？"

"对，缺氧了，美的让我感到缺氧，在那里，时间都会停止的。"我说道。

"在那儿待了多长时间？"

"那次去的时间很短。我们在拉萨停留了两天，然后又去了趟林芝地区。不过我印象最深的就算是南迦巴瓦峰了，有人称她为羞女峰，人们很难窥见到她的美，因为她终年隐藏在云雾中。而我们那天去的时候，正好赶上她半隐半现地露出了美貌，不过稍纵即逝，很快就又隐藏在了浓雾中。"我一边把移动硬盘接到电视上一边和贝宝说道。

"真的？太神奇了！"

是呀，神秘莫测、时隐时现的南迦巴瓦峰，世界上最高的咸水湖——纳木错湖，西藏的"江南"——林芝，虽然我没有去过其他地区，但是就这些地方足以融化掉我的灵魂。不是我的灵魂融点太低了，而是这里太美了。其实我们踏遍了千山万水，最后却往往发现，我们真正需要的并不是那些欲望上的满足，而仅仅是灵魂的片刻安宁！

我把在西藏拍摄的一组图片放到这里，和大家分享一下这份摄取灵魂的美。但是，我想我只能告诉你最后一张图片是终年隐藏于云雾中的南迦巴瓦峰，而其他的图片除了布达拉宫以外全是拍摄于去往林芝地区的路上。

除此之外，我不再作任何文字上的介绍了，因为在那时那景我拿起相机的一瞬间，感觉到人类的一切语言都是苍白无力的。所以，去那里，站在那里……唯有站在那里……你才能感受到那灵魂的片刻安宁……

第13周 西藏 51

西藏组图

第 14 周 　2010年12月19日　摘樱桃
December 19th 2010

贝宝进入怀孕的第 14 周了,这个时候肚子里面的宝宝已经完全具备人的外形了,皮肤开始长出胎毛,骨骼和肌肉日渐发达,内脏的发育也大致完成,且能分辨男女了。不过,要想通过 B 超确定性别至少还要等到怀孕的第 20 周才行。

在熬了三个多月后,我终于准备带贝宝出门好好散个步。

12 月份的墨尔本正好进入夏天,阳光明媚,风和日丽,正是吃樱桃的好季节。于是约上 Kerry 和她老公 Charley 外加三顺,一起来到了位于墨尔本亚拉山谷附近的樱桃天堂(Cherry Heaven)摘樱桃。

樱桃天堂是由一个澳洲大家庭经营的樱桃种植园。它的种植采摘方式与国内郊区的果品采摘园相似。每到樱桃成熟的时候,墨尔本各个地方的人都会来到这里采摘,只需要交纳 5 澳币的费用便可以进入樱桃园里,随便摘,敞开了吃。但是您要摘下来带走,那么就是 10 澳币 1 公斤。如果您的胃口足够大,应该还是比在超市里面划算多了,毕竟你进到超市里面不能随便吃。

在樱桃园的入口处,交完钱后拿一个塑料桶就可以进去开摘了。

樱桃园可是不小呀,我大概看了看,不下几十排樱桃树。于是二话不说拉上贝宝直奔第一排。

"旦,别去第一排。"

"为什么?"

"你想呀,大家一进来都挺兴奋的,几乎都先奔第一排了,那里还能

樱桃园入口处

有好的樱桃吗?"

"哎,你说得还真有道理。"

于是招呼大家直奔最远处的最后一排,果真不错。这里的樱桃个个是珠圆玉润漂亮饱满。大家高兴得就像孙悟空钻进了蟠桃园似的,玩儿命吃了起来。20分钟后吃的速度明显下降,大部分人开始往自己的桶里装樱桃了。我也嘱咐贝宝,切记不要抬胳膊去摘樱桃,只能采摘肩部和腰部之间高度的樱桃,而且每摘20分钟就要原地休息一下。

就在大家玩儿得不亦乐乎的时候,Kerry的老公Charley找不到了。任凭我们怎么呼唤也听不见他的回答。Charley是我在澳洲最好的朋友,也是北京人,不过他在很小的时候就跟随着父母移民澳洲了。虽说在澳洲生活了很长时间,但是却一直保留着中国人身上的各种传统美德,待人热情,极有爱心,对朋友那更是没得说。记得有一次家里网络出了问题,请Charley来帮忙,好家伙一下子忙了整整一个晚上才最终解决,那叫一个执著和认真。

能有这样的朋友实在是幸运呀。可是对于一颗樱桃树来讲,Charley俨然就是一瘟神呀。

　　我终于在一排树中发现了他,于是叫道:"Charley,你干吗呢?大家都在找你。"

　　"是吗?你看这棵树,上面的樱桃不但饱满,而且个个颜色都发深红,吃起来水还挺多的,而且特别甜。"

　　"你不会一直就摘这棵树上的樱桃吧?"

　　"哈哈,是的。"Charley 笑道。

　　我去,兄弟呀,这树上辈子作了什么孽呀,手能够得着的地方的樱桃快让您给摘光了。快赶上宋丹丹薅社会主义羊毛了,不过您这是摘资本主义樱桃呀。这要是再碰上几位和您一样执著的哥们儿,估计这地就得改名叫樱桃的地狱了。

　　看着 Charley 薅光了所有能够得着的樱桃后,把桶往地上一放就走开了。嗯?这是干什么,换棵树怎么不带上桶呢?

樱桃树

过了一会儿，哥们儿回来了，我去……

原来是找了个梯子架在这棵树上了。樱桃树呀，看来你是上辈子作孽不浅，今生落到你Charley叔叔手上了，祝贺你成为入夏以来樱桃园中第一棵全被薅光的树。

离开了Charley后，找到了大队伍，大家基本上都摘得差不多了，于是来到一棵大树下乘凉休息。一边休息我们一边聊天，忽然发现在园子的角落有一群人在排队，仔细一看，原来是厕所。嚯，这队可真够长的，队伍中有几个年轻人已经有点咬牙跺脚了。我琢磨着樱桃能有多大的水分呀，能到憋不住尿的地步，你们到底吃了多少呀？！

就这样，慢慢悠悠懒懒洋洋地陪着贝宝，在樱桃园里面玩儿了几个小时后我们准备启程回家了。出门结账后，我提着满满两大袋子樱桃放到车里，看来往后的一段日子我们的主要水果就是樱桃了。^_^

饱满的樱桃

 温馨小贴士

樱桃的营养

樱桃味道酸甜,能促进食欲,其营养价值也是非常高的。据有关医学研究资料证实,樱桃含有丰富的铁元素,有利生血,并含有磷、镁、钾等微量元素,其中,维生素 A 的含量比苹果高出 4-5 倍,是孕妇、哺乳中妇女的理想水果。樱桃自古就被叫做"美容果",中医古籍里称它能"滋润皮肤"、"令人好颜色,美态",常吃能够让皮肤更加光滑润泽。这主要是因为樱桃中含铁量极其丰富,每百克果肉中铁的含量是同等重量的草莓的 6 倍、枣的 10 倍、山楂的 13 倍、苹果的 20 倍,居各种水果之首。樱桃还含有胡萝卜素(比葡萄、苹果、橘子多 4-5 倍),维生素 B_1、维生素 B_2、维生素 C 以及柠檬酸、钙、磷等,被誉为水果王国中的"钻石",多食用可补血及帮助肠胃功能。若孕妇食欲不佳,更应该积极吃樱桃,对胎儿很有帮助,许多孕妇常吃樱桃,生下的宝宝多拥有一张红润的苹果脸。

而中医认为,樱桃具有很大的药用价值。它全身皆可入药,鲜果具有发汗、益气、祛风、透疹的功效,适用于四肢麻木和风湿性腰腿病的食疗。樱桃虽好,但也注意不要多吃,否则,不但容易伤胃而且严重的还会出现铁中毒。

第15周 2011年1月2日 特殊的"症状"
January 2th 2011

要说这女人怀孕也真是够辛苦的，一方面要忍受着怀孕之初的各种不适反应，还要经历一些因怀孕带来的种种不便，甚至还有可能出现一些特殊的"症状"。

目前已经到了贝宝怀孕的第15周了，虽然在怀孕初期经常有一些恶心不适，但是除了在Kerry家狂吐那一次之外，还真没有再吐过。而到现在，那些早孕反应基本已经消失了，但取而代之的却是一些奇怪而又非常有意思的变化。

话说今天锻炼回来，赶紧把运动服脱下来扔进了洗衣机里面，因为贝宝最反感的就是一身的臭汗味儿。

现在贝宝怀孕了，更是一切都要迁就她，所以这不锻炼完了赶紧地收拾。这时候，我们的孕妇大人扭搭扭搭地出来了，只见她用鼻子闻了闻，然后就眉头一皱，说道："哪来的一身臭汗味儿？"

我去，我基本上已经是光着腚了，衣服也都扔进洗衣机了，家里还开着窗户，哪里还有汗味儿呀。

"不对，这味儿好像是从这边来的。"边说边闻地走到了餐桌边上，然后低头一指，原来有一只袜子掉在了餐桌下面。

"我天，老婆，你简直神了。神犬莱西，警犬卡尔，忠犬八公加在一起都不如你的一个鼻孔眼儿厉害！"我说道。

"你得了吧，就你那臭袜子，别神犬了，有嗅觉的人闻了会失去嗅觉，失去嗅觉的人闻了能恢复嗅觉。"贝宝讽刺道。

"所以我才长了两只脚，让你体会一把失而复得的感觉。再说了，哪儿有那么夸张，这汗味儿可是雄性的标志呀，你看那狮子老虎什么的都嫌汗味儿不够，直接撒泡尿占地盘的，懂不！"我辩解道。

"别介，这家都是你的，你可别学动物那一套再给我这来上一泡。"

"老婆，我给你讲一个肉麻的故事，关于汗味儿的。想当年，你公公远渡重洋去日本进修学习一年……"

"一年没洗衣服？"贝宝插嘴道。

"我说的是肉麻的故事，不是恶心的故事。"我继续说道："想当年你公公远渡重洋去日本进修学习一年，那家伙，你婆婆是朝思暮想夜夜难眠呀。到后来实在忍受不住的时候就拿出你公公落在家里的衣服闻一闻，一席残留的汗味儿外加洗衣粉的味儿，让你婆婆那份思念的心情得以缓解。从此你婆婆就落下了闻你公公汗味儿的好习惯！"

贝宝笑道："你别贫了，你爸去日本那年你才8岁，你能懂这些？"

"8岁怎么了，我早熟行不行！"

"天，8岁你就熟了，现在你岂不都烂了？要不脚丫子这么臭呢。"

"嘿，我又不是水果，哪烂得那么快呀。再说了，什么是雄性的气息，说白了那就是汗味儿呀，我这每次锻炼完可都是带着一身雄性的气息回来的，你应该是无比欣赏才对呀！"

"欣赏你个头，赶紧把你那充满雄性气息的臭袜子扔到洗衣机里吧！"

贝宝这嗅觉变得还真不是一般的灵敏，记得还有一次晚上贝宝先睡了，我自己煮了一包泡菜味儿的方便面。吃完了1个多小时以后，贝宝起来了，一走出卧室门就说道："你是不是吃方便面了？"

已经1个小时了，我还一直开着窗户，我这凡人的鼻子就算抠干净了鼻屎也闻不到一丝一毫的方便面味儿，她是怎么做到的？接着贝宝想了想又更加令人不可思议地说道："好像还是韩国泡菜面。"

天，太厉害了，老婆呀，你要是稍加训练，海关那儿就没缉毒犬什么事儿了。

除了这嗅觉变得异常灵敏之外，贝宝的另外一个"症状"就是话密。老北京管说话特别多叫话密，也叫贫，不过贫是说话中略带调侃。好么，自从早孕反应消失后贝宝就变得特别爱说，而且特别是在早晨起床的时候。早晨醒了不起来，先是把和朋友聊天那听来的事全都说一遍，接着把我的工作详细询问一遍，然后再把我们的未来畅想一遍，最后总结一遍下次回北京要去哪儿吃。如果还不想起床，就把水果从爱吃到不爱吃进行排名，接着再排名各种肉类，总之没有个把小时是起不了床的。最牛的就是这个周六，11点左右醒了，然后一直赖在床上"说书"，在吃了两个鸡蛋，两片面包加奶酪，两个玉米外加喝了一壶水后，最终在下午2点半起来了。我分析，起床的原因可能是吃得太多撑着了。

这第三个"症状"就是洁癖了，贝宝其实在怀孕以前就有一点点洁癖，不过不是很厉害。可是怀孕后，不但加重了而且还洁癖得非常另类。她的原则是可以乱，但不可以脏。只要是进嘴的和贴身的必须干净，其他的就管不了那么多了。我说你那不叫洁癖，那叫毛病。你看我表妹那洁癖，出门在外屎尿一律憋住，回家以后手机纸巾包住，两次party后家里装修重住。你这洁癖好，喝牛奶剩个根儿然后扔那不管，任由牛奶变酸奶，酸奶变奶酪，奶酪变奶片。朋友来做客用过的杯子放那儿5个月不带动的，您这洁癖太另类了，是用"饿死你"的残忍方式来杀菌吗？

不过现在贝宝的洁癖有点升级了，回家后穿的衣服和拖鞋要准备两套：洗澡前的和洗澡后的。客人走了之后，家里所有的沙发和座椅全部用滴露擦一遍，地也擦一遍。

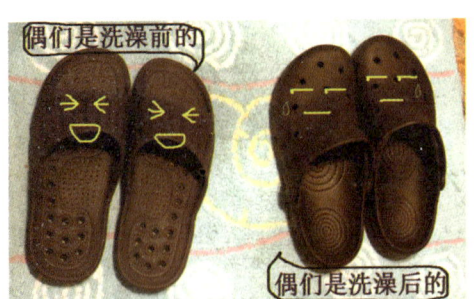

而最为经典的是今天下午我出门和邻居老太太聊天，聊完刚一进屋就见贝宝拿着一张沾过水的纸巾捂到我的嘴上来擦：

"老婆，你这唱的是哪出戏呀？"我急忙问道。

"哪出戏？苏三洗脸！隔壁那老太太看起来脏乎乎的，口水溅到你嘴唇上怎么办。拿滴露擦你不大合适，所以沾点水擦擦，以后和她说话离远点，好么，俩人刚才快搂一块儿了！"

唉，这就是贝宝怀孕三个月时候的一系列奇怪"症状"。不过话又说回来了，十月怀胎对于一个女人来讲确实是一件不容易的事情。俗话说，将军额上能骑马，宰相肚里可撑船，男同胞们这个时候度量一定要大一些，不管老婆在怀孕期间有多么奇怪的"症状"，我们都应该尽量地多去容忍和理解。

✱ 温馨小贴士

孕期的情绪

孕妇在孕期身体上的巨大变化，会使得情绪产生波动，这是非常正常的事情，但是孕妇必须得学会如何控制自己，在怀孕期间有一个稳定的情绪，这对胎儿非常重要。

一些初产妇因怕产痛，怕难产，怕宝宝是畸形儿，因此忧心忡忡产生焦虑的情绪，这会使胎儿胎动的频率和强度增加。胎儿长期不安，出生后会有瘦小虚弱、躁动不安、喜欢哭闹、不爱睡觉等表现。而且焦虑和沮丧的情绪会导致孕妇内分泌系统发生异常，对胎儿大脑发育造成不良影响。

另外，如果孕早期孕妇受到强烈的精神刺激、惊吓或忧伤、悲痛，自主神经（也称植物神经）系统的活动就会加剧，内分泌也会发生变化，释放出来的乙酰胆碱等化学物质可以通过胎盘进入胎儿的体内，从而影响胎儿正常的生长和发育。由此可见，精神刺激对妊娠早期的伤害性最大，所以孕妇要尽量避免焦虑、悲伤等情绪。

第16周 2011年1月5日 准爸爸的娱乐
January 5th 2011

从朋友家回来，看见贝宝正在和老岳母视频聊天，于是冲过去叫道："岳母大人，您好！"

"呵呵，旦旦回来啦！"老岳母在视频的另一端说道。

贝宝问我道："怎么样，家庭影院版的《变形金刚》看得怎么样？"

由于错过了《变形金刚2》的上映，今天晚上去朋友家看了一场家庭影院版的3D《变形金刚》。"太棒了！绝对是钱砸出来的，那场面，太震撼了！我们故意把声音开得特别大，模拟电影院里的效果。你要是去了，一准儿爱看。"我说。

"那个什么金刚也是说大猩猩的吗？"老岳母突然在视频里面问道。

💧…………

"妈，那是机器人。"贝宝说道。

"机器猩猩！？"

💧…………

"嘿，你刚从动物园回来吧。"自从带老岳母看了《金刚》之后，可能是效果太震撼了，只要听到金刚俩字，就会主动联想到大猩猩。

"妈，不是猩猩，是机器人，就是你看着是辆车，然后库赤库赤卡赤卡赤的变成了一个机器人，然后又卡赤库赤库赤卡赤的变成车了。"我解释道。

"这变来变去的多累呀！"老岳母说道。

"妈，甭瞎操心了，人家有能量块儿，累不着。咱们接着聊。"贝宝边说边和她妈妈聊了起来。

说到了《变形金刚》，今天就聊聊生活中的娱乐，我个人感觉澳洲的生活还是很丰富多彩的，但是现在很多来留学的中国孩子们都说澳洲是一个闷到放屁听响玩儿的地方，没有国内便捷的交通网络，没有国内方便的购物环境，没有国内发达的娱乐场所。这些全都能理解，但我对他们总结起来就一句话："孩子们，你们还没有长大呢！有时候，学会享受国外祥和宁静的生活还是要有一点年龄基础的。"

因为这是爸爸记录的生活日记，所以提到在这里的娱乐时，自然必不可少便是电子游戏。也看到网上很多年轻妈妈们感慨老公怎么这么爱玩游戏，怎么办呀！凉拌呗！我个人感觉不爱玩游戏的男同胞很少，只不过随着组建家庭，身上的责任越来越多了，不能经常痴迷于游戏当中了，不过适当地玩玩还是很有助于放松心情、陶冶情操的。我倒不是替诸位爱玩游戏的兄弟们解释开脱，但是由于男女生理结构、分泌激素不同所以导致了爱好不同，准妈妈们就把我们打游戏想成你们逛街吧，这样可能感觉就会好多了。

说到游戏，就不得不提到我的好友Charley，也就是贝宝好友Kerry的老公，绝对是个十足的游戏迷。记得有一次聊到人生最大的理想时，Charley和我说希望将来有一间超大的屋子，里面放着一张全世界最舒服的床，床要可以倾斜成30°角，然后床的斜上方挂着一个超大的电视屏幕，他躺在床上要把世间最好的游戏玩个遍。

我和Charley从《死亡之屋》到《生化危机》，从Wii到Xbox，并肩作战了很长时间，于是Kerry和贝宝都亲切地称呼我们彼此为"战友"。至于打游戏的细节就不多说了，估计读这本日记的大多数准妈妈们不会感兴趣的。放几张我所喜欢游戏的截图，喜欢的朋友共鸣一下，不喜欢的就当个精美的壁纸来看吧。

我们的最爱——《生化危机5》，Xbox的黄金版，现在不知道反复打了多少遍了。

《使命召唤：黑色行动》，虽然风靡全球，但玩起来感觉总被别人牵着走。

这个是《古墓丽影：地下世界》，男人们别说你不喜欢一开始水下那关，呵呵……

这个玩起来比较压抑，怪胎的世界《寂静岭：归乡》

还记得Wii里面经典的保龄球吗？打高分很容易，可打满分就不那么容易了。

不过我们倒是从来不玩魔兽的，一是太长了没那么多时间，另外也担心上瘾了不容易戒呀。我还记得以前拜访过墨尔本的一个朋友，他告诉我家里住着俩"半仙"！后来才明白原来是两个从国内过来留学的学生，平时根本不去上课，所有的时间就是坐在床上打魔兽。等玩儿到困得不行了倒头便睡，然后起来接着打。如果饿了，就"飘"出来随便拿点吃的回屋接着打。就这样日复一日的，从没变化！你说父母花这冤枉钱出来干吗，在国内这么打魔兽不用花机票钱、学费还有住宿费，多省事呀。唉！这些孩子，真是服了他们！

游戏之外，还有很多娱乐项目，比如周末和朋友打打麻将什么的，不过都是臭手，扔个10块钱在麻将桌上够我们彼此之间赢来输去玩一晚上，所以也就不赌钱了，纯粹图个乐。由于没有小桌子，所以就在朋友家的大餐桌上玩，毕竟是方的嘛，有时候摸牌还得

大方桌上的麻将

站起身来，我琢磨着要是姚明用这桌子一准儿合适。不过后来玩着玩着就习惯了，就是每次打完麻将后感觉胳膊快耷拉到地了。

呵呵，除了游戏麻将之外，贝宝有时候还会拉上我去唱唱歌什么的，不过我还是比较喜欢运动娱乐。下图是我们周末在 Albert 公园的运动馆里打羽毛球。

Albert 公园的羽毛球馆

夏天的时候，回到家天还大亮着，于是经常是自己拿起篮球玩个汗流浃背的；又或者叫上 Kerry 一家，来到小区的网球场打打网球什么的。我会在后面的日记里面专门聊一下关于澳洲的运动，所以这里就不多说了。

这就是在墨尔本，我这个准爸爸的娱乐。和国内比起来，可能没有太多的热闹与喧嚣，但也少了一份物欲与浮躁，不过我很喜欢和享受这平淡的感觉。^_^

 温馨小贴士

多对宝宝说说话

一般而言，怀孕到16周之后，胎儿就会逐渐有了听觉的发展，能听到外界的声音了。目前说话声音不但能传给胎儿，而且胸廓的震动对胎儿也有一定的影响。因此孕妇在这个时期要特别注意自己说话的音调、语气和用词，以便给胎儿一个良好的刺激印记。

对话胎教要求父母双方共同参与，因为男性的低音是比较容易传到子宫内的，久而久之，也不失为一种良性的音波刺激。父母可以给胎儿起一个乳名，经常呼唤之，使胎儿牢牢记住，如此一来，宝宝出生后哭闹时再呼喊乳名就会感到子宫外的环境并不陌生，而有一种安全感，很快就会安静下来。

同时，父母要把胎儿当做一个懂事的孩子，经常和他（她）说话、聊天或者唱歌。这样不仅能增加夫妻间的感情，还能把父母的爱传递给胎儿，对胎儿的情感发育具有莫大的益处。

第 17 周 2011年1月16日 澳洲的新房
January 16th 2011

"天哪！"浴室里面传来贝宝的一声尖叫。

"怎么了，老婆？！"我一个跟头翻下床，三步并作一步跑了过去，担心贝宝在浴室里面滑倒。

💧……

"老婆，您要是称体重的话，能别叫得那么惨烈吗？"打开浴室门，看到贝宝安然无恙地站在体重秤上。

"这还不惨烈吗，我一个105斤的美少女居然刚怀孕十几周就长了10多斤肉，毛重达到118斤啦！"

"……是够沉的，光毛儿就重100多斤，算上肉还不超过1吨呀。"

"你闭嘴，小心我给你玩儿个产前抑郁症。"

"怀孕生子嘛，多长个几斤肉还是很正常的，别担心，等宝宝出生后我陪你一起练下去！走，咱们吃早饭去。"我安慰道。

坐在餐桌前啃着面包，看着网络电视上的节目，我和贝宝还在不停地品头论足。我就纳闷儿了，为什么现在的选秀节目里面出了这么多像女人的男人和像男人的女人。一身肌肉充满阳刚的小伙子不帅气吗，前挺后撅阴柔秀美的姑娘不性感吗？？

"旦，你看这个男的，居然能把杨丽萍和刀美兰的舞跳得这么好！"贝宝说道。

"他要是能把武藤兰的也跳好了算我服他。"

"武藤兰是谁？听着这么耳熟？"

"嗯，那个……那个……一个不出名的日本舞蹈家，来，来，快吃饭，等会儿咱们还得出门呢。"我汗……照这么说日本每年拍摄的舞蹈艺术片还真是不少呀。

话说今天万里有云，但心情仍旧不错，于是带着贝宝来到了一个令人眼前一亮的地方。我想很多老百姓比较关心的事情就是房子。很多在国内的朋友可能也看过房，买过房。尤其是新开发的楼盘，里面的样板间做得那叫一个华丽舒适。那么大家想不想看看澳洲的新房是个啥模样呢？

呵呵，那就跟随着我们来走一圈吧。我们来的这个地方是一个新开发的小区。很多开发商选择一条街道，然后盖上5到10栋房子作为展示房，和国内的样板间一个意思。房子有一层的，有两层的，每一栋房子里面都是精装修，然后放上生活用的所有家具和用品，这么说吧，你直接进去就可以住了。展示房每天8小时对外开放，任何人可以随便看，随便转。

展示房的街区

一进大门的玄关

这类房子在国内应该属于别墅了,很奢侈的那种。不过在澳洲,由于地广人稀的原因,大部分老百姓住的都是这种独门独院的房子,只不过有新旧和结构不同之分而已。

我就带着大家看看我和贝宝最喜欢的一栋房子吧。首先是一进大门的玄关,左手边是一间小会客厅,这样外人可以不用进到屋子里面就可以谈事了,一激动忘了拍照了。右手边也有一个门,是连着车库的。

下图是左手边的第二间,是个书房,有的展示房书房很大,布置的也很古香古色,这个一般了。

书房

往前走,书房前面的右手边是通向二楼的楼梯,等会儿再上去,继续往前走,就到了厨房。

厨房

厨房前面是餐桌,还有家庭娱乐区,就是全家人一起看电视的地方。

厨房

继续前行,是娱乐室。

娱乐室

主卧大门

好,转身往回走,走到沙发那里,现在你的右手边是沙发了,左手边就是主卧了,所谓主卧就是自带卫生间、洗浴间、更衣间的最大的卧室。这个是主卧的大门。

进门往左走，是睡觉的大床了。

大床

回到主卧大门往右走，你看到的就是浴室，这张图片的右手边是更衣室，从更衣室再往前走然后右转是淋浴房，淋浴房的后面是一个带门的厕所。

淋浴房

然后出来走回到楼梯处，上楼后左转，就是这个厅，如果不愿意下楼，那么也可以在这个厅里面看电视，看书什么的。

厅

另外，楼上还有三间卧室，其中一间也是自带卫生间的，但是比起主卧小了很多。剩下的两间卧室要共用在二楼走廊上的卫生间。总结一下，房子的总体建筑面积是388平方米，一楼是224平方米，二楼是124平方米，车库40平方米。一共三个厅，一个书房，四个卧室。我又看了一下资料，总体造价是28.8万澳币。

当然了，这28万多澳币仅是最基本的材料，如果你要是想改变房屋结构或者选用更好的建筑材料的话，费用自然就会涨上去。我一个朋友的父母建了一栋四个卧室的房子，每个卧室都自带卫生间，材料属于中上等，部分材料属于上等，大概花了小60万澳币。

呵呵，不过对于人均年收入6万多澳币的澳洲人来说，此生要想来这么一套房子好像还不算白日做梦。^_^

 温馨小贴士

不放花草

花草可以装点居室，净化空气，但并非所有的花草都适合摆放在室内，尤其是孕妇的居室。夜来香、丁香等可以吸收室内的氧气，呼出二氧化碳，因此会使室内的氧气减少，对孕妇和胎儿很不利。茉莉花、水仙、木兰等花卉有着强烈的香味，久闻其香会使孕妇食欲减退和嗅觉失敏，甚至引起头痛恶心和呕吐等不良反应。而万年青、仙人掌、五彩秋、报春花等植物，人接触后会发生皮肤瘙痒、皮疹等过敏反应。因此，孕妇的居室里面最好不要摆放植物。

第 18 周　2011年1月21日　夜话
　　　　　　　January 21th 2011

今天是贝宝怀孕的第 18 周了，她的体重开始明显增加，肚子也增大了不少。而肚子里面的宝宝在这个阶段脑部发育加快，神经细胞数量已与成人相同。另外，宝宝的眉毛和眼睫毛已经开始生长，头发也渐渐变粗；眼睛已经在面部的正前方，视网膜已经形成，虽然依然紧闭但是能感受到光；宝宝的舌头也长了出来，味觉神经已经开始发育。最有意思的是宝宝在这个阶段已经有了自己的面部表情，他可以皱眉头、斜眼甚至做鬼脸。

周末的下午百无聊赖，于是约上 Kerry 一家来到位于 Carlton 的名叫 Brunetti 的意大利咖啡厅"资"一下，这里的咖啡味道非常正宗，后来咖啡厅又扩建了，除了咖啡之外还有各种糕点，实在是一个聚会胡侃、消磨时光的好地方。

可能说话太多了吧，嗓子就像着火一样，于是连喝了两大杯冰咖啡，爽啊。可是付出的代价就是夜里睁着眼睛数星星。

晚上洗完澡后躺在床上，举着手机看了一个多小时，一直没有困意。贝宝也一样，翻来覆去的睡不着。

"老婆，你怎么像片儿韩国烤肉似的，老是翻来翻去的？"我问道。

"我睡不着呀。"

"别翻了，再烤该煳了。"我吧唧着嘴说道。

"饿了吧！？"贝宝问我。

"你怎么知道的？"

"嚯……还怎么知道，都把你老婆看成烤肉了。"

于是我俩翻身起床,一人热了一杯牛奶加上麦片,然后坐在客厅的窗户前看着天上的星星,边喝边聊。这一幕让我回忆起来我们在墨尔本的留学年代,那个时候,身上有用不完的精力,晚上经常是饿得前胸贴后背,然后开上车一起跑到比萨店啃比萨,如果再晚就跑到24小时的麦当劳啃汉堡包,快乐地透支着我们的青春。

喝完奶后回到床上,贝宝翻来覆去地还睡不着,于是说道:"我手机没电了,还睡不着,把手机给我看看吧。"

"恭喜你,还剩1%电量。"我说道。

"你不是有俩手机吗?"

"另外一个书房充电呢。"

"那小P呢(索尼PSP)?"

"几个世纪没看过了,充电器都不知道放哪了?"

"不会吧!!!那小D呢(任天堂DSD)?"

"史前文明的事儿了,估计已经变成化石了!"

"今晚也太绝了吧!"贝宝说道。

"要不把电视搬进来,你看我打《寂静岭》吧?"我说道。

"你……亏你想得出来,居然让一个孕妇看你打那么变态恐怖的游戏!?"

"行,行,不打了,要不咱们接着聊天吧。"我说道。

"还聊呀,你小心越聊越兴奋!"

"没事儿,说不准聊聊还能有助于睡眠,我现在是一点睡意都没有!"

"你说时间过得多快呀,咱俩刚认识那时的情景还历历在目呢,一转眼9年了,宝宝都快有了。"贝宝感慨道。

"是呀,时间过得真快。"我也感慨地说道。

"还记得你刚来澳洲吗,我一个人在北京,刚一开始给你打电话的时候净飙泪花儿玩儿了,两地分居了将近一年呀,当时觉得特别难受,但是现在回想起来,这种难受倒是有点像苦咖啡,虽然苦但是有品头,要不咱们怎么这么珍惜现在的生活呀，这就叫做忆苦思甜。"贝宝说道。

还真是这样，转眼间我和贝宝在一起已经近9年了，以前的一幕幕像幻灯片一样一张张地重现在我脑海里：2004年的时候，当时我和贝宝认识了一年半，虽然还没有结婚但感情一直发展得很好，和所有刚刚参加工作的年轻情侣一样，一起上班，然后约个地方等着对方一起下班，一起做饭吃，时不时地出去玩玩，偶尔还小争吵一番，日子过得虽然平淡却非常浪漫。

后来，为了帮助祖国人民尽快地全面实施社会主义现代化，为了更好地使我们的祖国和国际接轨，我准备出国深造了，要把人家资本主义先进的知识学到手然后回来报效祖国。谁曾料想最后却事与愿违，终于没有抵得住诱惑，被"万恶"的资本主义给腐蚀了，留在了这里过着"醉生梦死"的生活。

记得当时留学的手续和澳洲的签证全都办好了，临走的前一天收拾完行囊，打了个出租，准备把贝宝送回她父母家。一路上，贝宝躺在我的怀里，那时候还是个小姑娘的她没有那么贫，更不善于说肉麻的情话，所以一路上她只是含着泪水默默地躺在我的怀里，下车的时候只对我说了一句话："我们以后会在一起吗？我的心好痛呀！"

就在那一瞬间，我明白了钢铁是怎么融化的了，看着她渐行渐远的背影，我人生中第一次品尝到了心碎的滋味。就在那一刻，我决定了，绝不能失去这个女孩，也绝不能让我们俩任何人的心真正地碎掉，于是我一个箭步跳下了出租车，接着就听见出租车司机大叫："小伙子，还没给钱呢！"什么节骨眼儿上了，大叔你能配合一下气氛吗。回头看见"的哥"大叔矛盾的眼神，似乎在说：小伙子，不是大叔不理解你们的风花雪月呀，大叔也得养家糊口啊！于是我也顾不得是红色还是绿色的了，甩了张票子就跑向贝宝，然后一把拽住她搂在怀里，看着眼睛已经哭成了水蜜桃儿的她，我的心是彻底地融化掉了，用袖口一点一点拭去她的泪水，轻轻地说道："老婆，我们结婚吧！"

就这样,在距离我出国前一天的上午,我们领了结婚证。后来,虽然我们分居了长达近一年的时间,但是坚实的感情基础和彼此之间的关爱冲淡了相思之苦。一年后贝宝终于飞到了墨尔本,还记得那一刻,我们俩这叫一个兴奋和高兴呀,以至于现在一到墨尔本的Tullamarine机场我俩就激动,时不时地还和贝宝在家里演一把机场重逢的喜悦场景。

看了看手机,已经凌晨3点多了,收回放飞的思绪,想着现在的幸福生活,我的眼眶有些湿润了,于是轻轻地对贝宝说:"老婆,谢谢你带给我的幸福,下辈子咱们还在一起吧…………嗯,老婆?"

呼噜……呼噜……呼噜……

您不是不困吗…………睡得鼻涕泡都冒出来了……

得,感情升华到一个高度却没有人呼应了,唉……漫漫长夜,我睁着眼瞪着天花板,要不再畅想畅想未来有了宝宝的生活……呼噜……呼噜……呼噜…………

多么宁静的夜晚呀……

第19周 2011年1月30日 / January 30th 2011　爸爸的话题

　　2011年的1月30日，今晚墨尔本将会万人空巷，倒不是庆祝贝宝怀孕的第19周，而是全在看澳大利亚网球公开赛的男单决赛，瑞士的费德勒对阵塞尔维亚的德约科维奇。

在墨尔本举办的澳大利亚网球公开赛

　　这是爸爸写的怀孕日记，因此有一个话题注定是要谈论的，那就是运动。我虽说不是天生的运动健将，可是从小到大就没有停止过自己喜欢的运动。来到澳洲后更是如鱼得水，因为这里的人们爱好体育活动，加上地广人稀，各种运动场馆和运动设施遍布全城而且价格低廉。最方便的是很多场地不用去预约。

比如说网球吧,以前在国内的时候,好嘛,打一场网球那叫一个贵,而且很多地方还是按照小时来收费。好不容易找到一个室外场地,人家告诉已经预定到3个月之后了,我强烈建议网球场应该推广错峰预定,名字笔画是单数的只能奇数日期来打,双数的只能偶数日期来打。当然了,随着李娜在女子网坛上的高歌猛进,我相信现在国内打网球应该是越来越容易了。

而网球场在澳洲可以说是遍地都是。拿墨尔本举例子,这个城市有很多不同区,就像北京的朝阳区、东城区、西城区一样,只不过区的数目非常多而且也没有北京的那么大。每个区里面几乎都有很多大大小小的网球俱乐部,只要交纳一年或者一个季度的会费,就可以得到一把进入球场的钥匙,随便打。稍微大一点的俱乐部,除了教授各个年龄段的人们学习打网球以外,每年还都会举办各类业余比赛。

这个就是我们家门口的网球俱乐部,由于越来越多的人喜欢打网球,所以几年前这里又扩建了两片场地。

这家俱乐部的会费价不算很贵,是按每个季度收费,夏天的时候100多澳币,而冬天最冷的3个月只要30多澳币,一年下来一共200多澳币。当然了,墨尔本这么多网球俱乐部档次也是参差不齐的,档次低一点的,直接交100澳币就可以打上一年。而档次较高、规模较大的俱乐部,年会费需要

几百甚至上千澳币。比如墨尔本的Kooyong俱乐部,1988年以前这里是澳大利亚网球公开赛的赛场(之后的澳网公开赛移师现在的墨尔本公园),俱乐部的条件可谓皇家级的,红土和草场的都有,不是光交会费就能进入的,必须得到现任会员的推荐,然后经过俱乐部审核才能入会。

呵呵,别看说得天花乱坠的,其实我的水平也就在非常初级的阶段。因为经常打羽毛球,所以刚开始打球的时候总是用手腕的力量,结果没打多久就得了"网球腕"了,疼得我连本书都拿不起来。不过现在好多了,打球时基本学会了用肩部、上臂和小臂发力。而击球的时候也能打在"甜点"上(甜点又叫Sweet Point,是球拍正中偏上两厘米处,这一点击出来的球是最具有力量的,也是最容易控制的)。

如果说澳网的决赛能让墨尔本万人空巷的话,那么澳大利亚足球联盟(AFL)的决赛,绝对会让全澳洲所有城市万人空巷。澳式足球(Australian Football,简称Footy)发源于19世纪50年代,由汤姆·韦尔斯(Tom Wills)发起,最初是为了让当时的板球运动员,在非赛季也能保持良好的身体状况而组织的特殊运动。到了1858年,澳式橄榄球俱乐部在墨尔本正式成立,并且举办了第一场的正式赛事。时至今日,澳式足球已经成为全澳大利亚最受欢迎的体育项目。

澳式足球无论是球的样子还是运动员着装都有些酷似英式橄榄球。但是打法和得分方式却又不同。在英式橄榄球比赛中,持球触地,达阵得分最为常见,因为它比射门的分数要高。而澳式足球里面压根就没有达阵得分这一说,而是在球场的两端竖起四根球杆,运动员要将足球踢进这四个杆子中才能得分。而球杆是中间两根高,旁边两根低,进中间的得六分,进两边的得一分。

说句实话,由于不是从小看到大的运动,所以我很难理解澳式足球的魅力,相比较之下,我还是更喜欢美国职业篮球,比赛节奏非常快,技巧要求也很高。不过在澳大利亚,澳式足球是男人之间必谈的话题,只要谈起这项运动来不认识的人也能变成故交了,尤其是在职场上,午休期间大

澳式足球赛赛场

家谈论的基本都是前一天的比赛。因此要想和同事关系更加融洽,澳式足球是必须要看的。

　　我还记得我刚来澳洲留学时,我母亲的一个朋友和她老公带着我出去玩儿,她老公是一澳洲人,非常友善,路上怕我无聊主动和我聊起天来:"你支持哪支球队?"刚来澳洲的我哪里知道什么澳式足球呀,于是不假思索地回答道:"洛杉矶湖人!"哥们儿一听愣住了,琢磨着这澳式足球里面有美国什么事儿呀。后来我母亲的朋友告诉我,她老公问的是澳式足球的队伍。不过我实在不了解呀,于是出于礼貌我先问他都有哪些球队,哥们儿真热情,把几乎所有的队伍给我介绍了一遍。于是我选了一个离我当时住处最近的队伍,显然哥们儿觉得那支队伍不怎么样,于是又开始给我讲这支队伍最近都和谁比赛过,战绩如何等等。接着又讲起他所支持的球队,整整说了一路,我心想这倒是不无聊了,可是我一点儿都听不懂。

其实除了澳式足球以外，澳洲的另外一项非常广泛盛行的运动就是板球（Cricket）。现代板球起源于13世纪的英格兰，是由两队各11名队员进行的对抗比赛。板球盛行于英联邦国家，如澳大利亚、新西兰、印度、巴基斯坦、斯里兰卡、南非、西印度群岛等地。板球比赛也是我见过时间最长的一种比赛，尤其是国际板球对抗赛，一场比赛长达五天，每天都进行6个小时以上，对于球迷来讲，这种比赛绝对是一种盛宴，为他们提供了

充满激情的娱乐。板球的规则和术语也非常丰富，光是出局就有多达10种方式。对于我这样的门外汉来讲，看到板球比赛后的感觉只有四个字可以形容——一头雾水！

除了板球之外，还有一项运动也是起源于英格兰，而且也是盛行于澳洲和其他英联邦国家，这个就是英式篮球，也被称为无板篮球（Net Ball）。无板篮球主要是流行于女性当中，和篮球比起来它可就显得"怪异"了许多，从它的名字就可以略知一二，没有篮板，篮圈和球都比篮球要小一些。比赛当中更是抹去了篮球中的运球、跳投、篮板和盖帽，运动员是

靠不停地传球来进攻的，而到了篮下之后，所有人就如同被定住了一样全都站在那里不动了，就看持球队员仿佛吃饱了被噎住了一样，慢慢地举高双臂然后双手发力将球投入篮圈内。

当然了，作为世界上的体育强国之一的澳大利亚，各类运动在澳洲都非常受欢迎。只不过我所描述的上述运动是澳洲比较独特的运动。作为新一代移民，我似乎始终对这些运动不大感冒，平时爱玩儿的运动还是羽毛球、网球和篮球。

说到这打篮球，我就比较"可怜"了。你想想，把一个北京市人口放到760万平方公里的土地上，再加上主流运动又是澳式足球和板球，能在篮球场上遇到一个球友的概率有多高呢？所以基本上每次我都是挥汗如雨地自娱自乐。

今天又是自己一个人抱着篮球来到球场，突然看到三个男孩子向球场走过来，于是我万般无奈地问了一句："玩篮球吗？"

"玩，玩。"孩子们都兴奋地加入了进来。

回到家，贝宝看我出了不少汗，于是说道："今天是不是碰到对手了？"

"咳，什么对手呀，三个小孩儿而已。"

"和人家十几岁的小孩子随便玩玩别太认真，能起到锻炼的目的就行了。"贝宝劝道。

"十几岁？！最大的8岁。我是不停地举着他们投篮，举了这个举那个的，篮球我压根儿就没怎么碰，光练举重玩儿了。"

💧……"唉，可怜的老公呀。"

篮球玩到这个地步，确实是够"可怜"的。>_<

好了，今天爸爸们喜欢的话题就聊到这里。我听说，AFL为了开发中国的巨大市场，还跑到上海去打了一场友谊赛。呵呵，您要是感兴趣，不妨上网搜一搜吧。

第 20 周　2011年2月4日 / February 4th 2011　仙境之旅——大洋路

今天是贝宝怀孕的第 20 周,所有的早孕反应早就消失得无踪无影了。而且这段世间也是怀孕中最为稳定的,最适合孕妇旅游的时期。

于是贝宝有点按捺不住了,毕竟在家活活地憋了四个多月。于是,我打算带贝宝去玩一玩,给她一个更加放松的环境。

当我把我的想法告诉了贝宝后,她兴奋地叫道:"太好了,老公,咱们去大堡礁吧。"

"嚯……您倒没说去新西兰。"

"嗯?!新西兰也行呀,什么时候动身?"贝宝说道。

"绝对不行,2600 多公里,4 个多小时的飞行时间,太累了。你怀孕期间绝对不能走得太远,只能限制在墨尔本范围内,这样万一有什么紧急情况我们还有时间往医院跑。要不带你去库克船长的小屋看看?"我逗她说道。

"你有病吧,把我带到墨尔本市中心糊弄事呀。再说了,那个船长的小屋还没咱们家大呢。我看他的还不如看咱们自己家呢!"贝宝抗议道。

"自己家?!这倒是个好主意,这位女士,请允许我为您介绍一下,这套住房始建于公元后 1996 年,是为了纪念一对年轻夫妇伟大而纯洁的爱情所建造,您现在所站的位置就是客厅,请跟着我往前走,这间是……"

啪!"哎哟……"一个座垫飞到了我脑袋上。

就这样在经历几次座垫的洗礼后,我终于同意了再带贝宝去一趟大洋路(The Great Ocean Road)。为什么说"再"呢?因为自从来澳洲留学至今,我曾带亲朋好友八进八出大洋路,而且是全天候条件下(晴天、雨天、雾天和黑天)行驶在"山路十八弯"的大洋路上。在澳洲生活的这几年,那里是我最最熟悉的地方,也是我最最神往的地方。别说8次,就是800次,我也愿意去。

以我个人的经验来讲,要想领略大洋路的美,至少要在那里停留两天到三天。于是我在大洋路沿途的小镇阿波罗湾(Apollo Bay)预定好了住处。然后带足了吃的喝的,再给车加满油,便和已经兴奋不已的贝宝出发喽!

大洋路位于墨尔本的西南部,沿着维多利亚州的西南海岸线蜿蜒伸展。据说"一战"之后,由于当时国家经济萧条无法安置战后士兵,于是政府组织从英国归来的数万名澳洲士兵开荒修路。1932年,大洋路建成开通,由于英文中也称第一次世界大战为"Great War",加上此路又是由"一战"士兵所修,于是就名为"Great Ocean Road"。

经过多年的开发和维护,现在大洋路已经成为世界上著名的景点之一。它的起点是托尔坎(Torquay),终点是亚伦斯福特(Allansford),全长276公里。沿途奇景迭出,可以说世界上没有第二条路可与之媲美。不信你就跟随着我们的镜头看看这一道道的奇景吧。

我个人把大洋路分为三段。这第一段，是在悬崖峭壁上开凿出来的公路。行驶在悬崖峭壁的公路上，右侧是高耸入云的山脉，左侧便是美丽浩瀚的南太平洋。从车窗一眼望去，海天一色、平稳如镜的蔚蓝色海面上，因微风吹拂而泛起层层银光闪闪的粼粼波纹，令人阵阵目眩；而深邃高远、湛蓝天空中，镶嵌着大朵大朵的白云，仿佛是大海中漂浮流动的白帆，让人心旷神怡。

我把车停靠在路边，然后拉着贝宝来到空无一人的海边，面对着大海，我们俩贪婪地呼吸着海风带来的清新空气。

"太美了，老公，美得让我想哭！"贝宝说道。

"是呀，你知道我有一种什么冲动吗？"我问道。

"裸泳？"

"下流！"

"喔，知道了，就是你上次去 Dandenong 山时说的，你想通过在森林里如厕来与大自然融为一体。"

"俗！这可是浩瀚宏伟的大海，我得尿多少才能和它融为一体呀。"

"那你到底有什么冲动？"贝宝追问道。

"老婆，等我要是归西了，收拾收拾后就海葬了吧！"

穿过这段公路，我们来到预定的住处——阿波罗湾。这是大洋路上最美的小镇，小镇居民淳朴热情。在旅游旺季的时候，小镇是非常的热闹，到处是享受海浪和阳光的家庭和情侣。我们

美丽的南太平洋

来的这一天并非假日,所以小镇显得格外宁静。

这段时间来这里旅游的最大好处,就是人少,住处容易预订。阿波罗湾的住处大体可分为几种:普通的酒店式旅馆,和一般的旅馆没有什么两样;公寓式旅馆,一个两室一厅或者三室一厅的公寓,自带厨房,且可生火做饭;再就是完全独立的一套房子,带有前后院和车库,就像普通澳洲人的住家,可以完全享受独立自由的空间。

其实,这第三种住房的性价比最高,不过前提是要有几个朋友一起来玩儿。记得前几年放假时,我们就订了一个这样的海景房,虽然价位明显高于普通的旅馆或者自助式公寓,但是平摊到每一个朋友身上却没有多少钱,反倒比旅馆还要便宜。好嘛,白天在大海森林中尽情玩耍,晚上则在后院里架起炉灶,啤酒外加烧烤。酒足饭饱后,又将餐桌搬到阳台上,在阵阵的海风中聊大天、甩扑克,那个"爽"啊,是用任何语言都无法描述的!

登记好房间后,带着贝宝开始驶向大洋路的第二段。这一段公路也是我们最最喜欢驾驶的路段。因为它有很长一部分是贯穿于整个大奥特威国

鸟瞰小镇阿波罗湾

雨林中的公路

家公园（Great Otway National Park）中的原始雨林。公路开辟在真正的澳大利亚原始雨林中，四周都是参天大树。在这里彻底摆脱了都市的喧嚣，让人真正体会到一种回归大自然的感觉。打开车子的天窗，欣赏着班得瑞优美的音乐，呼吸着雨林中清新的空气，再听着雨林中不断的潺潺流水声，我琢磨着，人间仙境也不过如此吧。

雨林里面到处是高大的桉树和古老的蕨类植物，等我们深入到真正的原始雨林内部，才领悟到"原生态"这三个字的含义。

在原始雨林里面，空气极其清新，含氧量非常高，所以即便是略感疲劳，只要稍事休息便会立刻恢复。

原始森林的腹地

雨林中的小憩之处

雨林中的小溪

漫步于原始雨林中，抬头仰望参天大树，很多人可能都在想：好高呀，我要是能飞上树梢该多好呀。而奥特威国家公园中的 Otway Fly 就可以满足人们的这种心理。Otway Fly 位于一片原始雨林的腹地中，在这片 1 个小时散步路程的雨林中，有一座长约 600 米，高约 30 米的高架钢铁大桥，把人们真正地送到了树梢之上。同时，它也是全世界最高最长的步行高架桥。

只要你没有恐高症,漫步树梢之间的感觉一定会非常的兴奋和享受。

Otway Fly 的大桥,是由三座伸向不同方向的高架桥组成的。漫步在高架桥上,你不但可以轻而易举地触碰到树梢,更是能鸟瞰这片原始雨林的全貌,大有"一览众山小"的感觉。幸运的是,我们选的是一个非节假日,所以整座高架桥上就我和贝宝俩人。而三座高架桥会集的地方是一个高塔,由于需要额外的体力来攀爬,而且站在上面多少都会有点害怕,于是我令怀孕的贝宝在桥下等我,然后两步并作一步地飞奔到了塔的顶端,不但鸟瞰整个雨林,还能看到高架桥的全貌,太美丽、太壮观了!

当然了，原始雨林里面还有很多地方可供人们去探险，去拍照。这本日记毕竟不是导游手册，我就不一一奉上佳作了。在这片雨林中还隐藏着另外一处"世外桃源"，也是每次我来大洋路必去的地方——红杉树林。这片林子是维多利亚州政府于 1938 年进口美国加州红杉树并且在这里种植的。

红杉树高大而笔直的树干上几乎没有什么分支，而树顶处茂密的树枝树叶完全遮住了阳光，所以当你踩在松软干枯的树枝上步入林子的那一刻，就仿佛进入了一个祥和安静、宏伟壮观的自然宫殿中。

走出雨林后，我们驶向第三段的路途中。这里大自然的鬼斧神工，令人瞠目结舌。而这段路上很多农场的景色，也别有一番风韵。

　　开过农场,我们便来到了大洋路的第三段——坎贝尔港国家公园(Port Campbell National Park)。这段路上可以说是一次次的惊奇之旅的大组合。沿途到处是美景,耸立在海上的岩柱没有一块是相同的。尤其是夕阳斜射,照在那屹立于大海中的威严巨石上的时候,壮观美丽的景致可能是许多人一辈子都见不到的。

　　这里最为著名的风景就是十二门徒(The Twelve Apostles)。在过去的1000万年到2000万年中,来自南太平洋的海水和海风不断地腐蚀,结构相对松软的石灰岩悬崖,逐渐形成了许多洞穴。这些洞穴不断变大,发展成了拱门,并最终倒塌,演变成了今天我们所看到的形状各异的海中巨石。海浪对这些石灰石侵蚀的速度大

约是每年 2 厘米，随着侵蚀作用的进行，旧的"门徒"不断倒下，而新的"门徒"不断形成。

从十二门徒向西继续开十几分钟便到了阿德湖峡（Loch Ard Gorge）。这里可以走下旋梯来到海边，近距离地欣赏这大自然的鬼斧神工。

然而当大自然发怒的时候，便露出它狰狞的面孔，而悲剧就此发生了。1878 年 6 月，一艘名为阿德湖的三帆快速帆船从英国航行至墨尔本，不料行至此地因为受到风浪侵袭，整艘船撞上岩石，船上 45 人中绝大部分遭遇了灭顶之灾。只有一对男女逃过一劫，被海浪带到了这个峡谷后被人救起。为了纪念这一悲剧，这里便被命名为"阿德湖峡"。

这就是大洋路三个不同的景致路段。除此之外，还有一道风景不为很多人知道。当你看到在大洋路的沿途有人把车停在路边，抬头仰望时，那一定是在看澳大利亚特有的可爱动物——考拉！很多朋友抱怨，去了几次大洋路，能看到的野生考拉凤毛

麟角。那是你没有找对地方。在大洋路穿越雨林的那段公路上,有一条岔路通往奥特威灯塔(Cape Otway Light House),在这条路两边的树上,随处可见憨态可掬的考拉,简直是到了数不胜数的地步。我们估计这里可能栖息着很多考拉的大家族。

在大洋路的海边和雨林里尽情地放松了两天后,我们选择通过内陆的高速路回墨尔本,这样可以节省不少时间。出发的下午开始下起了小雨,

整个雨林在雨水的冲刷下显得更加清新美丽了。走在途中,打开车窗,呼吸着带有泥土芬芳的空气,那一份惬意的心情真的是一生难忘呀!

最后,用小学写作文时常用的一段话结尾吧:啊!我爱你,美丽的大洋路!^_^

大洋路沿途的农场

 温馨小贴士

孕期旅游注意事项

很多准妈妈都会担心孕期旅游是否会影响到肚子里面的宝宝。

其实外出旅游对准妈妈来讲是一项非常好的活动，只不过需要额外地注意一些事宜：

1. 由于怀孕14周以前，孕妇会有流产的危险和早孕反应，而28周以后，孕妇的体重过大而且有分娩的可能性，所以孕妇最佳的旅游时期是怀孕14周到28周之间。

2. 孕妇坐车超过两个小时就要开窗通通风，因为空气不流通会导致缺氧从而引起子宫收缩。

3. 火车会比汽车舒适，但是尽量避免运输高峰时段。

4. 孕妇出行尽量避免坐飞机，特别是在孕晚期，因为胎儿可能会受到低氧的危害从而引起智力和健康方面的损害，甚至还会危及生命。如果必须选择乘坐飞机的话，最佳时期是16周到24周，因为这段时间胎儿处于最稳定的生长发育阶段，而且孕妇的早孕反应基本消失，精神状态比较好。

5. 孕妇长时间处于坐姿，胃肠蠕动会减弱，胃酸反流增加，引起厌食、呕吐和便秘。同时腹部的长时间压迫会使盆腔静脉和下肢静脉血液回流受阻，从而引起痔疮，下肢静脉曲张，下肢水肿甚至抽筋。因此不论是选择哪一种出行工具，孕妇都要适当站起来活动活动。

6. 孕妇旅游必须定点休息，避免过度疲劳，因此最好不要参加旅游团。

7. 旅游前要事先了解所到地点的医疗资源，而且一定要和医生商讨后再出行。

第 21 周 2011年2月8日 February 8th 2011 男孩 or 女孩？

今天是贝宝怀孕的第 21 周，我们兴奋的同时也有了一点紧张，因为今天下午我们约好了医生，贝宝将迎来怀孕以后的最全面最细致的 B 超检查，主要目的是要排除宝宝畸形的可能性；同时我们还将知道宝宝的性别了。

下午 2 点我们准时来到位于 Victoria Parade 上的一家检查中心。这里是专门做各种超声检查的机构，里面有最专业的超声检查医生。其实有些医生也许并不属于这家机构，而仅是受雇于这里，他们同时还可以受雇于其他的一些检查机构。这些医生每周都会在不同的机构上班，有点走穴的感觉。这就是为什么在澳洲很多检查需要预约的原因。

另外还有一点和国内不同。一般在国内，相应的专科检查都是位于各大医院里，病人在医院就诊的时候就可以在医院完成相关检查。但是在澳洲，医院里虽然也有检查设备，但那主要是为住院病人检查准备的。很多未住院的病人，则是要被分配到独立于医院之外的检查机构去进行专业检查。

走进这家检查中心，前台是一位金发碧眼的大妈，很礼貌地招呼我们坐在等待区，然后说医生会在片刻之后接待我们的。好嘛，这一片刻就过了 15 分钟，主要是上一个病人没有检查完。像这样的检查延迟是很难避免的，因为目前各类专科医生，在澳大利亚是极其短缺的，几乎每一个医生都是在超负荷工作。他们每天的工作都是预约好的，可能每半个小时一个病人。如果上一个病人检查顺利的话，那么下一个病人的检查肯定能够如期进行。如果前一个病人的检查有所延误,那么往后预约好的病人都会被推迟检查。我记得以前有一个朋友去看医生,而医生突然上了一个急诊手术,因此他的预约整整被延误了4个小时。不过一般这种情况一旦发生,医生的前台服务人员会及时联系患者的。

  医生终于把我们迎到了检查室内。医生是一位来自英国的绅士,留着一圈黄色的胡子,说起话来温文尔雅,对贝宝更是非常耐心,先告诉了我们今天B超检查的重要性,因为15—20周的时候胎儿发育最为迅速,而他们的骨骼和器官这个阶段都已形成,通过专业的B超检查,能够在最早阶段告诉你们宝宝是否有畸形。检查的内容包括小脑、上唇、胃泡、心脏四腔、双肾、膀胱、胫骨、腓骨、尺骨、桡骨、脊柱等等。

  接着检查开始,当医生把沾满润滑液的B超探头放到贝宝的肚皮上时,屋里顿时充满了宝宝强有力的心跳声音,每分钟150次,非常完美。接着医生转动B超探头,找到最佳位置后固定画面做各种测量,并随时为我们讲解宝宝各个部位发育状况。大概经过了20分钟,基本的检查内容都已经完成,医生郑重宣布:宝宝的发育非常健康,各项指标和数据都在正常范围内,我们可以继续孕程。

  接下来将要确定性别了。在澳洲,准爸准妈们是可以知道宝宝的性别的。因为是男是女在这里无所谓。如果这胎是个男孩,那么下胎生个女孩就是了,下胎还是男孩的话那么再生一胎。在澳洲,对于父母生几个宝宝是没有任何限制的,而且政府还通过各种福利来鼓励大家多生多育。这个完全可以理解,你想想,澳大利亚770万平方公里的国土面积位于全世界第六,可是人口却只有2000万,也就刚好一个北京市的人口,政府能不着急吗。记得以前的霍华德政府还提出一个生育口号来:生一个为妈妈,生两个为爸爸,生三个为国家!

  这时候医生转过头来,笑着问我们:"你们是喜欢男孩呀还是女孩呀?"

  贝宝嚷道:"女孩!"

我也同一时间嚷道："男孩！"

贝宝回过头来看了看我，明白了，于是我又重新嚷道："女孩！"

"哈哈，看得出来，妈妈喜欢女孩，爸爸喜欢男孩。OK，你们俩可以打赌，我来告诉你们谁赢了。"他把B超探头移到了贝宝肚子的某处，慢悠悠地说道："你们的宝宝是……"

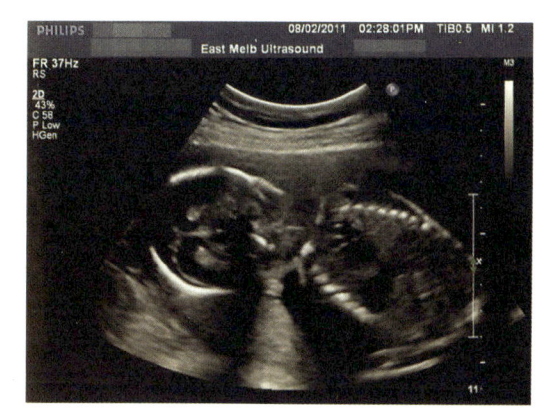

宝宝的 B 超检查相片

嘿，医生大人，您就别慎着了，赶紧告诉我们吧，这还等着给孩子起名呢。

"肯定是男孩，你看屏幕上这个小把把，那就是小鸡鸡呀！"我对贝宝说道。

"谁说的，还有可能是脐带呢，听人家医生怎么说！"

"OK，爸爸获胜了，恭喜你们将有一个健康的男宝宝！"医生说道。

"太棒了！打游戏、打篮球、打网球，我终于给自己生了一个玩儿伴！"我说道。

"不是……那个……医生，您再仔细看看好吗？"特别想要个小公主的贝宝说道："您知道，我给宝宝准备的被褥都是粉色的小兔子。"

"小兔子？哦，今年是兔年！"医生说道。其实不只是这个医生，在中国农历新年的时候，墨尔本当地各大超市以及很多机构，都会用中英双语贴出恭贺新年的祝福。看看咱们中国文化的渗透力，估计在墨尔本没有几个外国人不知道中国的十二生肖！

"好的，那我再给你看看是个小男兔还是个小女兔。"说着医生又开始检查起来，最后他把画面固定在了一个小把把上说道："我可以告诉你，你怀的要么是一个男孩,要么是一个非常特殊的女孩,你选哪个呀?"

贝宝略带失望地点了点头,说道:"好吧,我选男孩。"

"嗯?老婆,你不会因为是男孩而失望吧?"我问道。

"怎么可能呀,只是因为商场里女孩子的衣服太多了,我特别想给咱们的宝宝好好打扮一下。"贝宝说道。

"老婆,其实男孩更好,虽然小的时候比较淘气,可是你想呀,等他长大以后,在他的毕业典礼上,高高的个子,英俊帅气,站在你的身边和你合影,然后他低下头来紧紧地搂住你说道:妈妈,谢谢你!那时候你会是什么感觉?"

贝宝的眼眶湿润了,慢慢地靠在了我的肩上说道:"老公,那将是我们一生最最幸福的时刻!"

就这样,我拉着满眼幸福泪花的贝宝走出了检查中心,然后迅速拨通了我们父母的手机,赶紧把这一喜讯和他们分享一下。同时,我那最有文化底蕴的老爹还肩负着给他宝贝孙子起中文大名的重要任务!

温馨小贴士

生男生女的奥秘

有的朋友希望有一个聪明帅气的儿子,而有些朋友则希望有一个漂亮可爱的千金,所以很多人就问到生男生女是否有什么诀窍?可以这么说,至今为止,医学上是没有任何成书的结论。

人体有23对染色体,22对为常染色体,1对为性染色体,人类的性别就是由这对染色体所决定,男性的一对性染色体为XY,而女性的

一对性染色体为XX，他们生成的比例是1:1，也就是说生男生女的自然概率为1:1。

不过科学研究标明胎儿的性别可能和下面一些因素有关：

1. 酸碱环境：带有Y染色体的精子耐碱不耐酸，碱性环境下Y精子容易和卵子结合；相反，酸性环境下X精子活跃，容易受精。

2. 年龄因素：夫妻年龄每增加5岁生女孩子的概率就会增加1%。

3. 性生活的影响：减少性生活次数，时间选在女方排卵期，在女方达到高潮后射精容易生男孩，相反会增加生女孩的概率。

4. 职业因素：长期在接触高温、化学物质以及辐射的环境下工作，可导致Y精子能力衰减，造成生女孩的概率增高。

5. 压力因素：在长期的紧张和压力之下，肌体容易产生酸性环境，这样不利于Y精子的存活，所以生女孩的概率会增加。

6. 另外据统计，春秋季受孕生男孩的较多，而夏冬季受孕生女孩的较多。

第21周 2011年2月9日 February 9th 2011 JayJay

自从21周的B超知道是个男宝宝之后,我兴奋的心情久久不能平静,倒不是我不喜欢女宝宝,主要是爱好运动的我觉得,如果是男孩子的话,将来我更能和他玩到一起去。不过无所谓了,无论是男是女,都是我们的小天使,而在我们的世界里面,等待天使的只有无尽的爱。

接下来一个问题便提到议程上来了,那就是既然知道了是男孩儿,就要给他起一个名字,一个既有男性特征又能朗朗上口的名字。于是我昨天晚上几乎没干别的,就泡在网上找合适的名字了。由于是在澳洲,除了将来上中文补习班以外,几乎没有可能用汉字写名字,所以孩子一定要有一个英文名字,而且还要有一个小名。

想来想去,决定用贝宝名的第一个字母开头,就是"J",然后经过一番讨论后决定宝宝的英文名字叫"Jacob",源自希伯来语,可以理解为上帝的追随者,被上帝启迪的人。而小名就是"JayJay"了。

"JayJay! JayJay!嗯,听起来不错,可是Jacob不是《暮光之城》里面那个狼人的名字吗?"贝宝说道。

"就是呀,那说明我们家宝宝将来像狼人一样强壮。不过我还是希望JayJay能长得像《X战警》里面休·杰克曼演的金刚狼那样,《暮光之城》里面的狼人太嫩了。"

"是呀,《暮光之城》里面的狼人最终没有得到自己爱的人。"

"那是那条小狼太死心眼儿了,林子大了,干吗非得吊死在Bella这棵树上!"我说道。

"嗯？你这心态很危险，在你向往的那一片诺大的森林中，我是你唯一的大树吗？"贝宝质问道。

"你看，你们女人就是容易神经质。再说了，我也就是说说别人，在我心中，这世界就是一片沙漠，而你就是这片沙漠中的唯一一棵绿色歪脖树，我誓死要吊死在你这棵树上！"我说道。

"这还差不多，可周围都是沙漠，我这棵树怎么活下来的？"

"嗯，这个嘛……你知道，你的树根比较深，可以吸收沙漠的地下水嘛。"我解释道。

"那为什么没有别的树？"

"嗯……因为我心中那片沙漠里的地下水只供给你这一棵树。"

"那为什么……"

"不是，老婆，要不咱俩现在一起看一法国电影吧。"我急忙打断了贝宝。

"什么片儿？"

"《你丫闭嘴》！"

"好呀，你敢变相地骂我。"说道，贝宝挥起了花拳绣腿。

"好了好了，老婆，别闹了，还有中文名字没起呢！"我说道。

"做完B超后你不就告诉你爸了吗，干吗不问问他起得怎么样了？"

"就是呀，把我爸给忘了！"昨天做完B超第一时间就告诉了他们，我爸说他会给孙子好好想一个非常与众不同的中文名字。

说到我的亲爹，那家伙，敬仰之情犹如滔滔江水连绵不绝，又如黄河泛滥一发不可收。一代才子，国家级的摄影大师，走南闯北的去过世界上很多国家，见多识广，精通中国历史和篆刻书法，而最拿手的一个艺术绝活就是用焊接电子元件的烙铁在三合板上烫画，你也许见过有人拿着素描铅笔写生，但是不知道你有没有见过手拿烙铁在三合板上写生的。记得他老人家早年在日本深造的时候，曾送给了所在公司社长一幅自己烫的徐悲鸿的《八骏图》，社长当时就傻了，一年深造结束后，据我爸说那个社长是一把鼻涕一把泪地非要把他留在日本，可惜艺术家一般都是才气与傲气并存的，于是我老爹直接就把他给婉言谢绝了。

拨通了老爸的电话，满怀期望地问道："喂，爸，怎么样，孙子名字起好了吗？"

"嗯，我想了一晚上，起好了。"

我把电话开成了扬声，让贝宝也一起听一听Jay他爷起的与众不同的名字。

"爸，那孙子叫什么呀？"贝宝问道。

"叫李永涛！"

💧…………

李永涛儿（北京人爱加儿化音的）……李永波儿的弟弟？？！！

"儿子，咏是'行吟坐咏'的咏，而韬是'韬光养晦'的韬，所以叫李咏韬，小名可以叫韬韬。"

"不是，那个……爸，他什么咏什么韬，最终搁嘴上念出来还是李永涛儿呀！您孙子那是海外华人，ABC呀，多少您也整一个稍微洋气点儿的名字吧。不是，您怎么给起了一个60年代您战友的名字呀！"我说道。

"不喜欢呀！？"我爸问道。

只见贝宝使劲地冲我摇头摆手，挂了电话，我俩哭笑不得，看来这起中文名字的任务还是比较艰巨的，不能指望一位1949年出生的老艺术家给海外华人起一个既时尚又典雅的名字，这任务最终还得落在我头上。

第二天，收到老妈的短信，说贝宝的爸妈也和她在一起，让我们视频一下，于是连上网，就听见我妈兴奋地说道："儿子，韬韬有什么反应吗？"

"嗯？哪个韬韬？？"

"你说哪个韬韬，就是我孙子呀！"

"咳，你是说李永涛儿呀，妈，那不是您孙子，那是你和我爸的战友，和您同辈儿的。"我说道。

"哈哈……不喜欢你爸起的名字呀。"

"那是相当的不喜欢！"我说道。

"那你们有什么好的选择吗？"在一旁的老岳母问道。

"中文名还在想，英文名已经起好了。"贝宝说道。

"叫什么？"俩妈异口同声地问道。

"Jacob！"我说道。

"这个（北京人'这'一般不念 zhe，而是念 zhei）？"我妈念道。

"不是，怎么念成了这个了，跟我一起说一遍——zhei ke bu。"

"这（zhei）个布，哈哈……"俩妈笑得快搂在一起了。

没法和中年妇女打交道，唉，我嚷道："还那块料儿呢（北京人'那'一般不念 na，而是念 nei），是 zhei ke bu，你俩原地念10遍！"

"不是，儿子，要不这样，这个孩子的小名干脆就叫'这（zhei）个'，再生一个叫'那（nei）个'，将来我们看到孙子们后，叫道'这个'、'那个'都过来，你看多好。"我妈说道。

老岳母也在一旁敲边鼓道："就是，'这个'和'那个'，多有个性呀！"

"什么乱七八糟的，要是再生第三胎呢？"我问道。

"好说，就叫'哪个'呗（北京人一般不念 nǎ，而是念 nei，三声）！"老岳母插嘴道。

💧..........

"这要是将来让孩子们拿点东西可麻烦了，'这个'你把那个拿到'哪个'那去，'那个'你把这个也拿到'哪个'那去，'哪个'你把这个和那个一起拿到'这个'和'那个'那去。"我调侃道。

视频里正好我爸走进来，说道："嗯？你们在玩儿绕口令呢？"

唉，可怜的孩子呀，于是我说道："我决定了，孩子大名就叫 Jacob，小名叫 JayJay。我挂断视频后你们好好练习发音，下次我检查！"

呵呵，从今天起，我们将共同期盼着 JayJay 的到来，同时，在日记里贝宝也将升级为 Jay 妈，而我自然就是 Jay 爸了。^_^

第 22 周　2011年2月20日　时尚歪谈
February 20th 2011

一大早，Jay 妈的好友 Kerry 就打来电话，很激动，说发现了一个卖包的好地方。这个品牌的包，在墨尔本 Myer 和 David Jones 这类大型商场里面都要卖 100 多澳币，而这里是他们的仓库，大部分包才卖十几澳币，有的甚至才几块澳币。呵呵，别小看这澳币的分量，100 多澳币的东西对于普通的澳洲百姓来讲不算便宜，你想想，这里最新上市的牛腩肉也不过 6 块多澳币 1 公斤。

正在捧着电脑和老岳母视频聊天的 Jay 妈，一下子就从床上起来了。结果就听见"哎哟"一声，吓得我也一下子蹦了起来："怎么了，老婆？"

"没事，床角磕腿了，好疼。"Jay 妈边揉着腿边说道。

"老婆，您慢点成吗，肚子里面还有 JayJay 呢。"

"我怕去晚了卖没了。"

"你当铜锣鼓巷里的奶酪店呢，每天就卖那么一点。"

"……人家是南锣鼓巷，好吗。再说了，说不准人家是清仓甩卖，去晚了好看的样式就没了。你又不是不知道，现在这澳洲经济差的，多少企业都倒闭了。"

我们一边说着一边迅速洗漱完毕。外面的天气不冷不热，于是翻出一件 Colorado 的牛仔短裤。Jay 妈说得有道理，这 Colorado 就是典型的澳洲经济衰败下的饮弹者，最近刚刚宣布破产，撤销了所有的零售店。真是可惜，自从我来澳洲留学时，就特别喜欢这个休闲装和户外装的品牌。衣服的质量非常棒，且款式设计也很大气，我估计可能是不高不低的价位导致它的退出吧。穿好裤子，又翻出了一件 GAP 的长袖帽衫。GAP，美国人的品牌，颇有点星巴克咖啡的感觉，每次回国看到朋友们都争先恐后地买这个品牌，仿佛是一种时尚和身份的象征，因为美国的年轻人都穿这个品牌。我真是不大理解，GAP 在美国便宜得要命，因为只靠打工的年轻人，没钱买更奢侈的衣服所以才一色儿（念 shai，三声）起的买 GAP。这么说吧，GAP 就好比美国的班尼路，不过个人感觉质量和班尼路差不多。

穿戴完毕后站在电脑前，视频里的老岳母看见我说道："嚯……旦旦穿得这么帅，相亲去呀。"

"……妈，我已婚了。"

"哈哈……你上面穿个大长袖下面就穿一个短裤，不冷呀。"老岳母又问我。

我笑了笑问道："妈，您知道年轻人最时尚的穿法吗？"

"多露肉？？"

"……妈，那是澡堂子。所谓时尚穿法就是错季穿衣。"我说。

"什么意思？"

"您看呀，小姑娘要是上面裹一大毛衣或者大棉袄什么的，下面如果要再穿棉裤那就 out 了，下面必须穿短裤或者短裙，把大腿全都露出来，这就时尚了。"我解释道。

"哈哈，对对，好像年轻人都爱这么穿。"

"再举个例子，上衣是短袖，下面是短裙，凉快吧，但这太普通了，要想时尚，就得往脚上套双长筒棉靴，最好再来一棉围脖儿外加一棉帽子，这就时尚了。"

"不热吗？！"

"不热！这大腿、胳膊还有肚脐都露着通风呢。还有，妈，您刚才说到这露肉，也是有讲究的，要想时尚那就不能全露，全露就该扫黄了；但是呢，又不能不露，得露得犹抱琵琶半遮面那才时尚呢。所以您看那些影星，出席个活动，嚯……穿旗袍的恨不得开叉开到胳肢窝，穿低胸衣的再低个1毫米就是少儿不宜了，还有一些星们儿搭片儿纱帘就敢出来。"

"旦，你别贫了行吗，这都几点了，赶紧走！"Jay妈在一旁催促道。

来到卖包的地方，还真是这个品牌的库房，全是女包，背的、挂的、拿的，什么都有，种类繁多。Kerry太狠了，一下买了17个，总共才花了不到200澳币。不过Jay妈消费还是比较理性的，我估计她也知道买多了就是放着，所以只给自己买了三个，给Jay姥买了一个，给我妈买了一个，于是我说道："老婆，我比较欣赏你的理性消费。"

"老公，你误会了，我准备等我妈来墨尔本后再来买。"

…………

全场的包几乎没有超过30澳币的，不过在结账的地方看见了这些手拿的坤包，全都是100多澳币，不打折的。

这个就是明星参加个盛典活动时手里拿的那种包。我总在想，你说那么小的一个包，能放得下什么呀。Jay妈告诉我，这种包意在装饰，说白了就是给手找一个放着的地方而已。

结完账出来后Kerry说道："刚才那些小坤包真好看呀，不过穿着那种拖到地上的晚宴服装拿着才合适，我们现在没有机会。"确实是这样，在国外，你别看那些女明星们平时穿得随随便便的。可是一到重大的典礼，每一个都是盛装出席，手拿精致的小坤包，那叫一个光鲜靓丽！

于是我说道："Kerry，没机会咱们自己创造机会不就得了，你现在赶紧买一个坤包，我们将隆重邀请你和你老公Charley参加明晚8点在我们家举办的晚宴，请你们务必盛装出席，Kerry，奥斯卡女明星怎么穿你明天就怎么穿，晚礼服能甩在地上多长你就甩多长。另外，你最好给Charley整一套燕尾服之类的玩意儿。"

"真的?"

"真的,老爷们儿说话一口唾沫一颗钉。东西都买好了,大家也该聚聚了。"我说道。

"那你这隆重的晚宴准备请我们吃些什么玩儿些什么呀?"Kerry 好奇地问道。

"Kerry,那将会是非常丰富的,我们将在大桌子上摆满各种肉类、海鲜以及蔬菜,并且以中国最传统的方式进餐;晚宴后的活动也很丰富,是集娱乐、博彩、科技以及电子产品于一体的综合活动。所以请务必准时到达。"我解释道。

"呵呵,是够隆重的。"Kerry 说。

Jay 妈一歪嘴,淡淡地说道:"你别听他瞎刮划,就是涮个锅子,外加打打麻将和打打游戏,和以前一样!"

呵呵,我琢磨着穿衣服都时尚了,这说话还不也得包装得时尚些吗?^_^

温馨小贴士

孕妇的穿着

俗话说,人靠衣服马靠鞍,时尚靓丽的穿着确实能够给人增色不少,而且穿衣的人也会更加自信。那么怀孕后的准妈妈们在穿着上应该注意些什么呢?

理想的孕妇装,标准是既能有助于纠正膨胀的外形,又富有美观和时代感。因此,孕妇应该依据不同季节,选择不同材料制成的服装。其

样式应该符合从肩以下宽松、无腰带、便于洗涤。另外，在怀孕期间，孕妇应穿一些弹性较好的连裤袜，要避免穿圆口松紧的长筒袜，因为它会阻碍下肢静脉血液回流从而产生静脉曲张。

　　随着肚子越来越大，孕妇的重心发生前移，因此常常需要改变身体的姿势才能维持身体的平衡，所以孕妇穿鞋也是有讲究的。首先绝对不能穿高跟鞋，因为高跟鞋会增加腰和后背肌肉的支撑力量，由于孕妇经常改变姿势保持平衡所以会导致背痛和疲倦；而许多平底鞋缺少支托的作用，走路时的震动会直接传到脚上，同样会造成疲倦、腿痛和背痛等情况。因此孕妇选择鞋的标准最好是脚背部分能与鞋紧密结合，具有牢固支撑身体的宽大后跟。同时，鞋跟的高度要在2-3厘米而鞋底要带有防滑纹。

第23周 床
2011年2月23日
February 23th 2011

　　上周末的时候，Kerry 打来电话告诉说名包有特价卖，结果 Jay 妈一激动将玉腿磕在床角上，疼痛不已。今晨醒来，小腿上仍有一大片淤青。

　　说到家里的这床，当初买的时候我就和 Jay 妈意见不一致。我们是在一家澳洲知名的专卖店买的，不算便宜，一个最大尺寸的床架子，加上俩床头桌和一个卧室六斗柜，总共够小 5000 澳币了，再加上 1000 多块的床垫，好嘛，光睡觉的这点家伙事儿就 6000 多澳币呀，相当我们国内小 40000 元人民币了。

　　不过，Jay 妈就喜欢这种大床。睡得舒服，加上她很豪气十足地伸懒腰，以一点为中心然后转着圈地尽情伸着，床小点还真得滚下去。可是我就是觉得这床设计得有问题，人家床角都是圆的，省得磕着碰着的。我们这床可好，床角是要多尖有多尖，这以后要是 JayJay 能走路了，我们的卧室绝对属于危险区了。

　　"告诉你，老婆，这床算是买坏了，6000 多澳币呀，太贵了吧！要是在宜家的话，这辈子的床都能买好了，搞不好棺材板儿都能捎带着解决了。"我说道。

　　"宜家的木架子床倒是便宜，但不是你一屁股给我坐断床梁的时候啦。这就叫一分钱一分货，你那 6000 块钱捎带出来的棺材板儿最好也小心点儿吧，别到时候扔土里再发个霉长个毛儿什么，你还没尸变呢，你那棺材板儿倒先变成个白毛僵尸跑了！" Jay 妈贫道。

　　"《鬼拉灯》看多了吧。"

"还《死布什》呢。再说了,也不能赖这床呀,谁让你家卧室这么小呢!"

"卧室小吗?!是呀,你要是放人民大会堂里那一准儿磕不着腿,但人民也得同意才行呀。再说了,再大的屋子,你也得走到床边去睡觉呀,总不能把床放在一地方然后你跑10米开外窝在地上睡吧。卧室嘛,尺寸差不多就行了,还能大到哪去呀。"我说。

"这你可就错了,现在新的理念就是卧室一定要大,你看看墨尔本那些展示房也好,样板间也罢,哪个不是卧室巨大。卧室大了好处很多的,一是空气清新,二是不用出卧室门就能享受更多的纯私人空间。我上次还在一本杂志上看到过,国外一个公司打造出了全世界最高级的最独特的水卧室,真的很漂亮!"Jay妈说道。

"水卧室!?有意思,说来听听!"

"整个卧室以蓝色调为主,所有的墙壁全由玻璃构成。卧室中间放着一张超大的圆形的床,床的周围是小型水池。在床的两侧各有两条小路跨过水池,而床头的后方则是一面巨大的潺潺流水的蓝色玻璃墙,整个卧室那叫一个有格调呀!"Jay妈说。

"还格调呢,我怎么听着像孙悟空把水帘洞装修了一遍?我告诉你,这种卧室就是玻璃棒槌——中看不中用!纯理论化的设计,根本不适合住人!"

"谁说的!"Jay妈不同意道。

"你想想呀,这满屋子都是水,还有个什么哗哗流水的墙,咱先不说吵不吵,这么大的湿气对身体不好呀,到时候再得了风湿性关节炎找谁说理去!等到了夏天,这要是门窗再没关好,放进来俩母蚊子,然后在你那个小水池里面下几个蚊子蛋,完了!!你这水卧室变蚊子们的水餐厅了。再说了,还要走过水池上面的两条小路才能上床睡觉,别再一不小心掉水里,这觉睡得可够辛苦的。"我调侃道。

"贫吧你就!"

"要我说干脆把那个小水池改成一个大池塘完了,池塘的正中间放一张大床,这卧室看起来多霸气呀,和比尔·盖茨水族馆似的客厅都有一比。不过就是每次上床睡觉够费劲的,得划船过去。不过可以买一个北海公园那种装着鸭子头的脚踏船,俩人在池塘边上换好睡衣,然后上船手挽手地哗啦哗啦地划着船去睡觉了。就是上床之前一定得栓好船,这要是半夜漂走了,早晨起来后可麻烦了,再赶上个尿急什么的,这事可就不好办了。"

呵呵,说到这床,管它什么样式和大小,睡得舒服才是最关键的,毕竟人生 1/3 的时光都是在床上度过的。

我算了算,来澳洲这么多年我先后经历过 5 张床。第一张就是刚来时租了朋友一间睡房,里面自带的一个大床垫子,还行,虽然没有床架,但挺舒服,离地特近,就是从床上站起来的时候有点费劲。第二张就是 Jay 妈来到澳洲之后,我们在宜家买了一张特便宜的木头架子的床,床垫买的好,非常舒服,后来毕业了,几乎以白送的价格卖给了一小师弟了,我琢磨着这张饱含我们感情与激情的床卖给这小屁孩儿,他晚上不会乱做什么梦吧,要是影响了学业可得不偿失,于是我问他:"有女朋友了吗?"

"没有呢,大哥介绍一个呗。"小师弟很认真地说。

卖床再送一媳妇,你倒够会划价的,你小子当我这是同福客栈对面的怡红楼呢,于是我一本正经地说道:"哥哥我一心扑在学习之上了,孩子,这方面可能是爱莫能助了。"

当时就听 Jay 妈在旁边小声嘀咕:"你那个是尽学习打游戏了!!"

这张床卖了后我们又在宜家买了一个好点的床,还是木头床架,也很舒服。有一次,我看了甄子丹的《导火线》后,特别激动,因为他打破传统武术模式,将巴西的自由搏击和柔术融合在影片中,极具观赏性。于是,我在卧室给 Jay 妈演示背摔那招,当我重重地摔在床上的时候,就听见"咔嚓"一声。我去,床架彻底折成两段了,Jay 妈一看顿时急了:"瞎闹什么,晚上都没地方睡了。"

"这质量也太差了吧,纸糊的都比这个结实!"

"质量再好也禁不住你这一身肉呀，好好减肥吧你！"

于是那天晚上，我和Jay妈在床垫子上睡了一夜，然后第二天去宜家买了一张金属架子的"公主床"，就是床头床尾都是那种花里胡哨的金属架子，很具有女人气息，没办法，谁让是我把床架子坐塌了呢，所以只好由着Jay妈的性子，爱买什么买什么吧。

到后来终于买了自己的房子，有了自己的狗窝了，所以自然要换好一点儿的床了。我和Jay妈的生活原则就是，绝对不能吃不好，也绝对不能睡不好，所以在买吃的和买床这两方面花钱还是毫不含糊的，至于穿的、用的，差不多就行了。于是我们来到家门口的一家专卖店，狠下心买了今天睡觉的这套家当。虽然时不时地磕一下腿，但是正如Jay妈说的，一分钱一分货呀，还是真挺舒服的。

呵呵，就这么多了，记着不要委屈了自己睡觉的地方哟！

关于孕期的床垫

孕妇在选床垫的时候尽量要避免过于柔软的。因为孕妇日渐增长的大肚子，会使得脊柱的腰部曲度增加，如果睡在非常柔软的床垫上，增加脊柱的弧度从而加重腰椎小关节之间的积压和摩擦。长此以往，脊柱的位置失常，压迫神经，增加腰肌负担，引起经常性的腰痛。

另外，正常人睡眠的时候体位是会经常变动的，一夜可多达二十几次，这样的辗转翻身其实是有助于大脑皮质的抑制扩散，有助于提高睡眠效果。而孕妇睡在软床上，深陷其中，加上肚子的压迫，非常不利于翻身。

第24周 给JayJay买的东西

2011年3月4日
March 4th 2011

今天回家后，看到Jay妈正在和Jay姥爷Jay姥视频聊天。墨尔本虽说山好水好，可是确实比不了国内的热闹，更别说怀孕后成天在家窝着的Jay妈了，所以没事就上网找二老聊天解闷儿。而这段时间更是和他们还有我的父母频繁上网聊天。因为Jay姥爷和Jay姥已经申请了来澳洲的签证，正在准备当中，所有的人都感到特别兴奋。感谢老天让我们生在这科技发达的年代，亲人之间的距离可以变得这么近。

"今天回来挺早的呀。"Jay妈看见我回来后说道。

"这不想你了吗。"嘴甜是绝对没有坏处的。^_^

"真的，那用实际行动表示一下吧，给咱们擦擦地吧。"

我去，甜过头了。"不是今天早晨我走的时候刚擦了吗？"

"旦旦，你别听她的，刚回家好好休息休息。"视频里的Jay姥嚷道。你看，还是丈母娘疼女婿呀。

"妈，你别乱说，我这怀着孕呢，需要一个干净的环境，动起来，旦。"

擦个地又不是什么大事儿，好在我们没有住几千平方米的豪宅，否则那可真是大事儿了。

视频里面Jay姥一边看我干活一边说道："旦旦，你们家的地这么干净，用得着每天擦吗？"

"是啊，我也觉得呀，可您女儿洁癖和360一样定期升级，不得不擦呀！"我说道。

"360？！是什么呀？"

"妈，就是杀毒软件，每天都会保护你的电脑免受病毒侵袭，会自动定期升级的！"Jay妈解释道。

"哦，360，名字不错，最后那5天怎么办？！"Jay姥问道。

💧……"妈，忙了一年了，最后5天还不让人休息休息。"我说道。

"老伴儿，吃你的饭去吧，甭在这瞎操心了。"Jay姥爷在视频另一边说道："那贝贝这洁癖要是升级到最后，你小子还不得1小时擦一次地。"

"哈哈……"Jay姥又笑了。

看着地砖上反射出的人影，我说道："爸，那就不是升级了，那是中毒了……和您这么说吧，自打我们搬进来到现在，我觉得这地面让我擦得都有点下沉了，要是再继续这么擦下去，在不久的将来我们家很可能会整出几间地下室来！"

"哈哈……"Jay姥接着笑。

唉，为了Jay妈心情高兴，为了JayJay有一个干净的生活环境，就是把我们家这地界儿擦成盆地也得擦呀！

刚和Jay姥爷Jay姥挂线，就又收到Jay奶的信息，要求上网视频。这可要快点，Jay奶属于那种比较能折腾人的老同志，要是稍晚一会儿，她老人家就又是短信又是电话的开催起来。

连上视频后一看，嚯……

"妈，是不是又纹眉了？！"我问道。

"哟，儿子，你看出来了？"

"都快变李逵了，能看不出来吗。"我说道。

"刚纹完，过一段时间就好了，好看吗？"

💧……"好看！"有时候人们更喜欢善意的谎言。

"怎么样，显得年轻吧。"

💧……"年轻！"继续善意着。

JayJay的奶奶，我的亲妈，也是一号伤不起的人物，虽然年过60了，可从来不把自己当做老人看待。记得几年前回国和她上街，走路撞到一小伙子，小伙子说道："老太太，您看着点。"嚯……Jay奶这可不干了，大声地冲小伙子嚷道："你说谁老太太呢，我哪像老太太，你才老太太呢！"而且Jay奶还超爱安排，什么事儿都得她安排，经常把人指使得团团转，要是没点心理准备的和她待久了还真受不了。要么说Jay爷比较厉害呢，和Jay奶生活这么多年了，精神状况一直非常好，方法就一个：一耳朵进一耳朵出。^_^

不过Jay爷和Jay奶也是那种直率简单的人，非常重感情也非常善良。尤其是Jay奶，你要是说什么好吃，第二天恨不得给你买一卡车回来。记得Jay妈刚怀孕那会儿和Jay奶说了一句墨尔本买不到好的木耳，好嘛，到现在小半年过去了，我们家储物柜上还有10盒她从国内寄来的木耳呢；什么小米呀，防辐射服呀等都是这样。于是我们在和Jay奶聊天的时候把"木耳"、"小米"、"防辐射服"等词统统列为禁忌词汇。不过我们还是觉得很幸福的，自打Jay妈怀孕到现在，Jay爷和Jay奶已经邮寄了无数的东西过来，包括各种食品，给孩子做的被褥，给我们的零花钱以及各种各样的居家用品等等，我敢保证，墨尔本的海关肯定都认得我们了。

"我孙子怎么样？"Jay奶问道。

"别担心，妈，您孙子正在他妈肚子里面健康成长呢。"

"旦旦，记住我说的话，怀孕期间你们一定不要一起，这样孩子生出来后就特别帅气干净，当年我怀你的时候……"

"妈，妈，停！1万遍了，下一个话题！"我去，亲妈呀，您是要把我禁欲的事昭告全球吗？！

"还有呀，我们单位那些同事的子女，只要在国外的基本都生两三个，你说你俩长得又那么好看，可不要浪费了资源呀。"

"你的意思就是再生一两个，而且每次怀孕的时候要禁欲呗！"我说道。

"对喽，儿子，你就忍着点吧！"

"我怎么有一种被人当成牲口的感觉！"我说道。

"嘿,你这孩子,瞎说什么呢!"

……此处省略几万字的聊天内容(几万字的 90% 是由 Jay 奶说的)。

呵呵,JayJay 他奶奶和他爷爷的乐事多了去了。我想,我之所以有一个比较乐观的生活态度和幽默的性格,多半是遗传了他们二老了。

和亲娘等人聊完天后,带上 Jay 妈直奔超市。一路上,听着《寂静岭》的插曲《Promise》,旋律超级棒!《寂静岭》大家还记得吗,就是娱乐那篇日记里面提到的游戏,一个 RPG(Role Playing Game,角色扮演游戏)恐怖解谜游戏。故事背景就是发生在小镇寂静岭上,主人公回家后发现小镇已经终日笼罩在黑暗中,破败肮脏的建筑里面到处隐藏着各种怪物和医学实验产生的怪胎。总之玩起来给人一种非常诡异、恐怖和压抑的感觉,再来一张截图吧。

听着听着,Jay 妈突然问道:"你说如果 JayJay 要是在寂静岭,怎么办!"

"怎么办?!拿上武器,二话不说赶紧救他去!"我回答。

"那我要是在寂静岭呢?"

"同上!"

"要是你妈呢?"Jay 妈又问。

"我妈!?呵呵……那不用去了。"我说道。

"为什么？！"

"你想呀，寂静岭就那么屁大点儿地方，我妈要是一去这大大小小的事情都被她给安排完了，而且一半以上的怪物怪胎也都会被她给逼疯了，侥幸存活下来的要是还想继续活命的话，还不麻利儿地把我妈给送出来！"我说道。

"哈哈，没错。那要是我妈在寂静岭呢？"

"你妈？！那必须马上去，多一分钟都不能耽误了！"我说道。

"啊！我真是没看走眼，没想到你对我妈这么孝顺。"

"不是。老婆，你误会了。我是为了挽救《寂静岭》这款游戏。你想呀，你妈是一个多爱干活多爱收拾归置的人呀，这要是去晚了，你妈保证把寂静岭给拾掇得干干净净的，那这款游戏不就得改名叫《模拟人生》了嘛！"

"哈哈……"

最后再给大家上一些图片吧，全是给还没有出生的小JayJay买的东西。头一次做父母，我们早已经按捺不住心里的喜悦了，虽说刚到怀孕中期，但是自从知道是个男孩后已经给小家伙陆陆续续买了不少东西了。

有JayJay的婴儿床。

婴儿床

小家伙的澡盆

还有专门给小孩测体温的温度计。婴儿不同于成年人，很难用胳膊夹住体温表然后一动不动地待上5分钟，所以这

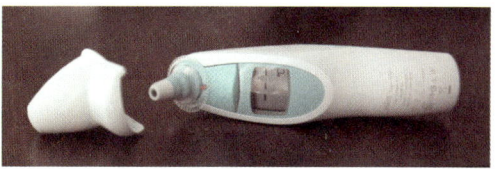

温度计

婴儿车

样测出来的温度会很不准。而用这个电子体温计对准耳朵，只需几秒钟就能得到准确的温度。买了以后，我和Jay妈轮流试验，最后总结出来除了耳朵眼以外，嘴巴、鼻孔、肚脐等地方全都测不出温度来。^_^

当然还有JayJay的婴儿车，非常厚重。

另外也有很多其他的东西，比如指甲刀呀，安全座椅呀，各种新生儿抹的油呀，奶瓶呀等等，就不在这里一一上图了。

温馨小贴士

澳洲旅游申请

凡是准备来澳大利亚旅游或者探亲的朋友们完全可以自己来申请签证，过程非常简单，只需要有一定的资金证明以及工作证明，一般的人都能申请下来。签证的类别是676短期签证，通常的停留时间是3个月之内。当然也可以申请更长的，但是需要有一定的理由，超过半年的还需要体检。

大家可以登录澳大利亚中国领事馆的官方网页查看签证申请过程以及下载各种表格，以及签证申请材料。http://www.china.embassy.gov.au/

第25周 _{2011年3月14日 March 14th 2011} Jay 姥爷 Jay 姥要来了

今天又是一个阳光明媚的周末，在床上赖到快中午了才起来。

来到厨房，倒了一大杯牛奶一口气喝干净，之后又将一大杯灌进肚里。Jay 妈在我身后叫了起来："你疯了，大早晨起来喝这么两大杯凉牛奶，学人在囧途里的傻根儿呢吧？"

"我学他干吗！再说了，人家傻根儿那是天下无贼里面的，人在囧途里面的那个是资深挤奶工牛耿好吗！你知道怎么才能长大个儿吗？"

"多喝牛奶？！"

"没错，多喝牛奶，多睡觉，多运动。小孩子如果坚持这三点一定会长大个儿的。"我说道。

"呵呵，就是吃饱了睡，睡起来玩儿呗。"

"嘿，你倒是挺会通俗化的。我这是昨天听一个朋友说的。他说他认识一个大学的同学，曾经是安德鲁·博古特的球友，一家子人都特别高，就是把牛奶当水喝，每次去超市就买好几大桶牛奶。"

"安德鲁·博古特是谁？"

"NBA 的球星，两米一三，效力于密尔沃基雄鹿队，2005 年的选秀状元，土生土长的墨尔本人！你再看人家林书豪，父母都没有超过一米七，他居然长到一米九一！"

"林书豪是谁？"

"嘿，我说你怎么当的球迷妻子。NBA 历史上第一位美籍华裔球员呀，去年刚被金州勇士队选的。"

"那您这是干吗呢？！眼看就奔该抽抽的年龄了，这会儿就是把你泡在牛奶里都来不及了。"

"我心里年轻！"

"嚯……那可小心点儿，万一牛奶喝多了，您那长了大个儿的心脏再撑坏了几根儿肋叉子可麻烦了。嗯？旦，你拿着牛奶桶干吗去呀？？"

"准备牛奶浴去！"

……

澳洲的牛奶

其实要说外国人为什么个子高，除了遗传基因之外，我个人觉得这和他们经常食用奶制品有着密不可分的关系。你看看澳洲超市里面卖的牛奶就知道了，很少有像国内那种用纸袋做的小包装，大部分都是用 2 升或者 3 升的塑料桶来包装的，而且普通牛奶的浓度非常高，倒出来白白的，看着就特别有食欲。你说成天喝这个，能不长大个儿吗！！

眼看午饭时间要到了，喝了整整两大杯（将近 800 毫升）浓牛奶的我，已经撑得歪在沙发上了。Jay 妈走过来说道："旦，起来给咱们整俩菜呗？"

虽然 Jay 妈平时很喜欢做饭，但是现在挺着大肚子毕竟不是很方便，而且成天煎炒烹炸的对肚子里面的 JayJay 也不好，于是我就承担起了做饭的重任。可是除了醋溜土豆丝和醋溜白菜之外，其他的菜我发挥得极其不稳定。发挥好的时候炒得超级好吃，能让 Jay 妈就着菜吃好几碗米饭；但发挥不好的时候就做得特别难吃，Jay 妈经常是吃了第一口后掐着脖子说道："天哪，这世上还有比这更难吃的菜吗？"接着吃了另一个菜后沮丧地说道："还真有呀！"

于是我从沙发里面爬出来，说道："没问题，老婆。今天想吃点什么？"

"鱼香茄子！"

"嚯……茄子可费油呀，而且你知道我发挥不稳定的，万一炒得难吃了你可别抱怨。"

"行了吧，就让你做个鱼香茄子你就知足吧。你应该庆幸咱俩不是螳螂，否则我要吃的可就是鱼香老公了。"Jay 妈说道。

"错了吧，螳螂妈妈不爱带作料味儿的，人家喜欢的口味是刺身老公，沙西米的嘎活！你怎么不说咱俩是屎壳郎呀，那你这怀孕期间吃的还不都是……"

"闭嘴，麻利儿地做去。"

"得嘞，你的。"

呵呵，不过我们自己洗衣做饭的"苦"日子马上就要过去了。因为 Jay 姥爷和 Jay 姥的澳大利亚 1 年单次往返签证已经办下来了，再过 3 周左右他们就会飞到墨尔本来和我们团聚了。

话说这澳洲的旅游签证一般是给 3 个月的境内停留时间。如果能够准时离境说明个人信誉很好，再次申请的时候可能就会给你一个 1 年多次往返签证，签证有效期是 1 年，但是这 1 年中一次停留在澳洲最长的时间还是 3 个月。要是看孩子的老人们就麻烦了，3 个月后还得出境一次，这里恐怕最方便最近的就算是新西兰了。当然了，也可以申请 1 年单次往返签证，就是 1 年之内不用离境，不过申请理由要充分，否则很可能不批的。

我个人的经验就是一定要给签证官写一封信，详细耐心地阐明申请理由，因为我相信签证官也是人，也有家庭，只要是在符合申请规定的前提下，他们也是会讲一些人情的。当然了，在为父母申请 1 年单次签证的时候尽量不要一味地强调照顾孩子，毕竟文化不同，外国人很少会完全把孩子交给父母照顾。所以不是每一个澳洲人都能理解我们国家这种伟大的父爱和母爱。

确定好了二老的航班号之后，我感觉到了一种彻底的放松。Jay 姥爷是北京老八旗了，做得一手好饭，这次过来是专门照顾我们一日三餐的。而 Jay 姥身上似乎有着使不完的精力，可以不停地干活和说话，这次是专门过来照顾 Jay 妈还有不久就要出生的小 JayJay。我想有他们在，我们的生活会轻松不少，而且 Jay 妈在一家人的陪伴下怀孕生产的压力也会减轻许多。另外，Jay 姥身上有着一种纯纯的"原生态"幽默感，到时候也一定会有超多的笑料。

 温馨小贴士

牛奶的营养

据国内外牛奶营养专家多年的研究证实，每天喝一杯牛奶对人体的好处非常多：牛奶中的钾可使动脉血管在高压时保持稳定，减少中风危险；牛奶可阻止人体吸收食物中有毒的金属铅和镉；酸奶所含脂肪可增强免疫系统功能，阻止肿瘤细胞增长；牛奶中的铁、铜和卵磷脂能大大提高大脑的工作效率；牛奶中的钙能增强骨骼和牙齿、减少骨骼病发生；牛奶中的铁、铜和维生素 A 有美容作用；牛奶中的酪氨酸能促进激素——血清素的大量增长；牛奶中的镁能使心脏耐疲劳；牛奶中的锌能使伤口更快愈合；牛奶中的维生素 B 能提高视力；喝牛奶能预防动脉硬化；牛奶含钙高，吸收好；睡前喝牛奶可帮助睡眠。

但是牛奶虽好，喝起来也是要有注意事项的：

1. 晨起空腹喝奶不宜。因为人体空腹时胃肠蠕动快，牛奶中营养物质往往来不及被吸收就匆匆进入大肠。此外，大口喝奶的方法也不足取，因为这样会减少在口腔中和唾液混合的机会，不利于消化吸收。喝牛奶前最好先吃些饼干、糕点等，或边吃点心边喝牛奶。

2. 晚上喝奶更有利。科学研究发现，人体中的钙代谢会有一个特殊的规律：晚间尤其是午夜之际，血浆钙含量会出现一个"低谷"，迫使机体通过调节机制调运一部分骨骼中的钙来补充。这样，血液中的钙虽暂时得到维持，但骨骼中钙却有减少。牛奶中含钙丰富，因此临睡前喝杯牛奶，可补偿人体夜间对钙的需求。

3. 牛奶不宜加糖煮沸。牛奶中含有丰富的氨基酸，在高温条件下牛奶中的赖氨酸与糖发生梅拉德反应，生成一种新化合物——果糖基氨基酸。这种物质非但不能为人体消化吸收，反而影响人体健康，牛奶最好新鲜饮用，如太冷稍稍加热即可。

第26周 2011年3月19日 March 19th 2011 聊聊澳洲的房子

所谓生活日记嘛，自然离不开衣食住行。而我们老百姓现在最最关心的话题就是房子。因为不管是吃也好穿也好还是行也好，都是以有个地方住为前提的。而且对于大部分人来讲，这房子还会关系到家庭财产甚至祖孙后代的幸福，所以是一件大事呀。

在第17周的那篇日记里面我已经带大家看过一个全新的展示房，那么这澳洲的房子具体都有什么种类呢？如何买卖？价位又是什么样呢？这篇日记我就以一个普通老百姓的观点来和大家聊聊这房子。

首先说说这澳洲房子的类型，一般的民宅类型包括独立的房子（House）、单元房（Unit House）、连排房（Townhouse），以及公寓（Apartment & Flat）。

这独立的房子好理解，就是独门独院的一栋房子和独立的一片地。这类房子的特点是占地面积较大，有前后院，生活空间相对宽敞；而单元房和连排房基本差不多，房子和土地面积相对小一点，好几个一样的房子建在一块土地上，有的房子还是连在一起的。虽然小点但至少还有后院，住着也算舒服吧；这第三类就是公寓，不难理解，国内绝大多数朋友住的都是公寓，一栋大楼里面有上百户人家。不过在澳洲，这公寓和公寓也是有区别的，有些公寓环境比较不错，习惯叫成Apartment，高级一点的还有公共游泳池和健身房，但是每年都要付一定的管理费。还有一种公寓相对简单，习惯叫成Flat，楼层很低，不用交什么管理费，不管是买卖还是租赁都相对便宜一些。

而这些住房中，独门独院的House是最多的。一是澳洲地广人稀，比较适合建这样的房子；另外这种房子的生活空间大，住起来比较舒适，房子升值的空间也很大。在澳洲，其实真正升值的并非房价而是地价。澳大利亚是一个土地私有制的国家，如果能够拥有一套独门独院的房子就意味着拥有了一块属于自己的土地。而在这块土地上，没有土地主人的允许，就是澳洲总理也不能随便地进来。说到这里，我想起来一件70年代很有意思的事情。在西澳大利亚州有一家农场，由于农场主不满当时的税赋制度，于是就揭竿而起，率领全家"独立"了，创建了一个叫做"Principality of Hutt River"的小国，自封为公爵。而这个国家的国土面积就是他农场的面积。时至今日，这个"小国"仍旧存在，虽然没有被澳洲政府和世界上任何一个国家承认过，但是它已经成为西澳大利亚州最著名的旅游景点之一了。每年都有络绎不绝的游客从世界各地慕名而来。更有意思的是，这个"国家"还发行自己的货币，和澳币的汇率是1:1，而且"政府"还向每一位进入该国的游客发放旅游签证。下图是该国地图和流通货币。

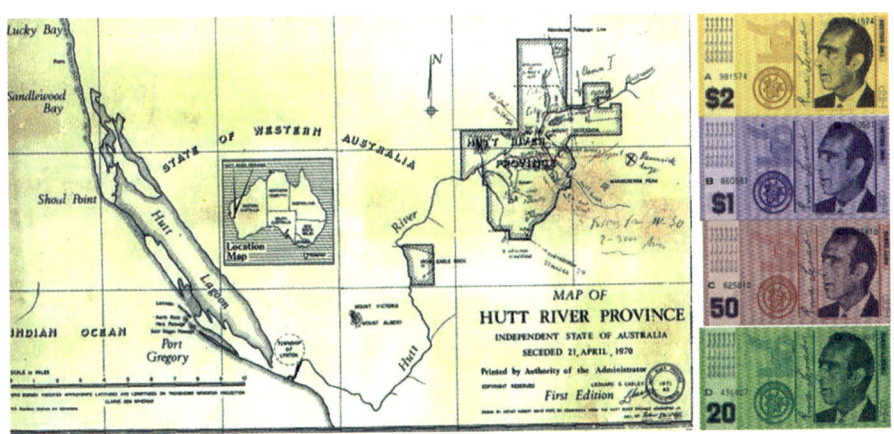

接着说我们的房子。有人肯定关心房价，可是这澳洲的房价很难简单地概括出来。因为在这里房子的价位不是以平方米计算而是以整栋房子来算。而不同位置、不同结构、不同年代都会导致房价变化很大。比如在墨尔本的富人区Toorak，小宫殿一样的豪宅随处可见，价位从几百万澳币到上千万澳币的都有，甚至就连普通公寓在这个区都非常昂贵，几十万澳币甚至近百万澳币；但是如果换成墨尔本北面的一些差一点的区，几十万澳币就可以买一栋很大的房子了。因为发展的历史程度不同，公共设施的建设不同，学校的好坏也不同，所以导致了墨尔本的区和区之间相差甚远，这也就导致了房价的千差万别。不过总的来说，作为一个澳洲的普通百姓，只要踏踏实实工作挣钱，买一套自己的房子并不是一件特别困难的事情。

那么怎么买房子呢？和国内一样，大部分人都是通过房产中介来买。有的房子直接签了合同就可以买，而有的房子房东希望能卖个好价钱，这样房产中介就会选择拍卖的形式。说到拍卖，它是西方社会特别普遍的一种买卖方式，不仅仅是贵重物品，任何东西都可以通过拍卖的形式进行买卖，古玩可以拍卖，汽车、房子可以拍卖，生活用品也可以拍卖，甚至想买点建筑材料也可以通过拍卖得到。各种各样的拍卖行在澳洲比比皆是，甚至还有专门做网上拍卖的。比如一家工厂倒闭了，工厂设备就可以通过网拍公司在网上开始竞价，这样的好处是不受地理位置限制，全澳洲任何地方的人都可以买。

正巧这个周末，小区边上有一栋房子要拍卖，我就给大家介绍一下这个拍卖过程。

我们这个小区是90年代中期建设发展的，整体环境不错。而即将拍卖的这栋房子是一幢Townhouse，就是前面说的连排房，位于小区的中心地段。房子的外面是一大片草地，草地上有凉亭，小孩玩儿的秋千转椅等，还有一个迷你篮球场。

这个就是房子的正脸,感觉不是很大,可能占地面积也就200多平方米左右吧。旁边还有两个一模一样的房子,这是一组典型的连排房,房子之间共用一堵墙。

一般来讲,在一栋房子准备拍卖之前的几周甚至几个月内,房屋中介都在周末安排几个看房时间。如果你非常喜欢的话,也可以联系中介的人,自行安排一个看房时间。拍卖当天,中介会提前半个小时把房子的大门打开,任何感兴趣的人都可以进去看,然后参加最后的拍卖。其实很多人参加拍卖并非一定是要势在必得地买房子,而是通过看房参加拍卖总结一些经验,这样将来可以买到自己最理想的住房或者投资房。

今天来看房的人还真不少,我和Jay妈也起哄架秧子地过来看看,这不是离家近吗,顺便也了解一下现在这里的小Townhouse是个什么价位。刚一进门厅就被两个意大利的大家庭包围了,这两大家子加起来十好几口子人,可能彼此都是亲戚或者好友吧,好家伙,见面后先是一阵惊呼,然后七大姑八大姨地在客厅里面就开始拥抱起来了,然后一个接一个亲吻面颊打招呼,吧唧吧唧的。我和Jay妈正好被困其中,一眼花的老奶奶抱着我就准备开啃呀,我赶紧惊呼:"M'am, I am not your family member!"老太抬起头看了看我,然后转过头用意大利语说了些什么,接着这两大家子的人爆笑起来。一个稍微年轻一点的女士用英语给我道了歉。好嘛,奶奶,您倒是看清楚了再抱呀……

我先简单描述一下这栋小房子的结构。一进门是个长方形的客厅,往前走到厅的另一端,连着一个小过道,过道的右手边是去往二层的楼梯。过道往前是厨房和餐厅,餐厅旁边有一个很小的屋子,算是书房吧,这是下面的一层;上楼梯后是一个小过道,沿着过道向左有两间屋子,屋子外面有一个卫生间和浴室，过道向右是一个主人卧室，里面自带一个卫生间和浴室。就这么简单，房子的整体面积估计在 120 平方米吧。

这是一进门的客厅，实际感觉没有这么大。

这是厨房和餐厅。

这是房子的后院，典型的 Townhouse，后院很小。

房子看得差不多了，于是大家都聚集在房子的正门前，中介的一个秃头哥们儿开始大声介绍这个房子有多么温馨舒适，附近的环境有多么优美和便捷等等。接着他又讲了一下竞价的规则，最后宣布正式开拍，所有人可以开始叫价了。一般来讲，房东会把自己理想的价格范围告诉中介，而中介要尽可能地提高最终成交价。但如果最后的叫价没有达到房东理想的价位，那么中介就要和房东去商量是便宜的卖了，还是流拍等下一次机会。

这哥们儿不愧是专业的，说起话来就是有那么一种鼓动人心的力量，让人总感觉这么好的房子要是不买就太可惜了。于是第一个人开口叫价了，29万！秃头哥们儿马上大嚷一声29万第一次，让人感觉到他很可能非常幸运地以这个价位拿到这房子。不过马上就有人嚷了30万。我琢磨着以这个区的均价来看，30万可能仅仅是开始，不会就这么快结束了。

果然，又有一个白人老大爷潇洒地摆出五个手指，意思就是再加

5000，好了，30 万 5 千了。突然有一个印度哥们儿问是否能再加 200，我估计中介的人听完后肯定眼前一阵眩晕，你当买马桶呢，几百几百地往上加。于是冲印度人说道，我们目前的叫价只接受五千五千地往上加。

没过一会儿就叫到了 34 万了，这个时候叫价的人明显减少了，如果继续五千五千地往上加已经是不大可能了，于是开始出现加 2000 的，最后叫到了 35 万，感觉基本就这样了，中介的秃头哥们儿已经明显地愿意拍板了，估计已经达到房主的理想价位了。

就在这时那个摆出五个手指头的老大爷又淡定地伸出了两个手指头，35 万 2，秃头的中介眉眼间顿时乐出了一朵小花，然后马上嚷道：35 万 2，35 万 2，这个幸运的家伙马上就要得到这栋温馨可爱的房子了。刚要拍板，就听见人群中有人弱弱地喊出了 35 万 3。估计喊这个价位的哥们儿已经底气不足了，严重超支了，不过迫于老婆的压力，这个房子还要做最后一搏。

紧接着一个年轻人的叫喊打碎了刚才那位哥们儿的梦想：35 万 4。中介的秃头更加来劲了，吃奶的劲都使出来了，大声地叫嚷着，说这房子应该基本就这样了，我马上就拍板了，还有没有要加价的？好家伙，知道的他是在这拍卖房子呢，不知道的以为他是不吐白沫型的癫痫患者呢。

要么说最后姜还是老的辣呢，出 35 万 2 的老大爷最后手一伸，说道：35 万 5。中介秃子继续癫痫发作。不过这次可能真的是打破了所有人心里的价位平衡，没有人再出价了。秃子最终拿着手中的一个画册用尽最大力气在自己的大腿上一拍，带着一种便秘时独特的力叫出："35 万 5……成交！！"估计是非常满意但隐隐之中又有些许遗憾吧。

最后大家一阵掌声，然后就散了，"我去"，怎么感觉大多数的人好像都是来看热闹的呀。成交后，淡定老大爷要马上和秃子中介签订买房合同然后交付 10% 的定金，30 天内完成房产的交接。

呵呵，这就是拍卖买房子的流程。当然了，随着房子的特性，内部结构和地理位置，拍卖也会有所不同，不过基本上是大同小异了。我还记得看《蜗居》时里面买房就如同在超市里面抢白菜一样，这种情况在澳洲是没可能的。一是这里就没有那么多人口，另外很多很多习俗也不一样。在西方社会里，一个典型的生活发展套路是这样的：从上大学一直到大学毕业后的几年里一般都是租房；然后有了一些积蓄后付个首付买一套公寓，边工作边还款，便宜又方便；结婚后有孩子后就卖掉公寓，再付个首付买一个大一点的House；然后一直到几个孩子陆续长大离开家的时候，房子的贷款也算还得差不多了，然后和老伴儿把这个大房子一卖，直接全款买一个便宜一点的小房子养老，而这差价就是用在退休后享受生活，比如旅游什么的。

好了，这篇日记写得不少了，该收笔了。对于在澳洲的朋友们，我想说的是，只要你付出了很多，自然收获就会很多，所以一栋房子对于一个年轻人来说并不是一个遥不可及的梦想，好好努力就会实现。而对于国内的朋友，由于文化和国情不一样，不用羡慕国外，因为国内庞大的市场可能会有更多的机会。人生短暂，能否惬意地生活完全是看你的人生态度，财富会永远亲近那些积极乐观的人。

第27周 2011年3月25日 March 25th 2011 卫星天线

　　日记虽然写了不少，好像我还没有介绍过一下墨尔本。墨尔本位于澳大利亚的东南部，紧邻太平洋，是一个港口城市。全年气候宜人，城市的绿化面积高达40%，因此墨尔本有着"花园之都"的美誉。作为澳大利亚的文化中心，墨尔本不仅每年举办各种重大节庆活动、重要艺术展览和音乐表演，而且它也是一个会聚时尚、各种美食、佳酿，并散发着浓郁的艺术气息的城市。各种大型体育赛事也云集于墨尔本，除了举办过1956年的第16届夏季奥运会以外，这里每年都要举办世界网球的顶级赛事——澳大利亚网球公开赛，还有世界一级方程式大奖赛，以及春季的赛马嘉年华等众多体育赛事。

　　这就是墨尔本。可能你会觉得，这些话似乎更适用于旅游宣传的小册子里，真实的墨尔本是这样吗？呵呵，真的就是这样！墨尔本的确很美很舒适。凡是从国内来旅游的朋友几乎无人不感慨：墨尔本不愧是世界上最

适宜居住的城市,蓝天白云,鸟语花香,舒服!

在这里居住了这么长时间,说句实话,环境是真好,就是觉得有些时候生活有点无聊。这里既没有国内那些烟雾缭绕、推杯换盏的应酬,也没有国内那么方便的生活。全城除了大型超市以外,所有的商场基本都是下午5点多关门(周四周五是晚上9点);银行邮局什么的也是朝九晚五,等你下班了它们也关门了,而且周末还休息。近几年,雨后春笋般地出现了很多中国餐馆儿,但饭菜的色、香、味与国内的比起来,可以说相去甚远;晚上想吃点东西吧,却只有24小时的麦当劳,还要开半天车才到。可供娱乐的场所更是一鳞半爪了。

难怪很多华人总结澳大利亚的生活是好山好水好无聊呀。

这不晚上睡觉前Jay妈又开始怀念在国内下馆子,想吃什么就吃什么的日子了。

话说晚上我洗完澡,刚爬上床就听见Jay妈突然说道:要水煮鱼还是黑椒牛仔骨?吓得我马上爬到她身上看瞳孔,查呼吸,测心跳,别不是怀孕怀出癔症了吧。Jay妈抬起玉脚踹飞了我:"讨厌,人家正点菜呢!"

明白了,原来又馋了,正在假想着自己下馆子点菜呢。于是我又笑嘻嘻地爬上了床,问道:"老婆,都点什么了?"

"酸菜鱼、红烧狮子头、蟹黄豆腐、棒棒鱼、孜然羊肉、清蒸扇贝、蕨根粉,还有一个蒜蓉荷兰豆!"Jay妈说道。

"太多了吧,吃得完吗?"

"所以我问你是要水煮鱼还是黑椒牛仔骨?"

"水煮鱼不要了,太辣了,你不是已经点酸菜鱼了吗,要不再加一个豆豉鲮鱼油麦菜吧,多点点儿素的,最近上火呢!"我说。

…………

我琢磨,你说这时候房子里面要是进来了小偷会不会被我们俩给吓跑了呀。这一幕恐怕世界上就俩地方能见着,一个是精神病院的病房里面,另一个就是我和 Jay 妈这俩饿格的卧室里(饿格:老北京话,就是饿鬼、吃货的意思)。

不过,精神食粮在某种程度上是要比物质食粮更重要,于是玩儿完点菜游戏后我对 Jay 妈说道:"老婆,你说我俩是不是应该再重点补充一下精神食粮呢。"

"有话直说!"

"老婆,为了发扬爱国主义情操,为了紧跟中国社会主义现代化发展步伐,为了能够及时了解各省市自治区以及直辖市的最新动态,为了能够增进海峡两岸,港澳台以及海外侨胞们与中国大陆的友谊,为了更广泛地关注国内焦点时事问题,为了能够更好地传播中国传统文化,为了……"

"别贫了,你到底要说什么?!"

"咱们装个卫星天线吧!"我说道。

"不行!装一个大锅 1000 多澳币,太贵了!"

"哎哟!你这都什么年代的老皇历了,现在装一个双星的才 500 多澳币。"

"还安踏呢。"

"不是运动鞋,双星是指能接收到两颗卫星的天线。还有五星的,收到的台数更多。你别看简简单单地装一个卫星天线,这立刻就拉近了我们和祖国的距离,让我这种身在海外心系祖国的爱国青年顿时找到了北。而五星天线接收的频道更多,不但能看到国内所有的中文卫视台,还能看凤凰卫视、澳门莲花、法国时尚，还有大韩民国的泡菜台和印度共和国的咖喱台呢。"

"我还不知道你，不就是想看球赛吗。"

"那有什么错吗，我好不容易找到了北，容易吗！在关心国家大事和祖国拉近距离的同时，适当地娱乐一下怎么了。"

"你说双星的那种才500多，真的吗？"Jay妈问我。

"真的，真的，早就打听好了。"

第二天，我们联系一家专门装卫星天线的公司，一番讨价还价后，五星的卫星天线加更换普通鱼骨天线还有安装费用一共800澳币，最后一拍大腿，装了！

转天装天线的哥们儿来了，我也在车库里帮忙，边聊天便拆各种包装，过了一会儿我回到屋里，Jay妈看我直叹气，问我怎么回事。

"唉，哥们儿说卫星天线能收到全国所有的卫视频道，还有中央1、7、10、12和外文频道等等，但是像中央五和各省的体育台都属于收费有线频道，在这里根本收不到的。"我说道。

"啊，那就是说即便安了大锅你也看不了NBA吗？"

"很不幸，是这样的。"

"那你不打听清楚了，非得吵着闹着要装！"Jay妈嚷道。

"那哥们儿说他给咱们的信息上都写了，而且这年头没有人不知道的。"我说。

"你不就不知道嘛，也不看清楚了，能退吗？"

"正月十五贴门神——晚了，我还亲手把包装都给拆了。"

"嘿，行了，装吧，您这赤子爱国之心不是要拉近和祖国的距离吗，不是要关注各省发展动态吗。我看将来倒是可以拉近一下JayJay和祖国的距离。"Jay妈讽刺道。

"没错，装得非常有意义，将来JayJay可以学中文了。"我应声说道。

"你甭给我来这事后诸葛亮，JayJay可以和我练习。"

"就你，一口的京腔儿，张口就'今儿个，明儿个'的，哪有电视台里面的中文讲的标准。而且电台里面这种自始至终发音都非常标准的对话，肯定对 JayJay 学习中文有巨大的帮助。"我说道。

"真的？"

"绝对真的！我以前有一朋友的表姐在美国，儿子快 3 岁了，还不怎么会说话，于是夫妻俩认真地分析了一下原因，觉得可能是孩子小的时候接触过太多的语言发音。在家里，孩子的父母对他说普通话，孩子的姥姥姥爷带孩子时对他说苏州话，孩子的爷爷奶奶说上海话，小孩放到幼儿园学前班的时候老师说英文，爷爷奶奶姥爷姥姥都不在的时候请的保姆说广东话。别说小孩了，估计这没点智商的人都会晕菜。"

"哈哈……可怜的孩子。"

经过了一下午的时间，大锅终于架在了我们家的房顶上。

说句实话，对 JayJay 将来学中文到底有多大的好处，我们还真不知道。但是每天晚上的电视剧，每周五晚上的《天天向上》，还有周末的《非诚勿扰》，Jay 妈倒是一点儿没落下。不管那么多了，只要能够为 Jay 妈怀孕期间的精神生活添砖加瓦，咱这卫星天线就没白装。^_^

卫星天线

第28周 回家的诱惑
2011年4月6日
April 6th 2011

今天是 Jay 妈怀孕的第 28 周了，一切都非常顺利。这个时期 Jay 妈肚子里面的小 JayJay 也已经发生了巨大的变化：首先，在黑暗的子宫里面虽然看不到任何东西，但是 JayJay 的视力已经在这个阶段形成了；其次，JayJay 的听觉神经系统已经发育完全，对外界的声音也有了反应，所以这时 Jay 妈也开始给他讲故事听音乐，这样能让小 Jay 感到平静和愉快；还有一个有意思的变化便是小家伙的活动逐渐频繁起来，会用小手小脚在 Jay 妈的肚子里面又踢又打的，还会让自己翻个身，弄得 Jay 妈的大肚皮时不时地鼓一下。

对我们而言，一段快乐时光已经开始了。我们将暂时告别洗衣做饭的生活，因为我的老岳父岳母，也就是 Jay 姥爷和 Jay 姥来到了墨尔本。我的老岳父岳母在北京的时候已经明确表态，这次来墨尔本，既不是旅游也不是享受，是带着神圣而又艰巨的任务来的，老岳父主要是负责我们的一日三餐，而且要保证 Jay 妈在生产前后吃好喝好，膳食合理，营养丰富；而老岳母则是专门来照顾 Jay 妈和即将出生的 JayJay，同时负责各种家务。你说我们能不快乐吗？

周围的朋友们都非常羡慕我们，其实我心里也是由衷地感谢岳父岳母大人。虽然他们都很普通，既无显赫的名声，也不是达官贵人。但这都不重要，因为他们可以为自己的孩子付出一切。对于作为子女的我们而言，这就是最大的幸福！

老岳父岳母都已经退休了，但是每天仍坚持锻炼，尤其老岳母，每周必爬香山，别说同龄人了，就是连 Jay 妈也未必能有她那份精力。同时老两口的性格也各具特色，老岳父是八旗子弟，做得一手好菜，平时又好个乐呵，尤其喜欢电脑，虽然起步比较晚，但已熟练掌握各种基本操作，而且还会修照片，做幻灯，下载电影等等。总之，在他的朋友圈里老岳父俨然已经变成了"电脑达人"；而老岳母是地道的陕北人，80 年代在北京知青返城政策下随着老岳父从延安来到了北京，老岳父总说她是南泥湾上的一朵向阳花插到了北京的金山上，现在又跑到澳大利亚来开花了。虽然在北京工作生活了 30 多年，但革命老区的那份淳朴和善良从未在老岳母身上消失过，所以我们都称她为纯绿色的老区人民。而且老岳母还有着一种纯天然的幽默，是那种未经过思考和雕琢的幽默，关键是有时连她都不知道自己很幽默。

记得有一次和她散步，路过一辆奥迪，老岳母指着奥迪的标志问我："嗯，旦旦，这是什么车来着，挂嘴边上怎么说不出来了。"

"妈，那是奥迪。"我说道。

"对对，四个圈的是奥迪。那五个圈的是什么车来着？"

💧……"妈，那是奥运。"

"哈哈……你又逗我，你这孩子，哈哈……"

"妈，我没逗您，五个圈真是奥运。"

"对对，我知道，是奥运。"老岳母说道。

"妈，那您知道七个圈的是什么吗？"我调侃道。

"啊！还有七个圈的车哪？"

"那就是奥运标志挂在石家庄双环车上。"我说道。

"哈哈……哈哈……"

呵呵，老岳母的笑点就是这么低，所以每次我讲完笑话后都倍儿有成就感。

下午了，我琢磨着总不能让老岳父岳母落地后的第一天就给我们大做特做晚饭吧，于是全家出动外面吃了。吃完饭后回家的路上，看到前方的路段严重堵车，少见呀，估计前方不是施工就是有事故了。这个时候，有经验的司机常常是就近选择一些岔路，迂回前进避开最拥堵的主干道。但是今天，我用实践证明了另外一种方法，不过可糗大了。

在墨尔本开车近 6 年了，我一向自诩为 GPS。Jay 妈曾问我是否需要买一个 GPS 的时候，我无比淡定地晃着食指说道："不必，已经有了。"

"啊！你什么时候买的？"

我又淡定地指了指我帅气的脑袋，说道："就在这里！"

不是我吹牛，一般走过一次的路，第二次再走我基本没有任何问题，最多用一下 iPhone 上的 GPS 简单定位就足以了。

看了看前方堵车的情况比较严重，于是我说道："估计是有事故发生了，依据澳洲人办事的效率，没个 1 小时完不了的。我们不如绕道另外一条高速，然后再从别的路迂回到这条高速的前方路段，正好避开这段堵车的地点。"

"没问题，旦旦在这里生活这么多年，有经验，你说了算！"老岳父坐在副驾驶的位置上说道。

于是，在全车人信任目光的注视下，我潇洒地一打把，拐上了另外一条高速，然后很快找到可以迂回的又一条高速。开了大概 10 分钟，Jay 妈觉得有点不对劲："旦，怎么不像回家的路，路标上的地名怎么都不认识了呀。"

"别担心，老婆，等会儿开出去你就认识了。"我安慰道。

又开了 10 分钟，路边的房屋越来越少了，路上的车也越来越少了，我也开始觉得不对劲了，拿起手机打开 GPS，哦，My God！方向走反了，看来天黑了确实容易迷路呀，于是立刻就近找了一个出口出来，然后准备调头。可是走了一会儿，头没有调成，却又开在另外一条高速上了。嗯，感觉怪怪的，算了，只要大方向对就行，墨尔本又不像北京上海，全城的高速就那么几条，先开着。

又过了一会儿，老岳母声音有点颤抖地说道："旦旦，好像有点荒无人烟呀，连路灯都没有了！"

我也觉得奇怪，隐约看到远处有个指示牌，远光灯一照，oh my lady gaga！！距离悉尼826公里！

💧……这是为什么呀？>_<

最后在GPS的指引下，我们又经过了1个小时不懈的努力，终于又回到了当初堵车的那段高速，不过现在倒是一路畅通了。岳母告诉我和Jay妈，虽然在我们家刚待了半天，连屋子还没转全呢，但是现在特别想念！老岳父倒是一路都保持着淡定，到家后，下车活动活动了双腿说道："嚯，这家伙，出了趟远门儿，刚从悉尼回来。"

我就纳闷儿了，怎么绕道就能绕上去悉尼的高速了呢，唉……

这就是我的避开堵车的新方法，先找条岔路开出去"游车河"，然后1小时后回到堵车的地方估计就能一路畅通了，不过这个法子就是有点儿费油呀。

胎　教

28周的胎儿在听力上已经几近完善，不仅对爸爸妈妈的声音，对其他的声音也有了相应的反应。而且胎儿对外界有意识的激动行为、感知体验将会长期保留在记忆中，一直到出生后。所以语言胎教和音乐胎教在这个时期非常有意义。

讲故事是语言胎教最方便有效的一个方法。讲故事时，孕妈妈应选取一个自己感到舒服的姿势，精力集中，吐字清晰，语调缓和，投入满腔的感情和极大的兴趣，绘声绘色地讲述故事的内容，这样才能唤起胎儿的感受。此外，孕妈妈还可以给胎儿朗读一些轻快活泼的儿歌、诗歌以及顺口溜等。

多听音乐对胎儿右脑的艺术细胞发育是非常有利的，而且会对孩子出生后智力的发育带来巨大的益处。在进行音乐胎教时，孕妈妈最好不要只给胎儿听几首固定的曲子，应该多样化。而在选曲的时候妈妈们也要注意胎动的类型，因为人的个体差异往往在胎儿期就有所显露。有的胎儿活泼好动，有的则是老实文静。因此，最好给那些活泼好动的胎儿听一些节奏缓慢、旋律柔和的乐曲；而给哪些不爱活动的胎儿听一些轻松活泼、跳跃性强的乐曲。

第29周 2011年4月10日 April 10th 2011　看医生&美食诱惑

看到标题后，你肯定觉得奇怪，你到底是想写看医生呀，还是想说吃呀。回答很简单：想说吃！可毕竟这是一本以怀孕生产为基础的生活日记，所以怀孕的事儿咱们也得说说，只不过这篇日记里面对看医生的描写是一带而过，更多的篇幅是说吃的。因为我和Jay妈本身就是爱吃之人；另外Jay妈现在已经是怀孕29周了，最平稳的阶段，也是最能吃的阶段！

今天一大早，就在一股熟悉的香味儿中醒来，然后被这香味拽着走到了餐厅。嚯，Jay姥爷正在给我们炸油饼呢，Jay姥还打了甜豆浆。虽然我不是很喜欢喝豆浆吧，但是炸油饼这老北京的早点，却勾起了我对童年时光的无限怀念。

记得上小学的时候我家住在北京朝阳区的东大桥。十字路口的西北角总有炸油饼炸油条的，还有一个国营包子铺，里面有各种馅儿的包子、炒肝儿和豆腐脑儿等。几乎是每天早晨都要在那里吃到肚儿歪然后上学去。而几年前再次回北京的时候，站在那个路口，眼前满是熙熙攘攘的人群，摩肩接踵衣袖相接。国营包子铺和炸油饼炸油条的，都已经消失在高楼大厦及公交车总站中，我隐隐感到逝去的童年恐怕再也找不回来了。

不过感谢Jay姥爷，今天早晨又把这童年的味道带给了我们，先忍住饥肠辘辘的感觉拿相机照下来。也许这几天给Jay姥

照相照多了吧，举着相机的我居然对着豆浆油饼说了句：一、二、三，笑！

因为早饭吃得太饱了，下午又要赶着去医院看医生，所以中午的时候Jay姥爷就凑合着炒了两个家常菜。虽说是家常便饭，但是吃起来也是格外的香。蒜薹炒肉丝，打我有记忆能吃饭以来就特别爱吃。尤其是在饿的时候，把菜汤浇在米饭上，再和着蒜薹和肉丝，用筷子哗啦哗啦扒到嘴里去，那叫一个香呀。

Jay姥爷的蒜薹炒肉丝

这个是豆腐干芹菜炒肉丝

看着我们狼吞虎咽的样子，Jay姥爷也特别有成就感："不错，孩子们呀，有时候大鱼大肉的吃多了，家常便饭反而更好吃。"

"爸，您说什么呢，大鱼大肉就是家常便饭。"Jay妈说道。

"老婆，不对呀。家常便饭是指家里面常常吃的有利于大便的饭菜。你这大鱼大肉吃多了容易上火便秘，不能属于便饭了。"我说道。

"你恶心不恶心，这正吃饭呢！"Jay妈抗议道。

没有时间做汤了，于是Jay姥爷又用黄豆和核桃仁打了一些豆浆。边做还边说："孩子们，多吃点核桃好呀！"

Jay姥在一旁说道："老伴儿，差不多就行了，别放太多，多腻呀。"

"你懂什么，多吃点核桃补脑子，将来JayJay聪明！"

"那你说我这年龄是不是也该多吃点核桃补补脑子了。"Jay姥说道。

Jay妈喊道："妈，您瞎起什么哄呀，您这年龄连核桃皮儿都吃了也来不及了！让我爸快点做，等会儿着急走呢。"

说到豆浆，小贫两句。豆浆中含有丰富的大豆皂甙、异黄酮素、卵磷脂、大豆低聚糖等对人体有益的物质，因此喝豆浆不但对于女性有着保健的作用，而且还能改善肠道菌群环境、降低胆固醇。而没有过滤的手磨豆浆还含有丰富的膳食纤维，很多人都说对结肠肿瘤的防治有一定的积极作用。

不过也有一些国外的研究报告称，高剂量的异黄酮素不但不能预防乳腺癌，还有刺激癌细胞生长的可能。所以，有乳腺癌危险因素的妇女，最好不要摄取大量异黄酮素或长期大量喝豆浆。另外，黄豆中的蛋白质还能阻碍人体对铁元素的吸收，如果过量地食用黄豆或黄豆制品，黄豆蛋白质可抑制正常铁吸收量的90%，人会出现不同程度的疲倦、嗜睡等缺铁性贫血症状。

当然了，只有长期过量摄入才会出现上述不良作用，总的来说，豆浆还是人类的好朋友，只是不必过分强调其特殊功效，而应尽量做到食物多样化、均衡膳食。

在我们家里Jay妈绝对是豆浆派的，非常爱喝，而我绝对是奶派的，不大喜欢豆浆里面怪怪的味道，而是比较喜欢牛奶里面那股醇香的牛屎味。所以每次Jay妈喝豆浆的时候都会逼我："来，Jay他爸，喝点加了核桃仁的豆浆。"

"老婆，你知道我不爱喝豆浆呀。"

"我知道，但你不是不能喝，饮食要全面，不爱也要稍微喝点。快过来，这豆浆加了核桃仁的，开发智力。"

"自从和你在一起后，我觉得已经不需要再提高智力了。"

"别贫了，就喝一点点，对身体好，来，我先干为敬，老大您自便，行吗？"Jay妈给我到了一点，然后温柔地说道。

我转过身说道："大姐，您不知道吧，这豆浆喝多了容易刺激雌性激素的分泌，你说我一堂堂大老爷们儿分泌出那么多雌性激素算怎么回事儿呀。别到最后咱俩夫妻做不了改做姐妹了，那你说JayJay出来后到底该管谁叫妈呀。"

"少废话，喝了！！"Jay妈厉声说道。

"好的，老婆！"我说吧，有些民主是建立在专政基础之上的。

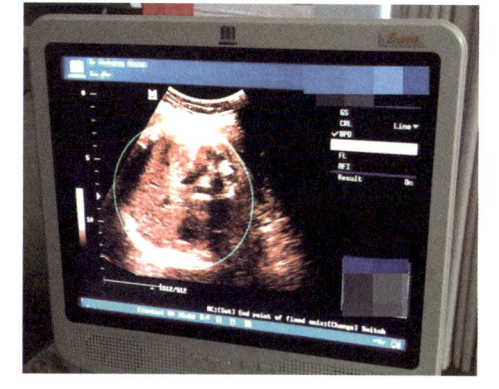

吃完饭后就匆匆忙忙地出发看医生了。还是墨尔本皇家妇女医院，还是我们医生的诊室，今天来了居然一个人都没有，很快医生便把我们叫了进去，常规检查血压，然后是小B超仪检查JayJay的发育情况。

看着JayJay那正在强有力跳动的心脏，就感觉到一种莫名的兴奋与幸福。真想知道小家伙生出来后会是个什么样子呢？会不会和我一样，能吃好动的？还是和Jay妈一样，能吃不好动的？

医生的话打断了我的思绪。他告诉我们JayJay的所有数据全在正常范围之内，他生长得非常健康。Jay妈只要稍加注意就行，而且这个时期非常的平稳，应该适当地增加一些锻炼和活动，这样将来顺产的时候比较好生宝宝。

从医院出来后又去了几家超市，有Jay姥爷Jay姥在这里给我俩做饭，所以什么东西都吃得特别快，不得不经常要补充一下后勤保障用品。买完东西看看表，好嘛，都快5点了，于是给了Jay妈一个眼神，意思是我们在外面请二老吃饭吧。"冰雪聪明"的Jay妈立刻明白了，上车后对Jay姥爷说道："咱们快点回家做饭吧，我都饿了！"

💧……

老婆，您会错意了，我那深邃的眼神分明是在告诉你，时间不早了，咱们别回家做饭了。是不是太深了，你没看到呀？于是我赶紧说道："爸妈你们这些天辛苦了，今天就不回家做饭了，在外面吃吧。"

"好呀好呀，咱们吃什么？"Jay姥高兴地像个小孩，就喜欢在外面吃饭。

"带你们尝尝正宗的意大利面吧,La Porchetta。" Jay妈说道。

"拉裤衩?" Jay姥重复道。

"还拉裤兜子呢,你别乱打岔,听孩子把话说完了!" Jay姥爷说。

"就是意大利打卤面。" 我解释道。

"你小品看多了吧。La Porchetta是一家正宗的意大利连锁餐厅,在墨尔本的很多区都有,意大利面做得味道还正经不错呢!" Jay妈说道。

"行呀,咱们今天就尝尝这正宗的意大利面条。" Jay姥爷说道。

进了餐厅,我们点了一大份蘑菇面(Mushroom),它是由意大利的通心面(Penne rigate),加上鸡胸肉,切片的蘑菇,以及特殊的奶油酱和帕尔玛奶酪烹制而成,味道非常的香醇浓厚,就是吃多了容易长肉;还点了一份最经典的肉酱面(Bolognese)。说它经典是因为它在意大利就像炸酱面在北京一样。在细长的意大利面条(Spaghetti)上浇上一层由瘦肉馅、奶酪、番茄、洋葱、胡萝卜、芹菜还有丁香叶等制成的特殊肉酱,有点酸,不过还是很香的,是Jay妈的最爱。怕不够吃,最后又点了一份全肉比萨饼(Meat lover),就是以番茄酱为底,加上干奶酪、火腿、意大利香肠、培根等等烘制而成。其他的饮料甜点我就不一一上图了。

其实仔细想想,从吃上来说,生活在墨尔本还是挺幸福的。这是一个海滨城市,自然有着各种各样新鲜美味的海产,加上人口稀少,所以不用花很多钱便能享受到世界顶级质量的各类海鲜。为了丰富饮食,Jay姥爷和Jay姥来到墨尔本之后,我们家没少做海鲜吃。

这个就是传说中的生蚝，也叫牡蛎（Oyster）。产自澳洲塔斯马尼亚的生蚝味道极为鲜美，不用烹饪，直接洒上一点柠檬汁就可以食用了，略微有点大海的腥味但是又有一股甜味。当然了，为了防止寄生虫和病菌，怀孕的准妈妈们是绝对不能生吃的，也不能多吃。

这个是鲍鱼（Abalone）双蒸。右边是葱姜清蒸的，左边的是抹上XO酱蒸的。火候不宜太久，蒸锅上汽后10分钟即可，这样既蒸熟了鲍鱼肉，又不会太老，咬起来咯吱咯吱的很有韧性，味道也非常鲜美。

右图里面的是清蒸贵妃蟹（Spanner Crab）。洗干净双手，然后把贵妃蟹抓起来一点一点地嘬着吃，遇到大块蟹肉的时候就直接吞下。当鲜嫩的蟹肉滑过舌尖的那一刻，便是一种无与伦比的享受。

澳大利亚也是一个多元文化的移民国家，来自世界各国的老移民们，也把自己国家的饮食文化带到了这里。和国内不同的是，这些美味并非由他人模仿，而全部是由这些国家的移民们原汁原味地烹制而成，比如东南亚的咖喱叻沙，印度的咖喱饭，希腊的烤肉，意大利的面条，德国的香肠和猪肘，越南的河粉等等。

虽然墨尔本也有不少美味的德国餐厅，但是我个人认为，吃德国香肠和猪肘的最佳去处还是要算一个叫做Hahndorf的德国小镇了。它位于南澳

大利亚州阿德莱德郊区,距离墨尔本有700多公里。不过,那里的香肠、猪肘和啤酒可以堪称人间美味了!先上幅图再说。

这个小镇是早年德国移民建立的,小镇里面的Hahndorf Inn最为著名,因为里面有用最传统的方式制作出来的原汁原味的德国香肠和猪肘,还有各种啤酒。要知道开车一天,跑到700多公里之外去吃一顿饭是件挺疯狂的事,不过当你坐在木质的餐桌前大口地嚼着香肠和肘子,时不时再来上一口冰镇黑啤酒的时候,就会觉得神马都是浮云了!

还有一道美味也是我和Jay妈的最爱,那就是越南河粉。什么?你问是不是和云南米线一样,云南的朋友对不起了,我实在是觉得和墨尔本的越南河粉比起来云南米线就像一杯白开水。越南的厨师把事先煮好的河粉放到一个大碗里面,然后在上面摆上特制的牛腩和最新鲜的澳洲生牛肉,接着再浇上经过特殊熬制长达10个小时以上的牛骨汤。这样,一碗香浓诱人的牛肉河粉就做好了。当端到你的面前时先不要着急吃,往里面再放一些生豆芽、丁香叶,最后挤一点鲜柠檬汁和辣椒酱,再稍等两分钟后就可以开始品尝这香浓美味的河粉了。

当然了,澳大利亚的美食真是多得数不胜数,我也无法在这里都一一介绍了。如果大家有机会到这里旅游的话,一定要到处吃一吃哟。

这篇日记写到这里就算结束了,描述了这么多好吃的,我也是饿得前胸贴后背了。抬头看了一眼表,已经半夜1点多了。于是蹑手蹑脚地跑到了厨房，因为晚上没有做饭，所以除了方便面以外没什么可吃的。我去，这也太残忍了吧，又写文字又上图片的一通介绍各种美食后，饥肠辘辘的我却只能吃方便面。唉，还好作料包和面都有，算了，就把它当成牛肉河粉往下咽吧。>_<

关于补钙

在孕中期后，孕妇的体重逐渐增加，双腿负担加重，腿部的肌肉经常处于疲劳状态。另外，怀孕后，身体对钙的需要大大增加，钙和维生素B族补充不足也是抽筋的一个原因。未孕妇女平均每天需要400毫克的钙，怀孕后，尤其在孕晚期，每天钙的需要量增为1200毫克，这时如在饮食等方面不给予特别注意，很容易造成钙的不足。也有部分抽筋的问题大多来自睡眠姿势，通常脚掌向下时会比较容易抽筋。另外，也可能和局部血液循环及血液酸碱度平衡有关。如果在睡眠中抽筋，就必须调整睡姿，尽可能左侧卧位入睡，并且注意下肢的保暖。万一发生抽筋，也可以请家人帮忙热敷和按摩，以缓解抽筋的痛苦。

第30周　2011年4月16日　锻炼与养生
　　　　　　　April 16th 2011

　　老岳父老岳母非常喜欢墨尔本的居住环境。主要是空气新鲜，没有那么多人。每天早晨8点多必出去散步，呼吸新鲜空气，他们管这个叫"吸氧"去。每次都是围着小区网球场边上的草地快步走上十几圈。而今天早晨，刚刚下过一场小雨，散发着泥土气息的空气更加清新宜人，沁人心脾。于是叫醒Jay妈，换上运动服运动鞋，陪着老两口一起锻炼锻炼。大概是空气中氧含量较高，绕着小区草地跑了四五圈也不觉得累。老岳父更是精神百倍，居然慢跑了八圈，又快走了几圈。作为60岁的老人，这样的锻炼是相当不错了。

　　老岳母也是一个酷爱活动且注重养生保健的人，每天必要到外面快步走1小时。在家的时候也不忘自我保健，时不时地撑筋压腿，拍打全身。平时也还经常看电视里面的养生保健节目，虽说吃饭的时候比较爱打扫剩饭吧，但还是比较注意健康的饮食。

　　话说今天锻炼回来后，正在卧室里面换衣服，忽然听见客厅里传出微弱的"啪啪"的声音，有点纳闷儿，寻着声音走了过去……

　　我去，不会吧，老岳母正在扇自己脸呢，虽然力度不大，但的确是在扇脸。

　　于是我走了过去，问道："妈，您做错什么了，身为长辈您也用不着这么自责呀。"

　　"哈哈……哪呀，我是在保养这张老脸呢，电视里面教的，轻拍脸部，有益于血液循环，对皮肤也有好处。"岳母回答道。

"啊！？这也算保健呀，什么人教的这个？"我问道。

"好像是一个女博士，效果特别好。"

"嗐，您别听电视里面瞎掰了，估计这姐们儿小的时候没少挨她父母扇。长大成年了能上电视了就整出这么一招，美其名曰养生保健，实则是让天下人都扇自己大嘴巴，好为自己充满阴影的童年出口恶气！"我调侃道。

"呵呵，你别瞎说，人家是专家。她说每天早晨起来扇 20 下，嗐……我怎么也跟着你说扇了，她说每天早起拍 20 下，坚持一段时间后脸色就会变得非常红润了。"老岳母说。

"哈哈……20 下？！还坚持一段时间？！太费劲了，妈，我教您一招更管用的保养方法。"我说道。

"什么方法？"

"您呀，使足了劲儿，抡圆了扇自己一下，就一下，保证立刻见效，而且比她那个更红润！"我调侃道。

"哈哈哈哈……"岳母大笑了起来。

说到这些锻炼养生的事情，我就情不自禁地想起了我的爷爷奶奶。我爷爷今年 91 岁了，老红军、老革命、老干部，浑身的枪伤不下十几处，至今身体里面还残存着的两块抗日战争时期的弹片呢。左手的食指和中指也只剩下一半，据说是拼刺刀的时候被砍掉了。

老人家们 80 年代初就离休了。从我有记忆以来他们每天最重要的事情就是养生、保健和锻炼。那时候他们练一种叫做鹤香庄的气功，效果还是不错。就是我奶奶偶尔发功的时候有点吓人。什么叫发功，我总结就是"放气"，人就好比高压锅，练气功就好比炖肉，功练好了也就是肉炖熟了，但开盖儿前要把锅里满满的气放掉，就是这么个道理吧。不过这气是要慢慢地放，放不好的话是会发生"事故"的。我印象最深的一次，那还是我小学三年级的事，我奶奶练完功后在放气，不是，在发功，好嘛，发着发着，老人家突然冲到院子的围墙边上，然后三下五除二地爬了上去。惊讶得我瞪大了双眼，天呀，奶奶您该不会是孙悟空附身了吧，这是人生中第一次看见老人翻墙头儿，你说我站在那里是该笑呀还是该叫呀！？

坐在墙头上，奶奶练气功的最后一股气终于放干净了，突然清醒了，却发现自己下不来了，赶紧让我叫爷爷和保姆去。在众人的搀扶下，奶奶终于从墙头上爬了下来了。这件事情真的是印象太深了，让我在幼小的童年里便领略到了气功的独特"魅力"。后来我总结，你说很多养生的方法就一定那么有效吗？其实更大程度上是一种心里的暗示，自己觉得这样会健康，那么久而久之身体就会听到心里的这种呼唤，而变得健康了。

而对于年轻人来讲，养生可能为时尚早，但锻炼绝对是必不可少的，尤其是那些准备要小孩的准爸准妈们。

对于准爸爸来说，经常锻炼会使精子非常有活力从而减少备孕的时间。我不想夸耀自己，但是我可以骄傲地说大学毕业以来，我从来没有停止过各种体育活动，不见得每天都跑步健身，但是至少每周都会抽出几天来打篮球、打网球、打羽毛球。还经常举举哑铃，虽不是一身的腱子肉吧，但是过了而立之年却没有一点啤酒肚。

记得我们是去年9月份开始备孕的，当时Jay妈承诺每周都给我吃最喜欢的生蚝（详见下面注解），这样可以增强精子的活力。可是后来，生蚝刚刚吃了一两次，Jay妈就怀上了，然后她没有任何商量余地给我停了，而且冠上两个让我说不出借口的理由：我们说好怀上宝宝后就禁欲，您生蚝吃那么多，万一脑子里面乱七八糟的胡想怎么办，不利于家庭团结呀；再说生蚝10澳币一打儿，您一周就顺进去几十块钱，省下来将来给宝宝买东西好不好。没办法，听老婆的吧。

与很多国内的朋友相比，我们的备孕时间实在是短得惊人。结合我们的生活，我总结可能和以下几个因素有关吧：一是我经常锻炼，这样肌体比较有活力；二是我和Jay妈的生活习惯比较良好，不抽烟，不喝酒，不熬夜；三是墨尔本的生活环境比较好，我们都没有太多的压力，而且这里的空气好，水也好，几乎没有任何污染。

注解：生蚝又叫牡蛎，被誉为"绿色伟哥"。还记得小学时候语文课里一篇莫泊桑的文章吗？叫《我的叔叔于勒》，反正其他内容我是一点也记不起来了，就记得里面说牡蛎的事了。据说美国的一家医药公司从生蚝里面提炼出一种叫做"血氮素"的纯天然成分，它与伟哥的分子结构几乎一样，通过世界卫生组织药物安全中心的检测发现其效果可比伟哥提高了近70%，而安全性高达100%。生蚝也是法国人最喜欢的一道菜，尤其是配上红酒。后来我就琢磨，要么怎么都说人家法国人浪漫呢，合着是生蚝吃多了，脑子里除了那事没别的了！以前刚来澳洲的时候没觉得这玩意儿有多好吃，可是朋友聚会时餐桌上总是有，吃着吃着就喜欢了。以致后来喜欢生吃了，里面有一种特殊的甜味。我建议，所有来墨尔本的朋友一定要去维多利亚市场，买一点塔斯马尼亚生蚝，再来一杯澳洲的红酒。呵呵，好不好吃先甭管，反正调儿是到那了。

而对于广大怀孕的准妈妈而言，锻炼是非常重要的。有些人怀孕后十分害怕流产或者早产，所以活动大大减少，甚至从怀孕一开始就停止了一切工作和家务，运动锻炼更是不敢参加了。其实这样做是没有必要的，反而会对母婴的健康不利。

孕妇适当的运动可以促进血液循环，增加肺活量和氧气的摄入量，从而保持旺盛的新陈代谢。这对准妈妈的健康非常有好处，还有利于胎儿的正常发育和后期分娩，防止孕妇体重增长过快。相反，如果准妈妈一味地卧床休息，什么活动也不做，就会导致胃肠蠕动减少，从而引起食欲下降、消化不良、便秘等等，甚至胎儿的发育都会受到阻碍。由此可见，孕期的适当锻炼是多么重要呀！

而在所有运动当中，散步是最适宜孕妇的。散步可以调节神经系统和心肺功能，促进血液循环，有助于消化和睡眠，更有利于胎儿的生长和发育。以 Jay 妈为例，自从怀孕 12 周后，我便开始拉着她散步，每周 3–4 次，每次强度不要太大，以她刚好感到不很累为宜。而散步的场地最好是一些有花有草、绿树成荫的地段。通常这些地方都会远离尘土和噪声，而且空气中的氧含量也比较高，在这样环境下散步会有身心愉悦的效果。

 温馨小贴士

孕期运动的注意事项

这篇日记说了半天运动，但是孕妇在运动中应该注意些什么？

如果孕前就经常锻炼，那么幅度较小的锻炼项目可在怀孕后一直坚持下去，但时间和强度应略加控制。如果怀孕前不经常锻炼，那么怀孕后可以从小到大逐渐增加，直到强度适当。

而怀孕的前12周最好不要做幅度和强度较大的运动，而较大强度的运动，最适宜的时间段是从怀孕第16周到第28周。

整个孕期，孕妇最好不要做上举重物和仰卧起坐等运动。因为这会阻碍血液流向肾脏和子宫，影响胎儿发育，甚至造成流产。

如果孕妇患有心脏病、肾脏泌尿系统疾病，或者有过流产史、妊娠高血压和血压不稳定，就不适宜做太多的运动。

第31周 下午茶
2011年4月23日
April 23th 2011

今天的午饭是我最爱吃的炖牛肉,还有肉丝炒苦瓜和番茄菜花,外加一个白菜豆腐虾皮儿汤,吃得那叫一个舒服,撑个半死。擦嘴的纸巾掉地上,我看了看纸巾又看了看Jay妈,说道:"老婆,帮个忙呗?"

"懒得你!"

"主要是太撑了,一弯腰可能会吐出来。"

"地上要是有100万你捡吗?"

"那绝对捡,边吐边捡。"

午饭过后1小时,我宣布下午茶时间到了,于是给自己冲了一杯香浓的咖啡,然后坐在餐桌旁一边喝一边懒洋洋地晒着太阳。

这时Jay妈走了过来:"嚯……够会享受的。"

"那是,人生短暂,何不善待自己呀。再说了,享受生活也是一种幸福,从古至今人类都在追寻着这种幸福。我仿佛依稀能看到,就在60万年前的周口店,一个北京猿人正躺在阳光明媚的山坡上,一边晒着太阳,一边择着身上的虱子,那就是享受生活;而60万年之后的墨尔本,一个北京现代人一边晒着太阳,一边喝着咖啡,这也是在享受生活。所以别管是择虱子也好,喝咖啡也好,作为一个精神充实、身心健康、和谐幸福的人,必定是要去享受生活的。"我说道。

"咖啡上头了吧,说起来一套一套的。你怎么知道人家北京猿人择着虱子享受生活呀?"

"那可能就是我的前生前世吧。"

"哟,那我得查一下,万一您身上的虱子也跟您一起转世过来可就麻烦了。"Jay 妈一边说着一边撩起我的上衣。

"老婆,别担心,毛已经退化掉了,虱子没地方落脚了。"

哈哈……Jay 姥又笑了。

说到这下午茶,就要追溯到 19 世纪的英国了。那时候的贵族妇女们经常在晚宴前,就已经饿得前胸贴后背了。你想想,贵族嘛,成天净玩儿了,能不饿吗。于是贵妇们开始在下午的时间补充一点食物,比如面包呀咖啡什么的,顺便聚在一起侃侃八卦。慢慢地,随着英国工业化和城市化的发展,喝下午茶的习惯逐渐在社会上流行开来。而 100 多年后的今天,在西方社会上午茶和下午茶,已经被纳入人们常规的作息时间里。每个工作单位在早晨 10 点半和下午 3 点半,都会给员工 15 分钟到 30 分钟喝茶喝咖啡的时间。

我喝着咖啡,但总觉得嘴里好像还缺点什么,于是对 Jay 妈说道:"老婆,给我来盘子黄飞鸿的麻辣花生豆儿吧。"您不要以为墨尔本就没有黄飞鸿花生,随着这几年中国移民的飞速增长,华人超市已经在墨尔本的大街上比比皆是了,国内流行的食品这里都能买得到。

Jay 妈看着我说道:"您雅点儿行吗,咖啡是就着花生豆儿喝的吗,来块蛋糕怎么样?"

"现在不想吃。还是给我来点豆儿吧。"我坚持道。

"瞧您喝咖啡就的这东西,这跟喝着二锅头吃巧克力,抿着威士忌吃羊肉串有什么区别。"

"老婆,你以为外国人喝个咖啡就块蛋糕就雅了,你又不是没看到这墨尔本街上外国人穿的,西服配球鞋都不算什么,人家楞给你在西服上整一双肩背。快,翠花儿,上豆儿。"我说道。

"你才翠花儿呢,咖啡烫的,黄飞鸿辣的,这么重口味的,到时候您嗓子坏了别再贫不出来。"说完后 Jay 妈转身拿花生豆儿去了。

在拍下面这张相片的时候,我问 Jay 妈是不是要摆一袋子麻辣花生豆儿在旁边,Jay 妈撇撇嘴对我说:"知道嘛,俗和雅之间往往就是一袋豆子的事儿!"

"精辟呀。"

"你屁精吧。"

"老婆,俗和雅之间往往就是一个词儿颠倒过来的事儿。"

喝完下午茶后,听见Jay姥爷说感觉他血压有点高,于是我关切地问道:"这段时间不是一直都挺好的吗,什么原因让您觉得血压高的?"

Jay姥爷说道:"可能是刚才打游戏打的吧。"

"啊,您又开始玩生化了?"别看老人家年过60,但是以前在北京的时候还时不时玩一玩PC版的《生化危机4》,后来因为感觉太刺激太紧张了就基本不玩了。

"不是,玩了一会儿植物大战僵尸。"

💧…………

于是Jay妈赶紧取出了水银血压计给Jay姥爷量血压。随着科技的发展和人们自我保健意识的提高,各种各样的电子血压计如雨后春笋出现在市面上。但是Jay妈却对这最原始的水银血压计情有独钟,就这事我还和Jay妈聊过:"老婆,为什么不买一个电子血压计,多省事儿呀。"

她回答道:"我比较喜欢看得见工作原理的工具!"

"哦,是这样,那你晚上睡觉前别捧着电脑了,铁壳包着哪看得着工作原理呀。"

"那捧什么?"

"您得捧一算盘。"

Jay姥爷的血压是高压140低压85。人体血压的正常范围值应该是低压60到90毫米汞柱,高压90到140毫米汞柱,所以老岳父的血压理论上讲是正常的,但和他自己既往的正常血压值比可能就稍微高了一点点吧。

我说道："高压有点高？血压得量两遍，让我来试试。"我一边整理好血压计一边把听诊器塞到耳朵里。

扑哧扑哧，扑哧扑哧，扑哧扑哧，嗯？木有反应，我去……忘关上闭气阀了，这原始的血压计操作起来就是麻烦。

再次扑哧扑哧地捏气囊，然后开始慢慢松气囊并且紧紧盯住水银柱，就在掉落到 140 刻度左右时，我准确地听到了"咚、咚、咚"的心跳声音，又仔细分辨了一下，没错，高压应该是 138，这次绝对准确。

"高压 138，我是看了又看，听了又听，肯定没错的！"我自信地说道。

"那看来还行，不是特高，低压呢？" Jay 姥爷问道

"……嗯，低压嘛……"

"低压多少呀？" Jay 妈也问道。

"光顾着高压了，低压忘测了。"

…………

"厉害呀，你看我们旦旦就是和别人不一样，这高压和低压都是分开测的。" Jay 妈说道。

"还是我来吧，就你爸这紧张劲儿，以后免不了给他多测着点儿。" Jay 姥对我们说道。

于是 Jay 姥学着我们的样子整理好血压计，然后开始测量

"怎么听不到？血压计有毛病了？"

…………

"嗯？怎么回事？" Jay 姥还在困惑中。

………… "妈，您没戴听诊器！"

"哈哈，你瞧瞧我，照着葫芦画瓢还给画成西葫芦了。"

Jay 姥爷最后不再淡定了，冲着我们嚷道："不量了，不量了！这血压不高的都得让你们仨给量高了。"

呵呵，可怜的老岳父。>_<

 温馨小贴士

怎样量血压

其实和 Jay 妈一样，不少的人都是非常信赖水银血压计的。那么你会正确使用它吗？首先，被测量的人应该注意的几点：1. 测压前半小时不能进食或吸烟，并应在安静、温度适当的环境休息 5–10 分钟。2. 避免焦虑、紧张、过冷、过热、膀胱充盈、疲劳、疼痛等，这些都可能影响血压数值。

测量血压时的体位要采取仰卧位或坐位，手臂（一般为右上肢）应裸露，放在与心脏同一水平位置，并轻度外展。

测量的具体步骤如下：

1. 先打开调节水银的开关，看其是否在标准位置。然后，将血压计袖带气囊中部对着肱动脉（粘布向外），紧贴皮肤缚于上臂，袖带下缘应距肘窝 2–3 厘米，不可过松，以插进一指为宜。

2. 在肘窝触及肱动脉搏动，再将听诊器听头部分置于肘窝肱动脉上，轻压听诊器听头部分与皮肤紧密接触。戴上听诊器，向袖带内充气。

3. 边充气边听诊（此时不必用手把住袖带，自然状态即可），听不见肱动脉搏动音后，再将汞柱升高 2.7–4 千帕（20–30 毫米汞柱），后缓慢放出袖带中的空气，听到第一个声音时所示的汞柱数值为收缩压；此后声音逐渐减弱，当声音消失时所示的汞柱数值为舒张压，二者之差为脉压。

4. 一次测压完成后，应静待 2 分钟在同一手臂重复测压一次，取两次测量数值的平均值。

正常血压标准是收缩压 < 18.7 千帕（140 毫米汞柱），舒张压 < 12 千帕（90 毫米汞柱）。在排除药物、情绪、生理状态下正确测量，如果在不同日期三次以上测量血压均超过正常血压标准就可以诊断为高血压了。因为双上肢血压可相差 1.3-2.7 千帕（10-20 毫米汞柱），所以应固定测量较高一侧的上臂血压，若双臂血压相差不大，一般固定测量右上臂血压。

第32周 2011年5月5日 酷刑or顺产
May 5th 2011

自从Jay姥爷和Jay姥来了以后，日子过得那叫一个滋润！尤其是在吃上。在家做起饭来是煎、炒、烹、炸、炖、焖、煮、煨样样俱全，时不时地还整个创新出来。逢年过节还有Jay妈过生日的时候，还会来一个大摆桌。所以他在墨尔本的这些日子里，给我们是变着花样的做呀，红烧肉、红烧牛尾、炖肘子、炖牛肉、清炖羊肉、猪肉炖粉条、红烧鱼、清蒸鱼、油焖大虾、酱鸡、酱肘子、酱牛肉、素丸子、饺子、包子、烙饼、锅贴、糖花卷、糖三角、油条、油饼……我和Jay妈恨不得把前几年亏嘴的美食全都吃回来。要说饭后不扶着点墙可能走不出餐厅有点儿夸张，但一日三餐，吃到肚儿歪却是常事。估计Jay姥爷和Jay姥从墨尔本回到北京的时候，我和Jay妈一准儿会变得肚大腰圆，膘肥体壮。

有时候特别想给这些美食拍些相片，之后记录到自己的博客上。可是每次面对令人垂涎的饭菜时，我和Jay妈的大脑保证是一片空白，甭说照相了，估计亲爹亲娘的模样儿都记不清了。可酒足饭饱后大脑回血了，摸着滚圆的肚子突然想起没拍相片，但看着风卷残云后一桌子的空盘空碗，只好又将拍照的希望寄托在下顿了。

话说连续几天的大鱼大肉，全家人都有点吃不消了。有上火腮帮子疼的，有长口疮的，还有便秘的。于是，Jay姥爷晚上就做了凉拌西芹、芝麻酱油麦菜和老虎菜，虽然素了点，但是量大管够。另外再熬点绿豆粥，赶紧给Jay妈排一排胎毒了。

开饭了，往桌子旁边一坐，嚯，这一桌子的绿色呀，够环保的。Jay

姥爷边吃边说道:"这芹菜可是营养丰富,还富含粗纤维。老伴呀,你不最近便秘吗,把这些菜全吃了,明天一准儿通畅了。"

"是通畅了,回头脸儿跟芹菜一样绿了。"Jay 姥说道。

"……爸妈,别老便秘畅通的,这吃饭呢。"Jay 妈抗议道。

"这凉拌芹菜倒是挺清爽的,就是嚼起来太吵了。"我说道。这种嚼芹菜的吵还和外界的声音吵不一样,你就算捂上耳朵都没有,反而声音更大,吃多了吵的脑仁都疼。

Jay 姥爷在一旁语重心长地说道:"吵是吵了点,不过多吃可以降血压,降血脂呀。"

"多吃?!吃上几年血压倒是没升上去,最后耳朵聋了,这谁受得了呀!"Jay 妈调侃道。

"哈哈哈……"Jay 姥又笑了起来,真是捧场呀,Jay 姥笑点特低,说什么都能发自内心的笑出来,每次都让我们特有成就感,你说这到哪说理去。^_^

好了,说说今天看医生的情况吧。

今天进入 Jay 妈怀孕的第 32 周,这段时间最明显的变化就是小 JayJay 的活动增加了,常常在妈妈肚子里面拳打脚踢的。有时候晚上睡觉,经常是 Jay 妈昏昏沉沉的刚要睡着,JayJay 飞起一脚就把他老妈给踹醒了。接着再来几个组合拳,彻底让 Jay 妈清醒过来。等 Jay 妈瞪着个大眼睡不着的时候,小家伙又安静地呼呼睡起了大觉。气得 Jay 妈直叫唤:小子,等你出来后咱们再算账。

今天是和医生见面的日子。午饭后收拾一下正准备出发,突然接到医生办公室前台的电话,告知我们的医生突然有一个急诊手术,可能我们的预约要往后推迟两个小时。这种情况虽然不常见吧,但是不能避免。私立医院确实不错,医生一旦不能如约和病人见面,都会提前通知然后更改预约时间。但在公立医院,人多病杂,很多时候病人是在候诊室里长时间等待。

下午 4 点左右,我们如约来到了我们医生的诊室,嚯……看来被更改预约时间的不止我们，候诊室里全都是人，连个坐的地儿都没有了。

透过毛玻璃看到的候诊室里众多的人影。澳洲的家庭一般都是有两三个孩子，有的更多，看医院这劲头儿，生孩子的人也特别多。可整个澳洲的人口也就2000多万，看来人口基数少是好呀，你就算撒开欢儿了生，人也多不到哪儿去。

候诊室门外

又等了半个小时，终于有地方坐了。15分钟后，医生终于叫到Jay妈的名字。进到诊室后他还一直道歉，因为是个急诊手术，不能耽误，所以积压了一大堆病人。

还是老样子，询问Jay妈近期的情况。从这周开始Jay妈偶尔出现一些极不规律的腹痛，有时候一天两三次，有时候一天一次都没有，持续时间也长短不一。医生告诉我们不用担心，这就是传说中的假性宫缩。说白了，就是JayJay开始往下走了，正在出来的路上。

除了假性宫缩以外，有时候Jay妈还会感到腰痛。其实孕晚期偶感腰痛是一个非常普遍的现象。作为直立行走的人类，腰部的负重远高于其他哺乳动物。而对孕妇来讲，硕大沉重的腹部，就如同抱着一个连汤带水沉甸甸的大袋子，而且还不能放下来歇会儿。你说这时间长了，能不腰疼嘛。当然了，如果疼痛频繁加重，就要及时排除是否出现病理性因素。

问完近期情况后，医生开始给Jay妈量血压。孕晚期孕妇的血压应该低于130/90mmHg（单位是毫米汞柱），当然不是一高过这个数值就诊断妊娠高血压，还需要了解孕妇的既往基础血压，而且需要多次测量后才能做出诊断。这也同样适合任何年龄段的人诊断检查。记得我老岳父临来墨尔本之前，在附近医院做了一个体检。当时血压到了140mmHg，医生二话没说，直接诊断为高血压，接着便开始开药了。当然，我相信我们国家的医疗体系会越来越完善，而且大部分医生也不会这样做的。但是对于个别医生这样的草率诊断，我只想说：请尊重医疗工作者这份救死扶伤的神圣职业。这样不负责任的行医，无异于庸医的草菅人命！

测量完血压之后，医生开始用小型B超仪检查JayJay的发育情况。

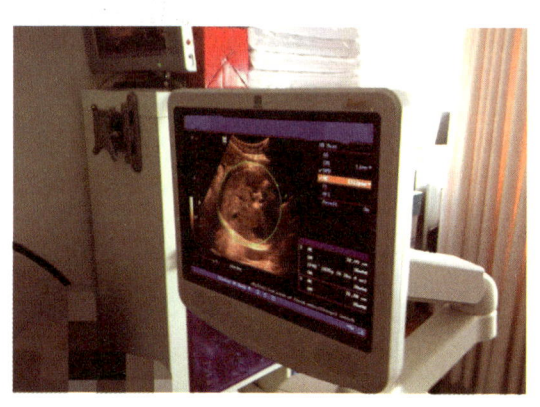

医院会根据澳洲新生儿的各项数据指标制定一个胎儿发育的正常数值范围，凡是各项数据在这个范围之内的都属于发育良好，JayJay很不错呀，所有的数据都在正中间，不高也不低的。

最后医生要确定一下Jay妈的宫颈开口情况。能感觉得到，这个检查让Jay妈感觉特别难受。医生还没有检查完，Jay妈就开始喊痛，冲着医生直叫唤："医生，您检查完了没有呀！"

我在一旁急忙哄道："宝贝，别怕，这刚哪到哪呀，来，忍住。"

Jay妈带着哭腔说道："检查一下就这么难受，这要是顺产还不痛苦死，要么咱们改剖腹产吧！"

"千万别呀，老婆，为了孩子的健康，为了你的健康，为了我们中国人民的种族发展，一定要顺产！"我说道。

不是我不替Jay妈着想，因为顺产是人类最最自然的分娩方式。在澳洲的所有医院，不管是公立还是私立，全都是鼓励孕妇顺产。除非实在是不具备顺产指征才会进行剖腹产。因为不论对孩子还是妈妈，顺产有太多的好处了。

生活在羊水中的胎儿，呼吸道里会残存一定量的羊水和黏液。顺产时经过产道的收缩和挤压，会使胎儿肺里和呼吸道内的羊水和黏液得以流出，减少了新生儿羊水、胎粪吸入性肺炎的发生。胎儿胸廓受到有节律的压缩和扩张，促使胎儿肺部产生一种叫做肺泡表面活性物质的东西，这使得胎儿出生后肺泡富有弹性，更容易扩张。顺产时胎儿的头部不断受到产道的挤压，这样有效刺激了胎儿的呼吸中枢，有利于出生后的正常呼吸。自然分娩的宝宝在经产道时，会随着吞咽动作吸收附着在妈妈产道内的正常细菌，很快会在体内形成正常菌群，这对宝宝免疫系统的发育非常重要。

而顺产对妈妈的好处也是剖腹产望尘莫及的。首先，顺产的妈妈在宝宝生出后，饮食、生活能很快恢复正常，最多 3 天便可出院；而剖腹产手术后，产妇在最初 3 天里躺在床上不能活动，术后 6-8 小时不能进食，所要忍受的疼痛也会持续较长时间。顺产有利产妇产后恶露的排出，子宫恢复得也很快；而剖腹产创伤大，手术切口较长，伤口愈合、拆线时间都较迟，增加子宫内膜异位症发生概率。还有一点就是，剖腹产是一种手术，手术过程中可能会发生麻醉意外。而从长远来说，剖腹手术的妈妈容易导致肠粘连等合并症，再怀孕风险也会增大。如果疤痕体质较严重的妈妈，手术后留下的疤痕会让人触目惊心的。

朋友告诉我，目前北京的很多医院里，医生都积极推广剖腹产，一是节省时间，不用让孕妇经历那痛苦的分娩过程，二是医生和麻醉师能从剖腹产的手术和药物中获得一定经济利润。我觉得，这么做真的是太可悲了。因为自然的分娩方式对于一个种族的人口质量有着至关重要的作用。所以看过日记的准妈妈们，我强烈地建议你们，只要具备顺产指征，胎儿又发育正常的话，一定要顺产。分娩是很痛，而且很可能会痛得撕心裂肺。但是请相信我，这份痛会变成你持续一生的温馨回忆。

看完医生回家的路上，我和 Jay 妈开始聊天。

"眼看 JayJay 就要生了，我怎么有点害怕呀。"Jay 妈说道。

"老婆，振作点，不就生个孩子嘛，别怕！"我鼓励道。

"你别在这儿站着说话不腰疼。10 级的疼痛，人类痛阈承受的极限呀！严重向上帝抗议，为什么只有女人生孩子而男人不生！"

"因为上帝是男人呗。再说了，你这投诉也找错部门了。你一中国人，应该向女娲抱怨去！"我说道。

"那就女娲呀，为什么只有女人生孩子！"Jay妈打开车的天窗，冲着外面嚷道。

"嚯，你悠着点，树枝子再掉您嘴里面。女娲她老人家是不可能知道顺产有多痛苦的。你想想她是怎么生孩子，拿着泥点子叭叭地把人给甩出来，多省事儿。后来又忙着补天去了，没工夫搭理这事儿了。老婆，你就踏实生吧，别担心了！"

"能不担心吗，你又不是不知道我多怕疼！"

"别怕，这样吧，我安慰你一下，你的思路跟着我走啊，咱们这么设想一下——话说1948年，作为一个貌美如花、年轻有为的共产党地下女侦查员，你被特务李涯给逮捕了，拉进审讯室，烧红的烙铁头，和好的辣椒水，削尖的竹签子，沾了水的皮鞭都摆好了。几个特务凶狠地把你拽上了老虎凳，李涯恶狠狠地对你说：这些全都是为你准备的，知道吗，我在苏联留学时和克格勃的特工学了一招，就是把毛巾拧成螺旋状让你吞下去，等毛巾和你的胃壁绞在一起时，我保证让你痛不欲生！"我也恶狠狠地冲Jay妈说道。

"李涯是国民党的，应该和美帝是一拨儿的，怎么跑苏联留学去了？再说了，克格勃这词儿好像是五六十年代才有的吧。"

"领会精神，领会精神！接着跟我想，就在烧红的烙铁头马上贴到你的皮肤上，就在辣椒水马上就要灌到你的鼻腔中，就在尖尖的竹签马上就要插进你的指甲里，就在沾满水的皮鞭马上抽到你那细嫩的背上，就在拧成捆的毛巾放到你嘴边时，这时李涯突然停住了，然后对你说：你有两个选择，一是我们继续用刑，二是选择顺产生一孩子，老婆，你就想吧，这时候你选哪个？和这一系列的酷刑比起来，顺产那不就是小菜一碟了嘛！"我说。

"我晕……李涯没事儿干了还是怎么着呀，吃饱撑的玩儿这个！"

"再不行，你就拿一针或者锥子，你疼一下就扎我一下，我陪你一起疼！"我开玩笑地说道。

"好感动呀，旦，就这么定了！"

"啊！当真呀……好嘛，等你生完了估计我也变筛子了。"

当然了，虽说顺产是对母婴都有莫大的好处，但如果 Jay 妈分娩的那天真的要是有什么异常的话，我当然会毫不犹豫地选择剖腹产。

胎 毒

胎毒是产后急性过敏重症的俗称，主要反映为宝宝的各种皮肤变态反应，例如荨麻疹、疱疹等，这种反映通常出现在有过敏体质或有过敏史的产后妈妈们身上。

"清胎毒"在南方，尤其是广东地区比较流行，老一辈人认为南方的气候和水质属于热性，很热毒。所以，孕妇在分娩前都要做清胎毒的工作，否则宝宝的皮肤就容易长红疹。其中最为流传的一款清胎毒方：一小撮白莲须加一个鸡蛋，三碗水煲成一碗水，快要煲好时加冰糖或红糖即可。

但是在西医的角度看来，怀孕期并没有所谓的胎毒。但是，如果孕妇在怀孕期间食用过量的辛辣和煎炸食物，就很有可能会将热毒传给胎儿，而导致宝宝湿疹。虽然会导致湿疹，但西医并不建议孕妇食用含有药物或药材的食物，例如龟苓膏等使用药材制造的食品。还是建议孕妈妈在怀孕后期多吃青菜、多喝水、保持大便通畅，这样就不必使用以上提到的方法去进行刻意的排毒。

第33周 2011年5月8日 Daylesford 散步
May 8th 2011

从今天开始，Jay妈进入了怀孕的第33周。这个时候，JayJay的发育可以说是日渐完善了，再过不到一个月Jay妈就要进入怀孕的最后一个阶段了。

这段时间里，Jay妈已经逐渐开始注意饮食了，用她的话讲就是已经过了甩开腮帮子，撩开后槽牙可劲儿吃喝的时期了。因为随着JayJay的逐渐成熟，过多摄入的营养只会让妈妈更胖宝宝长肉，而不管是谁长多了肉，都不会有利于顺产的。于是在营养充分的前提下，Jay妈慢慢开始克制自己旺盛的食欲。

眼看着Jay妈就要进入孕晚期了，于是我提议道："老婆，我带你去散散步怎么样，过一段时间后你可就不能再出远门了。"

"行呀。咱们哪散去呀？" Jay妈问道。

"Daylesford 小镇的湖边吧。"

"太奢侈了，开一个多小时的车就为了在湖边散散步。"

"今天阴天却不下雨，空气不但清新而且还很湿润。这时候在树木环绕的湖边散步，甭管是身心健康还是风格情调全都到位了。此时不去，更待何时？"我说道。

"老伴儿，你看看，年轻人就是浪漫呀。" Jay姥感慨道。

"妈，你们也挺了不起的。"我赶紧拍马屁地说道："我听贝宝说，您和我爸当时也是自由恋爱的，在那个年代可真的是不容易啊。我想你们也一定是打破了封建的枷锁，冲破了世俗的眼光，不顾一切地去追求属于自己的爱人，在 60 年代初那个灰色的年代，你们却演绎出了一段轰轰烈烈的充满了浪漫色彩的爱情故事。"

"旦……那个是《泰坦尼克号》，不是我爸我妈。60 年代初他们才 10 岁，早恋都不够格呢。"Jay 妈在一旁说道。

"对，对，呵呵……有点早了啊。那你们也挺浪漫的。在那个婚姻都是由组织介绍的年代，自由恋爱绝对是凤毛麟角。等会儿到了湖边，我和贝宝前面走，您二老在后面散散步，重温一下初恋时的感觉吧。"我说道。

"嗨，你这孩子……"

于是，我率领全家出动了。路上大家谈论最多的话题就是即将出生的宝宝 JayJay。医生算的预产期是 6 月 28 日，和 Jay 妈生日同一天。不过要是晚几天的话，可就是党的生日了。于是我说道："要是 JayJay 晚三天出来，那可就是 7 月 1 日了！"

"嚯……那可不一般呀，建党 90 周年的大日子呀！"Jay 姥说道。好像和我们一起生活一段时间的人都爱说"嚯"了，就是爱烫头的于谦老师说的那种长音"嚯……"

"就是，节日呀，多喜庆的日子呀。而且以后每年 JayJay 过生日的时候，都是举国上下的欢庆，多棒啊！"我说道。

"那是，能跟党是同一天的生日，这什么劲头呀。要说女儿呀，你可是够爱国的，JayJay 的生日是建党，满月是建军，百天的时候差不多也是国庆了。这家伙，一不小心生了个红孩儿。"Jay 姥爷对 Jay 妈说道。

"没错！什么叫做爱党爱国？我们这身在海外，心系祖国的中华儿女把爱党爱国发挥到了极致呀。在建党 90 周年这一重要历史时刻，我们生了一个 JayJay，这纪念方式忒牛了！和咱相比，我看其他人绝对是相形见绌了。有本事也和咱一样在党生日这天生个宝宝出来。"我接着说道。

"行了，行了，都别贫了，我这生孩子的还没说什么呢，你们这些看我生孩子的主儿倒是挺会给安排时间的。先别说太多，万一七一的时候没生出来，您们这些所谓的爱国爱党人士就全都大白菜倒了秧——歇菜

小镇初印象

吧。"Jay 妈说道。

就这样，你一言我一语地聊了一个多小时，戴尔斯福特（Daylesford）终于到了。

戴尔斯福特是位于墨尔本西北部的一个小镇，距离墨尔本市中心 110 公里。和澳大利亚其他众多小镇一样，民风朴实，风景优美。在这里，你看不到大都市的高楼大厦，更没有那种喧嚣与热闹，取而代之的是一片宁静与祥和。

戴尔斯福特蕴藏着全澳洲最大储量的地下矿泉，因此它也是澳大利亚最著名的矿泉之乡。

这里的泉水矿物含量丰富，除镁、铁之外，水中甚至有天然的碳酸气泡，无论是享受温泉，还是喝一口从路旁打水机直接引出的地下泉水，都有一种心旷神怡的感受。难怪很多工作在墨尔本的人，一到周末就来这里放松心情，浸泡豪华温泉，品味美酒佳肴，尽情享受新鲜清醇的乡间气息。

我们来到小镇的时候已经是午饭时间了。早饭本来就没吃多少，又开了一个多小时的车，早已经是饥肠辘辘了。于是我们来到小镇上最热闹的一个餐厅。进了门，服务员热情地招呼我们坐下，递过菜单请我们点菜。

"爸妈，咱们点一些有澳洲特色的吃的，怎么样？"我问道。

"行呀，你们随便点就行了，我们也不知道这儿什么有特色。"Jay 姥爷说道。

"服务员，袋鼠肉的比萨（Kangaroo pizza）和野猪肉的比萨（Wild boar pizza）各来一份，水嘛……"

Jay 妈急忙喊道："旦，咱别一开始就这么重口味行吗，我怕他俩受不了。"

"啊，袋鼠肉能吃吗，它不是澳洲的标志吗？不被国家保护吗？"Jay姥问道。

"被国家保护？！袋鼠繁殖力非常强，澳洲很多地方袋鼠数量泛滥，直接威胁了生态平衡，甚至还扰民。每年澳洲政府都会组织捕杀数百万只袋鼠的。您们尝一尝，没什么异味，就是肉稍微硬点而已。北领地那边还有鳄鱼肉的比萨呢！"我解释道。

老年人对这些澳洲特色饮食还是有几分惧色的。于是我们取消了野猪肉的比萨，只给他们点了一小份袋鼠肉比萨尝一尝。

袋鼠肉比萨

酒足饭饱后，我们来到了美丽的戴尔斯福特湖畔散步。初冬的湖畔，虽然没有夏日茂密的绿树，也不见深秋金黄色的落叶，但是在天空厚重的云朵衬托下，反倒是有一种宁静安详的素颜之美（因为澳大利亚地处南半球，所以一年四季正好与中国相反）。

拉着Jay妈的手，打着幸福的饱嗝，我俩漫步在湖畔的小路上，享受着这份世外桃源的祥和与美丽。

湖畔的小路

栈桥上正在欣赏风景的小鸟

从另外一个角度看到湖边的栈桥

其实，戴尔斯福特湖最美丽的时刻是在秋天，金黄色的落叶和绿色的草地交相辉映在湖畔上，再加上蔚蓝的天空和朵朵的白云，即便是在湖边的长椅坐上整整一天，你也不会感觉枯燥乏味的。没错，澳洲的小镇就是有这样的魅力！

* 温馨小贴士

孕期冬季注意事项

现在已经进入了墨尔本的冬季，所以我们来看看孕妇在冬季应该注意的事项。冬季气候寒冷，气温的变化，冷空气的刺激，会使得呼吸系统及心血管系统疾病发病率增加。这一时期，孕妇要做好保暖措施，及时添加衣服，防止受凉感冒，避免去人群集中的公共场所，以免感染疾病。同时，寒冷刺激，使皮肤及黏膜毛细血管收缩，全身血容量、血压升高，特别使一些高危孕妇或已发现有高血压的孕妇，应在医生的指导下，预防和控制血压在正常范围，以保证胎儿的宫内安全。增加热量的摄入，合理营养，不但可以御寒，还可以提高对疾病的抵抗能力。阳光温暖时，可以到户外晒晒太阳。太阳光里的红外线能给人以热量，使血管扩张，加速新陈代谢，增加抵抗力；阳光中的紫外线能帮助人体内钙质的吸收，对孕妇及胎儿都有着积极的作用。

第 34 周   ^{2011年5月12日} iPad 兔
May 12th 2011

看着 Jay 妈拿着 iPhone 一溜烟儿地跑到厕所里,我说道:"老婆,慢点,挺个大肚子小心别碰着了!"

"唉,人有三急,我现在一下子占了俩,能慢吗!"

"还有,你能别老带着 iPhone 上厕所吗,这要是掉马桶里可很难捞出来了!"

"那咱们就买个 iPad 吧,那个大,掉进去也能卡住。"Jay 妈在厕所里嚷道。

"嗯……老婆,你那个……上厕所看 iPhone 小心点……"

iPad 2,现在全世界都在疯抢。今年 3 月 25 日在澳大利亚上市,不带 3G 只有 Wi-Fi 的 16G 的 iPad 是 499 澳币,32G 的是 599 澳币,64G 的是 699 澳币,而且最少要等两周到三周。价位和美国比起来贵了不少,不过和苹果产品售价最贵的丹麦比起来,澳洲这还算幸运的。

我以为买 iPad 这事儿 Jay 妈只是说说而已,没想到她睡觉前开始磨我。

"我们要是再买一个 iPad,苹果的东西就收集齐了。"

"齐了?!老婆,差远了,苹果座机没有,最新的 nano 没有,iTouch 没有,Apple TV 没有,早着呢,宝贝,不在这一会儿,先等等哦。咱们这还得还房贷,还得给 JayJay 买好多东西呢,要学会克制一下自己,乖,趴在我的港湾里晕过去吧。"我连哄带骗地说道。

"不困。想买!"

"好吧,事到如今,我也只好给你分析一下为什么不愿意给你买。你看啊,你现在睡觉前老看小P(索尼的PSP),每次都是困了后手部肌肉一松就不管了,你要冲另外一边睡也行,你还老冲着我睡,小P就举在我脑袋边上,别忘了咱家小P是旧款的,重的跟个板儿砖似的。你说我这晚上睡着睡着老被板砖砸醒,谁受得了。好,买iPad了,板儿砖直接升级成大块瓦片儿了,倒是不挨砖头砸了,改成天天被瓦片儿拍,这容易出事故呀!"

说到板儿砖,我有一个笑话和大家分享一下:

话说有个小孩,脸长得特像板儿砖,经常被同学取笑,回家后和母亲哭诉:"妈,他们都说我的脸像板儿砖,你说像吗?"这当妈的,就算像也不能说呀,于是母亲说道:"孩子,后院有口井,你去照照。"小孩跑到后院井边探头一照,这时候井底正好有一个工人修东西,抬头一看,急了,大声嚷道:"嘿,孙子(这里念zei,轻声),你丫扔一试试!"

好了,继续说我们的,Jay妈最后嚷道:"我不管,我怀孕你什么礼物都没送给我,我给你生一儿子,你给我买一iPad!"

"我去,你小点声,人家安徽一小孩儿为了买iPad卖了一个肾,媒体口诛笔伐了半天。你这好,生孩子换iPad,这要让媒体听见了,你这辈子就在唾沫里游泳吧!"

"真恶心,别说了!"

早晨Jay姥叫门:"今天怎么起不来了,太阳晒屁股了,快起来!"

"……妈,今天下雨!"

"快起快起,早饭都凉了,昨天睡晚了?"

"躺下的挺早,就是进行了一晚上的辩论,买不买iPad。"Jay妈揉着眼说道。

"什么派,别瞎买东西了,冰箱里面东西多得都吃不完,等打扫打扫再说!"

最后还是 Jay 妈赢了，毕竟女人生孩子不容易呀，你让我马上买辆阿斯顿马丁不现实，但有些能满足的愿望还是要尽量地满足！网上订购后，我们很快就收到了刻有 Jay 妈名字的 iPad 兔，兴奋呀，赶紧跑到商场买膜买套，种类还不少，价位也高低不等，最后一咬牙，买了一个最贵的触屏贴膜和外套，买得起马还配不起鞍了！

晚上爬上床，看着 Jay 妈拿着最新的 iPad 兔，我心里也特别高兴，不管了，挨瓦片拍就拍了，只要 Jay 妈感到开心就行。

可是过了几天，我发现 Jay 妈晚上不怎么看 iPad 了，觉得有点不对劲，于是问道：

"老婆，你现在睡觉前怎么不看 iPad 了？"

"那个……我觉得吧，好东西不能光我一个人占着呀，你也看看。"

"实话！！"

"太沉了，抱着看我直喘！"

"…………你、你，真是生在福中不知福，你看人家三里屯专卖店那儿，买个 iPad 都凌晨睡那儿排队，后来都打起来了，你还这嫌沉，唉……"

关于辐射

今天的贴士我们就说说这辐射。

首先说 Jay 妈买的 iPad，这类电子产品的视觉显示终端（Visual

Display Terminal，VDT）所产生的辐射强度非常微小，适当的使用问题不大，但是长时间的使用可能对人体的健康，特别是对胎儿造成一定的不良影响。而据一些医学报告指出，每天使用电脑超过 6 个小时，患癌症的概率会比正常人高出 26%。因此孕妇们要适当的克制一下，每周使用电脑的时间不要超过 20 个小时，也就是平均每天 3 个小时。而电脑显示器背面的电磁辐射要远高于正面，所以准妈妈们要与电脑显示器背面保持至少 1 米的距离，而与电脑屏幕也要保持 70 厘米以上的距离。

　　而电磁辐射更多的是来自手机和家里面的各种电器，一旦电器通电，都会产生各种不同波长和频率的电磁波，它们可以扰乱人体的生理节奏，干扰胎儿的正常发育，严重的甚至可以造成胎儿畸形。而在各种家电当中尤以电热毯、吸尘器、电磁炉、微波炉和电吹风等辐射最大。所以孕妇应该尽量避免使用这些电器。怀孕期间每天的手机通话时间最好不要超过 30 分钟。

　　除了家用电器以外，最危险的恐怕就是医院的各种放射性检查，比如 X 线检查和 CT 检查等。一般来讲，X 射线的照射剂量虽然比较大，但偶尔拍一次对身体并无大碍。可是对孕妇来说，X 射线是很危险的，照射过量（尤其是怀孕早期）会导致胎儿严重畸形，流产甚至胎死宫内。所以一旦女士们接受了 X 线检查，尤其是腹部检查，必须经过至少 4 周后再怀孕才是最安全的。而 CT（Computed Tomography）则是利用电子计算机技术和断层投射方式将 X 射线穿透人体每一个轴层的组织，它具有非常高的密度分辨力，要比普通的 X 射线强 100 倍之多，做一次 CT 检查所受到的辐射非常的大，因此孕妇一定要避免 CT 检查。

第 35 周 2011年5月22日 猪蹄儿下午茶
May 22th 2011

Jay 妈已经怀孕 35 周了，现在的她真是大腹便便，行动不便了。你要问肚子有多大，上张相片吧。

不过幸运的是即便 Jay 妈的肚子大成了这样，也没有一点妊娠纹。呵呵，其实很简单，Jay 妈就把她的经验和大家分享一下。从怀孕三个月开始，每天晚上洗完澡后，将 GAIA 的一个纯

天然防止妊娠纹的油涂抹在肚子两侧、大腿外侧和臀部这些爱长妊娠纹的地方，然后再轻轻地按摩几分钟就行了。坚持下来你就会有一个靓丽的大肚子。

周日的下午，我陪着 Jay 妈懒洋洋地躺在摇椅上享受着暖暖的阳光。

"老婆……老婆……"我叫道。

"嘛？"

"给我做杯咖啡吧？"

"喂，你……我这汤汤水水的带着十几斤的大肚子，你好意思吗！"Jay 妈叫道。

"OK，OK，我自己做。"经过十几分钟的慢动作后，我终于站了起来。

"老婆，你喝吗？"我问道。

"嗯……你别诱惑我呀！"

"谁诱惑你了，我是明着问你，你到底喝不喝？"

"想喝，可是又有点饿了。"

"那可别，空腹喝咖啡容易早搏，你最好找点什么吃的。"我说道。

"来，我看看，有什么吃的。"Jay妈边说边走到厨房的台子旁边，"嗯，不错，还有中午剩下的猪蹄儿，你吃吗？"Jay妈问道。

"我去，你别告诉你想喝着咖啡吃猪蹄儿呀，你这可比当初我喝咖啡就黄飞鸿花生豆儿的口味重多了。"

"Then what！"

"What你个脑袋，下午茶嘛，要的就是一调调，懂吗！"

"不懂！"

"不懂就听我给你描述，人家一小女孩，穿着厚厚的毛衣带着漂亮的围巾，惬意地坐在一张小巧而精致的咖啡桌旁，享受着冬日下午暖暖的阳光，然后往手上哈哈热气，接着拿起一杯热热的拿铁咖啡抿着，再来一小口奶酪蛋糕。转过头来，在阳光下冲着你甜甜地一笑，时不时地还甩动两下秀发，这什么感觉，啊？美，雅！"我说道。

"听着是不错。"

"你这好，愣上俩猪蹄儿啃，你再想想这一幕，好嘛，暖暖的阳光照着，还是那个小巧精致的咖啡桌旁，你这孕妇挺个大肚子坐那，然后手里拿一大猪蹄儿挥汗如雨地啃着，不时地抬起头咂巴咂巴您那油嘴。嗯，噎着了,拿起咖啡吸溜吸溜地往下顺两口,然后您转过头看过来,再撅着油嘴一笑,牙上还沾俩肘花儿,接着,呃……的一下再打一大嗝什么的,您说这美吗?"我形容道。

"美!"Jay妈赌气地说道。

"美个头,那您一定是中央美院行为艺术系的。"

"说不准还能成为流行趋势呢。"Jay妈顶嘴道。

"趋势,啊,呸。我喝咖啡就个花生豆儿就是俗,您喝咖啡啃猪蹄儿就是趋势。要是成了流行趋势那得变成什么样子。你想想啊,又是一个阳光明媚的下午,一白领美眉从公司出来,扭搭扭搭地走进星巴克,冲着服务员拽句洋文:'excuse me.'

'您好,请问您需要点什么'服务员转过头来说道。

'请给我来半斤猪蹄儿,低脂的,再来一杯卡布奇诺,谢谢!'白领说道。

'好的,半斤猪蹄儿,低脂,一杯卡布奇诺,一共是65澳币,谢谢。'

服务员收完钱又问道:'请问您的名字(国外的星巴克都是问一下客人的名字,然后咖啡好了后大声念名字)。'

'Cindy,谢谢。'

好嘛,过了5分钟,就听服务员大声嚷道:'Cindy,低脂猪蹄儿半斤,卡布奇诺一杯!'。"

听完我的描述,老婆差点把JayJay给笑出来,说道:"太经典了,那星巴克的看见这啃猪蹄儿的非吃惊得尿了裤子不可,哈哈哈……"

咳,后来想想,下午茶嘛,什么调不调的,就是放松一下心情给自己找一段慵懒的时光而已,管他吃什么喝什么呢,只要惬意和享受就行了,你说是不是!

孕期喝咖啡

很多孕妇都担心怀孕期间喝咖啡会对胎儿造成不良影响，而Jay妈的医生告诉我们，目前并没有任何权威的研究报告显示咖啡会对胎儿的发育造成不良的影响。不过有一些局部地区的调查统计，怀孕初期过多摄入咖啡的妇女，会比少量摄入咖啡的妇女发生早期自然流产的比例要高。因此，澳大利亚的医生建议孕妇们每天摄取的咖啡不要超过一杯。

第36周 2011年5月28日 不要敲门
May 28th 2011

什么叫做咸鱼翻身，我们家的iPad就是最好的例子。还记得《iPad兔》那篇日记吗？Jay妈为了追潮逼着我买了iPad，她本以为玩儿惯苹果手机换成iPad应该是爱不释手才对，结果却事与愿违。和苹果手机比起来，iPad好玩的程序和游戏比较有限，而且很多有意思的游戏还需要额外花钱的。睡觉前拿着它上网吧，举时间长了又挺累的，要是万一困了，不小心一松手还得挨拍。结果就这样，好端端的一个iPad兔现在住在了厕所，因为不论从放置空间也好还是方便程度也好，Jay妈认为厕所马桶前的书架上是最佳地点，既不用举着又不占地方，出恭的时候还能解解闷儿。

但是就在最近，我们家的iPad兔终于迎来了春天。几天前下载了一个叫做"水果连连看"的游戏，其实和电脑上的水晶连连看是大同小异的。不过拿着iPad玩起来才体会到是比拿着笔记本电脑玩游戏舒服方便呀，站着、躺着、趴着，或者把腿搭在沙发背上，想怎么玩就怎么玩。只见拿着iPad的我窝在沙发里玩着游戏，一会儿摆成一个"S"形，一会儿又摆成一个"B"形，那叫一个惬意。

当然了，这类小游戏纯粹就是打发时间用的，和生化、使命等比起来就是简单得不能再简单了，但是有的时候 simple is better，确实让人有种欲罢不能的感觉，每关都在增加难度，过几关就增加水果种类，每次 game over 了后总觉得如果再试一下肯定能赢，就这样，一盘一盘的很快时间就过去了。昨天下午回家的时候，走进客厅一看，嚯……Jay 妈和 Jay 姥俩人头顶头的正在合作通关呢。

见过老年人在柜员机前取钱按密码的样子吗，讲究的是一个力度和准确。Jay 姥就是这样，估计把 iPad 当成银行柜员机了，玩游戏按屏幕的时候那叫一个稳、准、狠呀，我和 Jay 妈看得直心疼。后来 Jay 妈终于受不了了，大声叫道："妈，您轻点行吗，当往墙上按图钉哪！"边说还边比画着："您瞧您这动作，好嘛，先把手放到屏幕上然后再使劲地一按，您有什么深仇大恨呀，以后放上就行，把那个'按'的动作去掉！"

"好的，好的。"Jay 姥可怜地说道。

Jay 妈说完后 Jay 姥的动作马上就变轻了，可是一紧张，Jay 姥又改按图钉了。

Jay 妈按捺不住了，一把夺过 iPad，然后说道："怎么回事，妈，轻点行吗，都让您给戳漏了！生 JayJay 住院时就指着它解闷儿了，您再给我玩坏了，现在开始，你要想玩必须打报告！"

"报告，现在就想玩。"Jay 姥赶紧说道。

"暂时不批，先在桌子上练好了怎么按再说！"Jay 妈扭搭扭搭地走了。

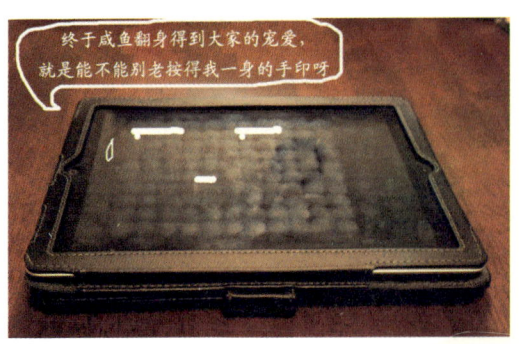

不过，iPad 咸鱼翻身也是要付出一点代价的。

话说 Jay 妈这已经怀孕 36 周了，除了偶尔出去买买东西之外，大部分时间都是在家里面度过，所以我们大家都在努力为她营造一个舒适的环境。可是澳洲这里也不乏电话广告和上门推销的。电话广告倒好说，大不了你接了再挂，可是上门推销的就比较麻烦了，总不能开门后马上给人家一个闭门羹吧。

话说这天 Jay 妈正在午休，突然有人敲门，我边跑过去开门边琢磨着这大周末的是谁呀？等打开门一看，两个印度人站在外面，手里拿着书书本本的，还没等我说话，哥儿俩开始你一言我一语地介绍起来了，而且说得那叫一个快呀，口音那叫一个重呀。我们上学的时候就管印度人说的英语叫做"咖喱英语"，发音真的是很难听懂。我记得上学那会儿，看着一个挺漂亮的印度女同学上台演讲，情绪激动说了得有 20 多分钟。结束的时候我还随着大家一起给她报以热烈的掌声，可除了个"Thank you"以外，我是一句都没听懂呀！

记得有一个关于印度人发音的笑话，话说一人面试俩印度员工，问第一个人多大岁数了，印度哥们儿回答道："I am dirty(thirty)！"，面试的人晕了，问第二个，回答道："I am dirty too (thirty two)！"，面试的人彻底傻了。

印度同胞呀，我理解你们是想在周末努力增加一些业绩，但是你也得让我这给你们开门的人说句话吧。但俩人丝毫没有停下来的意思，没办法，面对你们的"咖喱英语"我也只好装回"中国大蒜"了，于是用中文大声说道："逆浩，散阁，沃不懂硬鱼……你滴明白？"

要搁一般人可能说声 Sorry 就走了，我去，这俩哥们儿估计是已经说到情不自禁的地步了，搂（念一声）不住了，还跟我没完没了。这样还不走？！没办法，哥们儿我只能再给你们上最后这一道中国传统菜了——闭门羹！

其实在澳大利亚，很多居民的小区都不乏各种上门推销或者传教的。由于大家住的都是独门独院，也没有什么所谓的那种物业管理，自然要想上门推销就比较方便，这点还真是比不了国内。我还记得上次回国的时候，有一天正在午休，突然被我们家嘹亮的门铃声给惊醒。开门一看，一哥们儿拿着一沓宣传单和洗发水站在那里，看到我之后就开始滔滔不绝地介绍他按门铃的用意，接着又开始说他的产品如何如何好用什么的。我是打着哈欠一句都没有听进去。最后哥们儿伸手递过来一大瓶免费的洗发水，我琢磨着这个不错，白给的还能不要吗，刚要伸手去拿，就看见两个凶神恶煞的保安冲了出来，冲着这哥们儿大声叫道："找你半天了！"然后不由分说连拉带拽地把他给抓走了。那架势，颇有一种抓住通缉犯的阵势。我去，再晚两秒钟，洗发水就递到我手里了。何必呀，大家都是混口饭吃嘛。

其实我不喜欢有人老敲门的另外一个原因就是 Jay 妈现在已经怀孕 36 周了，正式进入孕晚期，随时都有生 JayJay 的可能性，因此每天必须休息好。另外，在 JayJay 出生后的前几个月里，Jay 妈要坐月子，其他人也都各有任务，非常辛苦，哪里还有工夫再应付这些上门推销的人呀。

于是，我坐在电脑前开找，咱没物业没保安还没政府吗。经过一番细致的搜索后，果然找了一个叫做"Consumer Action"的维多利亚州政府的网站，里面有一个专门防止上门推销打扰他人休息的板块。

将网站上禁止敲门的标志下载下来然后挂在家门口，这样，任何推销的人员要是再敲门就是违法了，房子的主人可以报警或者到这个政府机构去投诉上门推销的这家公司。

Jay 姥爷 Jay 姥看了后觉得挺新鲜的，说道："你说这国外，就是有意思呀，什么都有，敲个门的事就能整出个机构来。快，赶紧挂出去，省的将来打扰咱们 JayJay！"

"你说要不要顺便再挂一块红布？"Jay 姥问道。

"为什么？"我问。

"这是老传统，生了孩子报喜的意思。"Jay 姥解释道。

"妈，您打算报给谁呀？这周围有你认识的人吗，再把公牛招来！"Jay 妈说道。

呵呵，禁止敲门的标志算是挂出去了，也不知道以后还会不会有人来敲门推销。要是再有人敲门打扰 Jay 妈宁静的孕晚期生活，不是我吓唬他们，老子可要放《大刀进行曲》了！

 温馨小贴士

分娩前的准备

妊娠 33—36 周已经有早产的可能性了，所以孕妈妈这时要做好分娩前的精神准备、身体准备和物质准备。

心理准备：孕妈妈们应该要有信心，用愉快的心情来迎接宝宝的诞生。而准爸爸应该给予自己的老婆充分的关怀与呵护。实践证明，思想准备越充分的孕妇，难产的发生率就越低。

身体准备：分娩时体力消耗会很大，因此必须保证分娩前有充足的睡眠时间；而接近预产期的孕妇应避免外出和旅行，但也不要整天卧床休息，做一些轻微的、力所能及的运动是对分娩非常有好处的；临产前是绝对禁忌性生活的，以免引起胎膜早破和产时感染；身边尽量要有人照顾，特别是在夜间，以免发生不测。

物质准备：包括孕妇住院时需要带的物品和证件。还要在家人的帮助下给新生儿准备好必需物品。

第37周 2011年6月5日 放屁
June 5th 2011

大家猜我今天早晨是怎么醒的？

被Jay妈的屁给吵醒了。我理解，怀孕挺个大肚子的，多不容易，后期胎儿下坠，压迫膀胱直肠，直接导致尿频和多便，气滞更是常事，好不容易翻个身，改变一下子宫的位置，受到压迫的直肠暂时得以缓解，难免就会放出两个积存已久的惊天响屁，这很正常。而对于普通人来说，放屁也是很重要的，因为这说明肠道蠕动正常并且非常畅通。大家知道吗，阑尾炎手术成功的标志什么吗？没错，那就是一个清脆的屁。所以准爸爸们，即使怀孕的准妈妈放屁再响也不要嫌弃，这个很正常。再说了，屁乃人生之仙气，岂有不放之理。只是不要在公共场合肆无忌惮地放响屁就行了。

我揉揉眼睛，对Jay妈说道："妹子呀，你这个屁放得是又响又频繁，还不是很臭，宛如闹钟一般呀，谢谢你叫我起床，你真不是一般人呀。要么咱们考虑考虑参加一期达人秀吧！"

"你少来了，不知道多少个夜晚，都是在你又臭又响的屁声中辗转反侧。我这怀着JayJay，刚放两个小屁，你就冷嘲热讽的。"Jay妈说道。

"小屁？！！老婆，您千万别谦虚了，这要是小屁，除夕晚上那就叫静音了。我记得咱俩谈恋爱那会儿好像从来没有听到过你放屁呀。"

"那是，多不好意思呀。你想，咱俩花前月下，说着海誓山盟的情话，我突然给你来俩响屁，你受得了吗？"Jay妈调侃道。

"嘿嘿，我喜欢。"我拍马屁地说道。

"你变态吧。"

"后来咱俩熟了,你也开始时不时放点姑娘婉约的屁了,到现在怀上了 JayJay,彻底改挂鞭了,基本上超越了我爸我妈。"

"你爸你妈,哦,my god!"

又提到了 Jay 妈的伤心往事……

话说一年前,Jay 爷和 Jay 奶来墨尔本和我们短住了一段时间。有一次,Jay 奶不小心当着 Jay 妈的面没有憋住,"滋"的一声漏出个小屁,然后有点不好意思地说道:"有时候肚子憋得难受,当着儿媳妇的面又不好意思放出来。"

Jay 妈善解人意地说道:"没事,妈,这又没外人,咱有屁就放啊。"

噗……噗…………

我晕呀,接茬就放,您老倒是真不客气呀。

话说从此之后,Jay 奶还真的不把 Jay 妈当外人了,好家伙,有屁必放,每放必响,那叫一个脆呀。这么说吧,要是她老人家放出来的屁瞬间给冰冻住的话,估计掉在地上非得砸出一大坑来。后来,Jay 爷也逐渐放开了,那家伙,真是"闪光雷"碰见了"二踢脚",和 Jay 奶交相辉映呀,这不知道的还以为我们家天天过年呢。可怜的 Jay 妈呀,犹如受到惊吓的小鹿一般,到处跑来跑去的躲避。

回想起这段往事,Jay 妈还是心有余悸呀。

"就没见过像他们二老那么能放屁的。"Jay 妈说道。

"年龄大了嘛,肠道脆弱了,难免的,不是您放屁吟诗的时候了。"

Jay 妈以前特别喜欢喝一种巧克力奶,纸盒装的,超市呀小店呀哪都能买到。有一次也不知道怎么了,可能晚上看电视的时候喝多了,睡觉前那屁放的叫一个厉害,各种声调的,各种节奏的,还时不时抑扬顿挫一下,宛如用一门奇异的语言来朗诵徐志摩的《再别康桥》——噗……噗噗……噗……噗噗噗……最奇怪的是我也不知道怎么了,没喝巧克力奶的主儿也特别配合,跟着 Jay 妈一起"朗诵"起来,你一言我一语的,一场奇异的特殊语言的赛诗大会就这么展开了。

回想起这些往事，简直太逗了。我俩躺在床上哈哈大笑。突然肚子一胀，原来积攒了一夜的臭屁要放出来了，于是轻轻地撩开被子，扒着屁股蛋静悄悄地来了一个蔫儿屁，然后装作一脸无辜的样子问 Jay 妈："嗯？你闻，什么东西煳了？"只见 Jay 妈仰起头一阵猛吸……

揉着被打疼了的胳膊来到客厅，忽听餐厅里传来一个"噗"的声音，我忙嚷道："嗯？爸，您说什么？北京口音够浓的啊。"

Jay 姥："哈哈哈……"

Jay 姥爷："滚一边去，臭小子。"

最后，嘱咐所有怀孕的准妈妈，放屁很重要，这是疏通肠道的一种方式，千万不要强憋着，对自己对胎儿都不好。其他的朋友也一样，有话说，有屁放，做一个直率的人多好。当然，如果人多的话，一定要忍住，至少不能放响屁，那是关于脸面的事情，很重要呀。^_^

关于孕晚期的肢体水肿

很多孕妇在孕晚期的时候会出现下肢水肿。轻者仅限于小腿部位，先是足踝部，后来慢慢向上延伸，严重的甚至可以引起大腿、腹壁或全身水肿。经休息或抬高下肢后能自行消退者就不需要特别介意。但是如果腹壁也水肿而且经过休息后还不能消除，就应该及时去医院检查，不能麻痹大意。

肢体水肿的主要原因是，怀孕后盆腔血液回流到下腔静脉的血量增加，而增大的子宫又压迫了下腔静脉，使得下肢的血液回流受阻，因此下肢静脉压力增高引起了小腿水肿。另外，孕妇的总血容量增加，即血浆比红细胞多，而血浆中所含的蛋白量并没有随着血浆的增加而增加，所以血浆胶体渗透压降低也会发生水肿。还有就是妊娠期间孕妇内分泌功能发生一系列的改变，体内的肾上腺皮质激素、抗利尿激素等分泌增多，肾小管对钠的重吸收作用增强，造成体内钠潴留而发生水肿。

第38周 2011年6月11日 亚拉河畔喝早茶
June 11th 2011

今天是Jay妈怀孕的第38周，距离预产期还有两周的时间。Jay妈除了尿频之外没有任何水肿、腹痛、食欲减低、精神不佳等不良症状，甚至连假性宫缩都很少了。老人家平时走路还倍儿快，除了挺着一个硕大的肚子之外，完全就是一个正常人呀。去医院检查后，医生告诉Jay妈一切指标都正常，而且宫口没开，估计还是要等一段时间。在此期间，尽量多活动，这样可以加速产程。

为了贯彻执行医生多活动的嘱咐，我们和三顺一家约在了亚拉河畔一起喝早茶。这里离医院咫尺之遥，而且又是周末，就算Jay妈突然要生了，也能很快到达。另外，Jay妈的好友三顺也怀孕了，所以我们正好聚在一起庆祝一下。

说到这早茶，我一下子想起了《与青春有关的日子》里面的对白，就是方言他们刚到广州那段：

"饭点儿了，走，我请你们喝早茶去。"

"啊（二声）！我说广东人怎么不胖呀，和着中午光喝茶不吃饭呀！"

呵呵，土老帽呀！

早茶又叫Yum Cha，墨尔本的很多粤式和港式餐厅每天早11点到下午3点都会有早茶。不过一般周末人很多，需要预订。我们来的这家店是位于墨尔本的South Gate，是一家香港餐厅，据说味道非常正宗。餐厅坐落在亚拉河畔，客人可以一边享用各种美食一边眺望窗外亚拉河畔的风景。

我是牛肚排骨的没少吃，Jay妈是厕所没少上，就在喝早茶即将结束的时候发生了"惊魂"的一幕，Jay妈再次上厕所出来后面色略带紧张，然后二话不说把我也拉进了女厕所。

"天，你疯了，老婆，这可是女厕所呀！嗯，莫不是你想……你已经38周了，不可能了，再说万一进来人怎么办！冷静点，冷静点。"我说道。

"冷静你个脑袋，我的内裤湿了，不会是破水了吧。"

"啊，不会吧，那岂不要生了，还差两周呢，你可别吓唬我。"还未足月就大量破水的话，会引起胎儿宫内缺氧，非常危险的，应该立刻赶往医院。

于是我急忙说道："千万别耽误了，走，咱们赶紧去医院！"

"你先等会儿，我不是很确定，你先帮我看一下。"

于是我蹲下开始研究Jay妈的内裤。嗯？奇怪，内裤确实有一点湿，不过都在臀部和腰部，下面却一点没有湿。我觉得有点蹊跷，Jay妈刚到第38周，而且先前的一切检查都非常正常，不应该呀。再低头闻一闻，好像找到了原因。接着我又让Jay妈自己检查一下会阴部，果然不出我所料，周围的皮肤全是干的。

然后我又检查了一下Jay妈的后背和腋下，说道："老婆，你热吗？"

"热呀，怎么了？"

"老婆，我感觉你好像不是破水，是出汗！"

Jay妈又摸了摸上衣，背部和腋下都有点湿，看来像是出汗，再观察了一段时间，没有见到任何异常，除了内裤已经晾干了，而且Jay妈也没有感觉到半点儿不适。我们又回忆了一下几天前去医院检查的情况，当时医生明确告诉我们JayJay还没有入盆呢，看来临近预产期了，Jay妈也开始紧张了，有点儿草木皆兵的感觉。

在确定了Jay妈只是出汗后，我们又遇到了另外一个难题，那就是如何让我安全逃离女厕。再等待了几位方便的女同胞后，Jay妈率先走出来为我放哨，我帽衫上的帽子一罩，管他的，往外冲，险呀，出门的瞬间和一位老太太擦肩而过！

话说喝完早茶后，我们一起沿着亚拉河畔散散步消化消化食儿。亚拉河（Yarra River）在我介绍墨尔本的那篇日记中提到过。它位于墨尔本市中心的南边并且贯穿整个墨尔本，河畔边上到处是绿地草坪，河面上黑天

温馨祥和的亚拉河畔

鹅野鸭子成群结队地嬉水，而河畔的草地上，到处是慵懒的晒着太阳的和带着孩子野餐的人群，孩子欢天喜地地在大人们之间穿梭嬉戏，真是一幅美丽和谐的生活画面。

同时，亚拉河畔也是墨尔本著名的商业区，沿岸有着数不胜数的餐馆、咖啡厅、商店等，而这里面最为著名的便是皇冠赌场（Crown Casino），是排在拉斯维加斯之后的全世界第二大赌场。

赌场沿岸

沿着河畔散步的时候看到不少街头艺术，有装雕像的，有行为艺术的，感觉不错，看来是做什么都能挣钱呀，于是拍了几张和大家分享一下。我琢磨着澳大利亚是够自由的，大街上干什么都行，好像没有什么城管过来抓……

下面这张我特别喜欢，起名叫做"魔鬼与情侣"，欧美风格的魔鬼正好和后面一对亚裔情侣构成鲜明对比。我拍完照后，装魔鬼雕像的哥们儿

拿眼睛看看我,又看看他面前装钱的容器,如此重复数遍,这意思很明显呀,您老人家照完相还没给钱呢。这时候决不能太抠门,于是找了半天,翻出十几个5分1毛的硬币哗啦啦地往他那个容器里倒了一会儿,阵势挺唬人的,但加起来一共也没多少钱。估计魔鬼哥们儿眼神也不大好,以为给了多少呢,使劲冲我摆手微笑。不过我看了看,在亚拉河畔这些街头艺人中数他来钱最快了,很多人都被他富有创意的外形所吸引,与他合影留念。就在我驻足的这几分钟里,和他合影给他消费的人就不下十几个。

这个我也挺喜欢,老哥架上几个破塑料桶和一个吊镲就开敲了。不论是敲出来的效果还是他的节奏感,都不输给玩儿架子鼓的专业人士。正好左边还有一个皇冠赌场的大标志,所以我就给这张相片起名为"皇冠架子鼓"。老哥敲的也是相当的棒呀,而且是越敲越陶醉,根本不在乎你是不是给钱,再加上他一脸的络腮胡子,颇有一种另类艺术家的感觉。这要是在国内,网友再给起个什么"皇冠鼓哥"之类的网名,估计就火了。

这个就是传说中的行为艺术,以前好像见过他模仿机器人,今天这哥们儿在模仿一个站在地铁里手拉扶手看报纸的乘客。特别淡定,样子跟真的似的,时不时地还晃一下,好像地铁在颠簸一样,我在想,你什么时候到站下车呢?

这位仁兄是屁股上挂暖壶——有一定(腚)水平(瓶)。用彩笔在街上画画,画得还真不错。其实在墨尔本,你可以看到很多这样年轻的画家和艺术家在大街上作画甚至是涂鸦,不过我觉得挺好的。因为他们既练习了自己的技艺,同时又为墨尔本增添了一份新鲜而又独特的景色。

说句实话,在墨尔本生活了这么多年,很少去感受这里的天气,因为每天空气都是那么清新,天空都是那么的透亮。不过今天的天好像格外的蓝呀!于是沿着亚拉河畔取景,拍了两张放在这里和大家分享一下吧。

204 | 生在澳洲
Life, Pregnancy and Birth in Australia

 温馨小贴士

破水的原因

羊水破了的原因有很多：

1. 胎儿已经到足月了，羊膜的质量弹性下降，容易发生破水。

2. 因为胎位不正，压力不大均衡，容易破水。

3. 患糖尿病的孕妇羊水较多，羊膜腔压力过大，容易破水。

4. 还有孕妇本身宫颈管的功能不好，弹性不好，很松，承受不了羊水的压力，到一定的时候宫颈口就开了。

不管什么原因的破水，由于破水后有可能出现母体及胎儿的感染，而且感染概率随破水的时间延长而增加。胎儿尚未入盆者破水后可导致脐带脱垂。因此只要羊水破了就应该及时上医院。

第 39 周　2011年6月18日　大扫除
June 18th 2011

　　距离 Jay 妈的预产期还有不到一周零两天的时间了，除了给 JayJay 把所有的必备品准备好之外，Jay 妈建议，把家里家外彻底收拾干净，迎接 JayJay 的到来。

　　先说说我们的狗窝吧，是一个典型的澳洲式的住房，一片 700 多平方米的地上建了一栋单层房子，一个双车库外加三个卧室、一个书房、两个浴室、一个门厅、一个餐厅和一个客厅，不大不小，我和 Jay 妈再加上一个小 JayJay 足够了。你也许会说：我天，你家好大呀，有钱！这你可就完全误会了，还是那句话，你把北京市人口挪到一个拥有 770 万平方公里土地面积的国家（中国是 960 万平方公里的国土面积），要是大家还都摞着住那才奇怪了。澳洲大部分老百姓的住房都是这样。

　　还记得刚搬进来的时候特别兴奋，终于在墨尔本有了属于自己的住房，每天都在收拾整理房子，从来也不感到累。在澳洲，要是说到家里干活恐怕和国内也有很大的区别。那时候在北京，修个灯呀换个管子什么的，一个电话就有人上门服务，而且还是物美价廉。就连打扫屋子，小区都有专门的清洁公司提供小时工，10 元人民币一小时，还可以事先买卡存个几百块钱的，真的是太方便了。

　　可是在澳洲就大不相同了，还记得《天下无贼》中黎叔的一句台词吗，21 世纪什么最贵？人才！！在澳洲不论做什么都需要有证书有执照，这就是人才，贵！随便叫个电工管工少则 100 多澳币，多则几百上千的都有。最有意思的是，很多公司还都会收你一个出动费，就是你打了电话约技工人，只要他一出动不管干没干活，先收你个几十澳币的出动费。所以澳洲的男人，基本上都是"全面型人才"，家里普通修修补补的活儿基本都得自己做。不信的话，你挑个周末拜访朋友，保证大部分人都在车库里面或者后院忙活着呢。

我们家也一样吧，8个窗帘杆和窗帘、天花板上的十几个灯、几个水龙头，全是Jay爸我和朋友自己搞定的。要是请人过来做，这些小活就得几百澳币。

除了屋子里面的活儿之外，还有一个地方的活儿让人比较享受，那就是院子。澳洲的住家几乎都有自己的前后院，比较懒得人就把花花草草的全换成水泥地，这样就省去了修理花园的麻烦。但是大部分人都在自己的院子里面种了很多植物，毕竟看着舒服而且环境清新，这也是一种生活享受。不过这花花草草的就和我们的头发一样，需要经常修剪养护。

我还记得我们刚搬进来的时候，因为终于有了自己的房子，还有那么大的院子，所以感觉又幸福又兴奋，于是我对Jay妈说道："贝宝，看咱家后院这蓝天白云鸟语花香的环境，我觉得在这草长莺飞的……"

话还没说完，Jay妈看着后院对我说道："鹰飞没看到，这草长得可够乱的了，老公，锻炼锻炼，给咱家修修后院吧。"

"嚯，你还挺会派活儿的。"

于是出去买了工具然后自己跑到后院开始修草地、拔野草，剪树枝的，整整折腾了一天，晚上本来打算浪漫一下结果全改睡大觉了。后来干着干着逐渐喜欢上了这活儿，每次感觉都像是一次户外锻炼，而且在修草地多的时候空气中混合着一股草香味，格外的清新，大脑特别清醒。每次看着被自己修剪得漂漂亮亮的后院时，一种成就感和满足感就油然而生，以至最后都有点上瘾了，所以周末一去修花园就是半天多，每次吃饭前Jay妈都不得不大声叫道："旦，你妈喊你回家吃饭了！"

接着说今天的大扫除吧。任务分工如下：我负责修剪后院草坪，Jay妈

说要让JayJay从医院回来后第一眼看到的就是一个整齐干净的后院。而Jay姥爷和Jay姥负责收拾屋子里面。Jay妈挺着个大肚子做监工就行了。

嗯？！树底下卧着个咪咪，长得老霸道了，一副藐视一切的眼神，这要把你放大20倍，就是一只猛虎呀。

"你……野猫or家猫？"我远远地嚷道。

"喵……喵……"咪咪说道。

"OK，喵喵喵……喵……？"我问道。

"喵喵……喵……喵……喵……！"咪咪回答道。

"明白了，喵……！"

"喵……"咪咪转身走了。

喵了个咪的，你看看，学几门外语对于日常的交流多重要呀。^__^

送走了咪咪之后开始干活，先是用锄草机把草坪修剪一遍，然后再用专门剪草的大剪刀把草坪边缘修剪一下。就这一行字的描述，我足足干了一个多小时。接着换上雨鞋，拿上一个小的锄草耙子蹲在大树低下，把所有的杂草都拔光，一是为了看起来美观，二是担心这些杂草会和大树争夺

养分。然后拿上专门剪树枝的剪子把干枯的树枝减掉，再修剪一下伸出来的树枝。就这样，经过近两个小时的劳动，草地修平了，杂草拔光了，树枝剪齐了。看着自己的杰作，顿生一股强烈的满足感和幸福感。上一张相片和大家分享一下。

回到家里，Jay妈端着水迎上来：

"辛苦了，旦，喝口水吧。"

"真是体贴入微的老婆，来，抱一个。"

"等！你还是留着点劲儿抱吸尘器吧，床底下好多灰尘，别让我爸妈弯着腰趴在地上吸了，你给咱们干了吧。"

说到这吸尘，可是非常重要和关键。澳洲的很多房子都是地毯的，虽说平时空气中很干净，可是大家成天光着脚丫子踩来踩去的容易滋生细菌。而且地毯和被褥一样，都是尘螨大量寄居的地方。因此定期的除尘和吸地是非常重要。

我不是做广告，但是这个 Dyson 品牌的吸尘器真的是超级棒呀。这个牌子的吸尘器可能有些人比较陌生，但是如果你去过北京首都机场的话，一定会对厕所里面那个10秒钟就能烘干手的高科技自动烘干机有印象。没错，就是这个牌子的，一个酷爱创新，科技含量极高的品牌。用普通吸尘器吸过的地毯再用 Dyson 的吸尘器还能吸出很多灰尘和污垢。而且还专门有两款是为有过敏症状的顾客和家里有宠物的顾客设计的。不错，真不愧是吸尘器中的战斗机，喔~~耶！

傍晚，大家看着打扫一新的屋子，欣赏着整齐漂亮的后院，感到心情非常舒畅。小 JayJay 呀，预产期快到了，爸爸妈妈姥爷姥姥已经创造出了最干净的环境等待你的到来了，你是不是也准备好了呢？

 温馨小贴士

预防尘螨

引起小儿支气管哮喘发作的过敏原有：花粉、烟尘、药物、食物等。而最容易被父母所忽略的过敏原就是尘螨。因为尘螨随时随地地生活在我们身边，它们藏在地毯、床铺、沙发中，就连尘螨的排泄物也会随着我们叠被、扫地时飞扬在空中。如果我们将其吸入支气管中，被分解后的微小颗粒就会深入毛细支气管中，特别是被幼小的有过敏体质的宝宝吸入后，在过敏原的刺激下，就会引发明显的过敏症状。

在家里，卧室既是家庭生活的重要场所，同时也是尘螨最大的寄生地点，尤其是枕头和被褥。有一份研究报告显示：在一个3年没洗的枕头里，每克尘土里的尘螨含量超过了1万只；一个5年没清洗过的枕头，它的重量会比刚买时增加20%，而这20%的重量竟然都是尘螨的尸体和粪。因此我们的床垫、枕头及被褥都需用防螨材料包裹起来，这样不仅使内部的尘螨无法穿透隔离材料，无法以人类的皮屑为食，同时外界的尘螨也无法再进入床垫、枕头及被褥中进行繁殖，从而达到控制尘螨的目的。除此之外，要做到经常用60℃以上的热水清洗床上用品。

另外，家里的其他地方和空气中都含有尘螨，因此我们平时应该经常清洗窗帘，减少室内可以堆积灰尘的挂件，尽量选择皮质沙发。另外，由于尘螨喜欢潮湿的环境，所以我们还要经常开窗通风，保持室内空气清新。这样，我们才能为自己为宝宝营造出一个干净清新的环境。

总之，千万别对宝宝"螨"不在乎。

第40周 2011年6月25日 Jay妈的Game Plan
June 25th 2011

吃完了晚饭，Jay妈把碗筷一推，歪在那儿了。

"怎么了，老婆？"我问道。

"撑得我想哭！"

"悠着点行吗？你不是告诉过我，最后这几周是宝宝长肉的时间吗，你要控制饮食，免得JayJay太大了到时候不好生呀！"我说。

"我是这么计划的，可是我的胃不答应呀，我有什么办法！"

"那要不然叫你的胃过来，我和它谈谈？"

"谈什么谈，它现在就想知道你什么时候切西瓜。"

"你还吃！？你就不怕最后吃得把肚子崩开了吗？到时候在医学史上，继顺产和剖宫产之后，通过你的亲身经历和体验，将会诞生第三种最为独特的生产方式——崩产！这家伙，以后孕妇临产前到了医院，医生一律先问产妇一个问题，你是自己生？剖腹产？还是崩产呢？"我调侃道。

"我选崩产，快切西瓜！"

Jay妈本来计划在JayJay出生之前的这一周控制一下饮食。因为JayJay已经发育完全，Jay妈多吃的食物将会变成脂肪长在JayJay身上，而且他的体重也会增加，这样就对第一次生产的Jay妈不是很有利。可是越到后期，Jay妈的食欲越亢进，没办法，Jay姥爷做的一桌子美食总不能倒了吧。Jay妈她老人家早把什么控制饮食的计划扔到了脑后，几乎每顿都吃得撑肠挂肚！

距Jay妈的预产期还有三天的时间，而在这段时间中，Jay妈几乎是每天都会出现1到3次宫缩，每次持续个几分钟的样子。于是，我打电话咨询我们的医生看看是不是要生了。医生告诉我们，生之前的宫缩非常频繁，大概每几分钟就会出现一次。而且宫缩的程度比较厉害，产妇会出现难以忍受的阵痛。而目前Jay妈的宫缩只能算是假性宫缩，并不是要临产的迹象，只能说快了，不过现在宝宝还没有想出来的意思。

啊！还不想出来。不过算了，这么长时间都过来了，还在乎这一两天吗。一想到JayJay就快要和我们大家见面了，每个人就都感到既兴奋又紧张，还特别盼望着这一刻的到来。我想，所有的父母都会毫不犹豫地将自己无限的爱奉献给即将出世的宝宝，我们也不会例外。

日记已经写了这么多了，等JayJay将来长大后一定会明白这日记中的每一个字都浸透着爸爸妈妈对他的爱。而此时此刻，我们只希望所有的一切就化成一个最最简单的祝愿：JayJay，希望你健健康康地来到这个世界上！

吃过晚饭，我们全家坐在餐桌前开了一个会议，针对每个人的具体任务进行了详细的部署。很多准妈妈们把顺利生完宝宝比喻成打完一场胜仗，作为一个超级NBA球迷，在这里我就把Jay妈生JayJay当成一场篮球比赛，我们每个人在这场比赛中都会起到不可小觑的作用，而我们大家最终的目的就是打赢这场比赛。因此，细致具体的战术部署非常重要。现在，我们就来看看Jay妈的比赛计划（Game Plan）吧：

首先说说Jay妈，她的位置就是中锋，篮下最近的位置，我们一切战术都是围绕着她打，而Jay妈最后要做的就是篮下得分——顺利生JayJay。至于是跳投，是补篮，还是爆扣

得分，这就要取决于 Jay 妈本身的手感和状态，更要看其他位置上的队员能否配合好。

　　作为一切战术部署的核心，我们当然希望 Jay 妈能够最后来一个漂亮的爆扣，就是酣畅淋漓、痛痛快快地把 JayJay 顺利生出来。因此生产之前，Jay 妈的任务就是这几天一定要保持每天半个小时以上的散步时间，同时再不能出现像今晚这样猛吃猛喝的现象。临产前的那一刻，Jay 妈务必要保持镇定，不要紧张，在临危不乱的情况下，由后卫 Jay 姥协助收拾好去医院的待产包，攒好力量准备最后的爆扣——就是忍住一阵一阵宫缩的疼痛，去医院前先把饭吃好了再准备生 JayJay。

　　下一个位置非常重要，那就是球队后卫 Jay 姥，专门负责后勤工作。在生产之前要协助 Jay 妈整理待产包，准备好 JayJay 的衣物奶瓶以及带好去医院的饭菜等。临产时，Jay 姥要随时"喂球"给我们的中锋——Jay 妈，在 Jay 妈住院后静候身边，以备随时调遣。

　　另外一个后卫就是 Jay 姥爷，非常重要的组织后卫。他的状态直接关系到 Jay 妈这个中锋是否能爆扣得分。Jay 姥爷的任务是在 Jay 妈生产之前，要保障 Jay 妈营养丰富的一日三餐；在 Jay 妈临产的那一刻，要保证最短时间之内做出既有能量又很可口的饭菜，还要负责 Jay 妈在住院期间的所有膳食，因为 Jay 妈是吃不惯医院做的三明治的。而 Jay 妈生完 JayJay 之后，负责熬汤以保证 Jay 妈有充足奶水的重任，也非 Jay 姥爷莫属。

　　好了，现在说说前锋。这大前锋自然是 Jay 爸我了，冲在战斗的最前方，在 Jay 妈生产前，要负责联络医院，总结所有 JayJay 出生前后需要的各类信息资料，并且随时安慰 Jay 妈，确保 Jay 妈心情愉快，为最后的爆扣做好充分准备。在 Jay 妈临产的那一刻，Jay 爸要在产房陪伴 Jay 妈旁边，安慰 Jay 妈，和 Jay 妈一起使劲。在 JayJay 出生的瞬间要负责剪断他的脐带，还要负责与医生、护士以及助产士等医院内部人员的交流，以确保 Jay 妈有一个良好融洽的生产环境。同时 Jay 爸还兼有运输粮草和其他队员的任务，就是在 Jay 妈住院期间，负责给 Jay 妈送饭，接送 Jay 姥和 Jay 姥爷去医院看Jay妈。

小前锋是Jay妈的好友Kerry，她在7年前曾成功顺产过一个可爱的女孩，所以这位久经沙场的老队员为我们带来了宝贵的经验。Kerry也要冲在Jay妈生产的前线，一起负责安慰Jay妈，以自己的经验来化解Jay妈作为一个新选手的紧张心态。同时，Kerry也和Jay爸一样兼有负责运输粮草和队员的任务。

以上就是这场比赛的大体战术部署。可以看得出来，每个人的位置都很重要，大家要杜绝失误，互相协助，尽量在各个位置上发挥出自己的最佳状态。总之，最终的一个目标就是让Jay妈在篮下完成那漂亮的一扣！！！

在总结完了比赛计划之后，Jay姥立刻协助Jay妈整理待产包。Jay姥准备待产包的观点就是能带多少带多少，只要觉得有可能用得着就带上，以备不时之需，省得到时候抓瞎。而Jay妈却非常反对这种观点，待产包的准备不在于多而是在于精。因为我们参观过医院的病房，里面能够容纳你放行李的地方很有限。而且在临产的时候大家都比较紧张，需要的东西最好能够唾手可得，不要在硕大的待产包里翻江倒海。

我和Jay妈通过咨询朋友、上网查询最终归纳出了待产包的内容。当然了，因为是墨尔本的私立医院，一些东西医院会提供所以不用带，比如尿片、奶粉什么的。待产包里Jay妈的基本用品包括：产后卫生巾、防溢乳垫、哺乳胸罩、睡衣和洗漱用品等。JayJay的用品就是几件小衣服和小毯子。以上内容也是医院要求每一个产妇必备的东西。

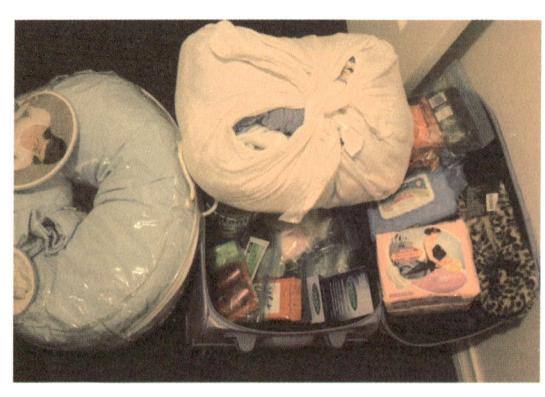

除此之外，我们还额外准备了两个奶瓶，JayJay睡觉和回家穿的衣服，睡袋，喂奶枕，拖鞋等用品。左边图片里的那个白色包袱就是所有JayJay的衣物和毯子。Jay妈有洁癖，都是洗干净的，所以说什么也不让我打开包袱拍照。

待产包准备完毕后,就要准备带进产房的食品,原则是食用简单能量高。因为一旦产妇产程拖延,体力就会消耗过大,这时候及时补充能量非常重要!所以最佳选择对象就是巧克力和各种功能饮料。

最后是娱乐设备,这个也是很重要的。等待分娩有时候是一个很漫长的过程,娱乐设备既可以消磨时间,还可以转移注意力,缓解宫缩带来的疼痛,所以 iPad,小 P,小 D 一个都不能少。

就这样,在 Jay 妈预产期的前三天,我们顺利完成了所有的准备工作。而 Jay 妈宫缩来临时那痛苦的一叫,便是这场比赛的开场哨音,我们将如同脱缰的野马,前赴后继地投入到这场比赛当中去!

温馨小贴士

孕晚期心里保健应注意的问题

首先,要了解分娩原理及有关科学知识。克服分娩恐惧,最好的办法是让孕妇自己了解分娩的全过程以及可能出现的情况,对孕妇进行分娩前的有关训练,许多地方的医院或有关机构均举办了"孕妇学校",在怀孕的早中晚期对孕妇及其丈夫进行教育,专门讲解有关孕产方面的医学知识,以及孕妇在分娩时的配合。这对有效地减轻心理压力及解除思想负担和做好孕期保健,及时发现并诊治各类异常情况等均大有帮助。

　　其次,做好分娩准备。分娩的准备包括孕晚期的健康检查及心理上的准备和物质上的准备。一切准备的目的都是希望母婴平安,所以,准备的过程也是对孕妇的安慰。如果孕妇了解到家人及医生为自己做了大量的工作,并且对意外情况也有所考虑,那么,她的心中就应该不会有那么多忧虑了。孕晚期以后,特别是临近预产期时,孕妇的丈夫应留在家中,使妻子心中有所依托。

　　另外,在身体没有意外情况时,孕妇不宜提早入院。毫无疑问,临产时身在医院,是最保险的办法。可是,提早入院等待时间太长也不一定就好。首先,医疗设置的配备是有限的,如果每个孕妇都提前入院,医院不可能像家中那样舒适安静和方便;其次,孕妇入院后较长时间不临产,会有一种紧迫感,尤其看到后入院者已经分娩,对她也是一种刺激。另外,产科病房内的每一件事都可能影响住院者的情绪,这种影响有时候并不十分有利。所以,孕妇应稳定情绪,保持心绪的平和,安心等待分娩时刻的到来。不是医生建议提前住院的孕妇,不要提前入院等待。

惊喜篇
JayJay 来了

预产期这天
Due Date

6月28日！预产期终于到了，可是过了大半天了，我们还没有等到 Jay 妈这痛苦的叫声。何止是痛苦的叫声呀，甚至稍微连续一点的宫缩都没有，Jay 妈还和没事人一样，该干吗就干吗。

由于 Jay 姥就是准时在预产期那天生的 Jay 妈，所以 Jay 姥爷和 Jay 姥开始担心了，在那不停地说着："怎么预产期到了还没反应，这没事吧。"

你说也奇怪啊，我这当爸爸的不知道为什么一点也不紧张，反倒是老岳父老岳母这老两口紧张得坐立不安。于是我安慰道："你们放心吧，没什么问题，胎位和胎心都正常，而且也没有见红破水。再说了，这生孩子又不是等火车，哪有那么准的。这是一种生理现象，嗯，说得通俗一点吧，就和大小便一样，没个点儿。"

"谁说的，我就早晨起床后准时大便。" Jay 姥紧张地说道。

……"妈，我就是做一个通俗的比喻。毕竟您孙子他不是大便嘛。"

为了减少大家的担心，我和 Jay 妈还是去了医院，向医生咨询一下如果过了预产期还不生怎么办。

医生首先是对 Jay 妈进行常规检查，包括血压心率等等。接着测量 JayJay 的发育情况，头围、腹围、体重、股骨长度等，所有的数据全都正常。

然后就是 Jay 妈比较恐惧的宫颈口检查。目前宫颈口已经开始软化，但是似乎丝毫没有开口的意思，这就说明 Jay 妈目前仍旧没有到生 JayJay 的时候。医生接着安排胎心监测，对于过了预产期的孕妇而言，胎心非常重要，因为一旦胎儿活力下降或者出现缺氧状况，就必须马上进行剖腹产。

胎心监测的结果也非常好，JayJay 没有缺氧而且活动得还很频繁，看来是 Jay 妈的这个温床太舒服了，JayJay 懒得出来呀。

所有的检查都做完了，医生告诉我们不要紧张，几乎有一半以上的初产妇都是晚过预产期分娩的。然后医生为 Jay 妈安排好病房，6 月 30 日下午来医院进行催产，因为过了预产期后胎儿不能在母亲肚子里面待太久，一旦胎儿过大，容易造成缺氧也会对顺产造成一定的麻烦，另外，胎盘也会逐渐老化不利于胎儿的发育。如果周四下午开始催产，不出意外的话 JayJay 会在周四晚上或者周五凌晨来到这个世界上。

看完医生后，我们心里都踏实多了，然后顺便去了一趟 Medicare 报销一下我们的诊费。还记得 Medicare 吗，就是以前日记写到过的澳洲的联邦医疗保险，只要是澳洲的公民或者拥有永久居住权的居民都可以免费享受澳洲的医疗保险。

Jay 妈怀孕期间常规的检查和治疗费用全部是由 Medicare 承担，额外的检查比如怀孕之初的唐氏筛选和 20 周的 B 超大排畸，是自己需要承担一部分费用而 Medicare 报销一部分。检查和治疗费用之外，还有三笔费用：一是怀孕期间看私人医生的门诊费，一共小 1000 澳币的样子，Medicare 给报销 90% 多，自己付不到 10%；第二个费用就是私人医生的接生治疗费，由于我们走的是私人医疗系统，所以除了每次的诊费以外还需要额外向医生交付这笔费用。当然了，这个费用也根据私人医生和私人医院收费的不同有所变化，大概从 3000 多澳币到 5000 多澳币不等吧。以前这笔费用中的一大部分可以从 Medicare 报销回来，但是目前的工党政府只允许报销 400 多澳币，其余的全部由自己交纳，不知道以后会不会还有什么改变；最后就是私人医院的住院费，大概每天 1000 澳币，不过完全由我们的私人保险公司来承担，自己无须支付任何费用。

以上基本就是 Jay 妈生 JayJay 的大体花销和支出吧。总之一句话，要想不花钱生宝宝，公立医院是最佳选择，但是各方面条件肯定不如私立的好；要想安全舒服地生宝宝，那么就去私立医院找私人医生，但你就得出点儿钱了。这就是没有花钱的不是！

下面的图片就是墨尔本市中心的一处 Medicare 的办公大厅。

这眼看后天就要去医院催产了，所以我们回家后再次讨论一下后勤工作。最后我总结，其实后勤工作的主要任务就是让 Jay 妈吃好喝好，还有就是心情好，全力备战去生 JayJay。

Jay 姥和 Jay 姥爷表态："这吃好喝好肯定没问题，可是做点什么才能让贝贝的心情更好呢？"

"爸妈，你们甭担心这个，以我和她生活这么多年的经验来看，只要吃好喝好她自然心情就好了。"我说道。

Jay 姥爷说道："没错，人的喜怒哀乐和饮食有着密切的关系，吃舒服了最重要。我给她做点肘子和炖肉，再熬点鸡汤，这样营养充沛她会更有力气生 JayJay。"

这么个吃法我可坚决不同意，于是说道："爸，可别这么吃！您想呀，后天下午去医院前吃那么多,又是肉又是汤呀,还这么油腻,您说万一晚上要生的话,别到时候Jay妈一使劲再吐出来,连汤带水的弄人家医护人员一身多不好,自己也不舒服。要是第二天早晨生的话,前一天吃了这么多估计肠子里面的存货少不了,别到时候一使劲,再挤出几橛儿来,多恶心呀。万一拉点儿稀的,爆喷医护人员一脸一身的,估计人家以后再上顺产手术该有阴影了。"我说道。

"那你的建议是……?"Jay姥爷问道。

"我觉得吃好了固然重要,但是在这个特殊阶段,最好还是要吃一些能在短时间产生很多能量但又不会产生大量粪便的食物。而且生完小孩后马上就开始喂奶,鸡汤喝多了不但油腻而且很容易阻塞乳腺管导致奶水淤积从而引发乳腺炎。"我解释道。

"对对,旦旦说得对,以前朋友的孩子就是在一开始喂奶的时候得了乳腺发炎,还发高烧了,最后不得不打点滴,都影响喂奶了。"Jay姥说道。

后来经过大家讨论,本着健康,有能量,尽量不油腻同时又符合Jay妈的口感的原则,总结了生产前后饮食如下:

生产前的那一顿很重要,既不能吃太多,但还需要足够的能量,所以我们决定吃炖腔骨和酱牛肉。腔骨嘛,能有多少肉,啃个味儿就行了;而酱牛肉不油腻还绝对有能量。另外再凉拌一个芹菜,防止生产之后发生便秘。

分娩过程有时候长达十几个小时,所以这个阶段补充能量非常重要,但这时候不可能给Jay妈热俩包子吃或者整盘骨头啃,所以分娩过程中主要是以流质食品为主,比如早餐奶、果汁什么的,还有我们带的巧克力。巧克力被营养学家誉为分娩的最佳食品,一是热量高能够为产妇提供足够的动力,二是方便食用,三是不会产生很多粪便。所以以后准备顺产的准妈妈们,记着分娩前带好巧克力。

而生产后呢,Jay妈肯定会虚弱,但是这时候切忌不要马上开始大补也不要吃过于油腻的东西,防止乳腺炎的发生,所以这时候尽量吃一些清淡的食物，比如稀一点的粥呀面条呀，青菜什么的。几天后开始逐渐上鸡汤鱼汤的补一补。而在做汤的时候，最好往里面放几个鲍鱼，这样营养会更加全面。

食谱定好后我们就觉得踏实多了，这样，老岳父这个后勤保障者便可以陆续展开具体的工作了。

接着，我和Jay妈开始学习医院发的关于分娩中麻醉的材料。虽说医生和麻醉师会根据产妇当时的情况决定是否要上麻醉药，但是我们也必须要事先了解清楚。我本人是一个"不用药主义者"，就是只要能不用药就一定不用药，因为我认为是药三分毒，它毕竟不是自然的产物，总归是有副作用的，在治疗一种疾病的同时它也会损伤人们的其他器官，比如肝脏、肾脏等。另外，如果是个小病就用药，长此以往的话身体各个器官都会对药物的敏感性大大降低，甚至产生耐药性，万一以后真的有了重病，很多本来可以治病救命的药却因为身体的耐药性而变得没用了。

其实澳洲整体环境也是这样的，医生们鼓励大家多锻炼，小病尽量不用药物去治，比如未发现肺部感染的发烧感冒，医生多半是不会给你开任何抗生素的，他们的处方就是多喝水，多补充维生素C，多休息。最多让你自己去超市买点孕妇都能吃的止痛药。我记得以前一个朋友扁桃体发炎了，高烧40℃，烧得头发都卷了。医生检查完发现肺部没有感染，居然只给了几片止痛药和维生素C，后来哥们儿实在顶不住了，又去了趟医院好说歹说的让医生给开点消炎药，你猜医生最后给了多少？两片半！其实这样做得目的就是为了保证肌体对药物的敏感性，防止在大型疾病流行之下人群出现耐药性。

所以我对Jay妈的建议就是能忍尽量忍，最好不要用药。Jay妈说道："你是站着说话不腰疼，到时候真的疼起来谁忍得住呀。"

"嗐，我这么做不也是为你好吗。你刚进产房时就全当是进渣滓洞好了，没别的，就是受酷刑去了，玩的就是一刺激！你不是想在7月1日党的生日生JayJay吗，你当生个红孩儿就那么容易呀，怎么着咱也得先体验一下当年地下党员所受的罪吧。"我说。

"你这也太不人道了吧。"Jay 妈抗议道。

"人道？！都当卧底了还讲什么人道，您听说哪个地下党员在受刑前冲敌人嚷：等会儿，能给我来个硬膜外麻醉吗先？"我说。

"我要是实在受不了呢？"

"那咱就别客气了，该用什么药就用什么药呗。"

"有你这句话我就放心了，老公。"

"那当然了，老婆。我看你痛到撕心裂肺地叫喊，还能坚持什么原则主义呀，可不是该用什么还用什么，放心吧，痛得不行咱就上麻药。"我最后安慰 Jay 妈道。

呵呵，要说这时间可过得真快呀，去年10月初 Jay 妈兴奋地拿着"中队长"试纸的那一刻我还历历在目呢，转眼间 JayJay 就要出生了，我们俩真的是特别兴奋也特别激动。从此我就要当爸了，这也意味着肩上有了更多的责任和义务，但同时也会有了人生中最大的乐趣，我和 Jay 妈感谢上天赐予我们这个可爱的小 JayJay，千言万语就化作一句话：希望 JayJay 能够顺顺利利、健健康康地从妈妈的肚子里面出来！

精彩的部分马上就要来了！

破水

Waters Breaking

正所谓十月怀胎一朝分娩。Jay妈经过了40周零一天的快乐孕期生活后,终于进入了最后的冲刺阶段。

话说6月28日那天就是Jay妈的预产期,Jay妈曾是多么希望JayJay能在这天出生,因为6月28日也是Jay妈的生日!母子同一天生日,这是多么罕见的事情呀,而且还可以撮堆儿一起庆祝生日。不过我们的医生倒是和我们观点不一样。第一次生宝宝对于孕妇来说一般都很痛苦,所以尽量不要让自己在生日的时候受罪。要么说JayJay这孩子懂事呢,6月28日这一天人家是什么反应都没有,还窝在妈妈肚子里面呢,不想让他老妈受罪。

医生说得很有道理,只不过马上就要生JayJay了,Jay妈难免会很紧张,哪里还有什么心情过生日呀。6月28日的白天去了一趟医院然后就这样平淡地过去了,到了晚上,JayJay还是没有任何想从妈妈肚子里面出来的意思,于是Jay妈坐在沙发上捧着大肚子说道:"Jay呀,我知道你心疼妈妈。不想让妈妈在生日的时候受罪,你妈的生日就快过去了,你可以开始发动了!"

我正好走进客厅:"老婆,别骂人呀!"

"我没骂人啊,我是说Jay他妈的生日马上过完了,让他快点出来。"

💧……中文就是有魅力呀!

我说道:"老婆,这不说话的事儿嘛,别着急呀。"

"敢情不是从你肚子里面出来。我能不急吗,再不生胎盘老化,孩子该长得像小老头儿了。"

"怎么会呢，医生不是告诉我们了，大概有超过 50% 的初产妇是在晚过预产期后生的。而且近期的检查显示 JayJay 非常健康，你就甭瞎担心了。人家孩子也不笨，子宫里面软软的，又暖和，时不时再来点小宫缩，还以为给他做按摩呢，搁你你愿意出来吗。再说了，一抬屁股，连妈带孩子一起活动，不用单独抱着，多方便呀。行了，等到后天催产时他就自然出来了，急不来的。走吧，老婆，睡觉了。"我安慰道。

就这样，在紧张和不安中我们进入了梦想。没想到 JayJay 准备开始发动了！

6月29日　7：05 a.m.

Jay 妈把正在昏睡的我摇醒了，轻声地说道："旦，我破水了！"

"什么水，不喝，再睡会儿……"我迷迷糊糊地说道。

"醒醒，我说我破水了！" Jay 妈大声说道。

啊！"破水"俩字犹如冰块一般，让我瞬间睡意全无了！我急忙说道："真的！太好了，JayJay 要出来了！水多吗？"

"好像不多，不是洪水决堤哗哗的那种，而是一股一股的涓涓细流。"Jay 妈说道。

"哗哗的那是水龙头坏了。那你涓涓了几次呀？"

"大概也就两三次吧。"

"见红了吗？"

"没有，完全透明。"

"成，咱们赶紧奔医院吧。"我穿好衣服赶紧去叫 Jay 姥。

原来 Jay 姥早就醒了，一听我说 Jay 妈破水了，便以我生平见到过的最快的速度洗漱完毕，然后站在门口，一边焦急地等待还一边催促道："孩子们，快点，快点，万一生路上怎么办！"

"那 JayJay 就改名叫路生呗，叫路产也行！" Jay 妈说道。

"幸亏您没坐船时生,那孩子还不叫海产。"我说道。

"还海鲜呢,你当你龙王爷呀。"

"哎哟,孩子们呀,快点吧!"Jay 姥又着急地催促道,看得出她老人家是真紧张了。

Jay 妈嚷道:"别催了,你生还是我生呀,皇上不急太监急的。"

于是我赶紧安慰道:"妈,不要太紧张,绝大多数初产妇从见红到真正的宫口十指全开至少需要几个小时呢,有的还长达十几个小时。咱们这到医院不堵车,20 分钟就到了。"

其实说句心里话,第一次当爸爸妈妈的我们能不紧张吗,只不过 Jay 妈怀孕以来一直都很健康顺利,而且我们也查阅了大量的资料,所以心里算是比较有底。另外,我也发现这紧张的心情往往需要一个更紧张的人来替你缓解,当 Jay 姥紧张得不得了时,我们需要安慰她老人家,所以本来有的那点紧张情绪也随着安慰她变得烟消云散了。

听完我的安慰,Jay 姥镇定了许多。收拾完毕后,拿好了待产包,挽上 Jay 妈的手,走,咱们到医院生孩子玩儿去了!

6月29日 8:15 a.m.

我们已经来到了 Frances Perry House,它是位于墨尔本皇家医院主体大楼的六层和七层。六层部分主要是医院前台,妇科病房以及产房,而七楼部分全都是产后病房。

接待我们的是一名叫 Susan 的助产士老太太,态度非常和蔼可亲,直接把我们带到一间观察病房内,然后开始询问 Jay 妈的破水时间,羊水性状等。过了一会儿,她又拿过来一个长长的棉签和药水,要确定一下从 Jay 妈身体里流出来的是不是真正的羊水。结果是阳性,于是宣布 Jay 妈正式破水,然后由我们的医生进行检查,最后决定是马上住院还是等到明天再来催产。

这个就是和国内的一个区别。澳大利亚的医院通常不设置待产室,所以不论是在公立医院还是私立医院,产妇都是在家等待临产症状的到来,一旦出现了规律的宫缩或者破水见红的症状,就需要立刻到医院检查。一旦医生确定孕妇会在短时间内分娩或者出现了紧急情况,医院才会将产妇收留住院,否则还是回家继续等待。只不过私立医院可能松一点,差不多的就可以收入院了,毕竟床位不像公立那么紧张。而大多数公立医院则是一定要等到孕妇临产的那一刻。

接下来就是等待医生的检查,在此期间要一直监测胎儿的活动情况,一旦出现胎儿缺氧等不良症状的话那么就要立刻剖腹产了,Jay 姥还是有点紧张,我和 Jay 妈一看到她紧张的样子反倒又变得轻松了。毕竟羊水没流多少而且非常清澈透明,而且我们已经在医院了,这么多的医护人员和现代化的设备,还有什么好紧张的。Jay 妈躺在床上,挺着个大肚子,开始玩起了 iPad 的水果连连看,打了快一个星期了,33 关就是过不了。

看她那专注的样子,我说道:"老婆,您就别和那小游戏较劲了!"

Jay 妈抬起头说道:"不嘛!不抛弃,不放弃!"

"嘿,你给用这儿了,行了,三多,你自己慢慢玩儿吧。"

我独自走到窗边,向外望去,墨尔本今天真的很美,湛蓝的天空上没有一丝云,整个城市看起来是那么的干净透亮。我记得岳父岳母刚来的那段时间,几乎每天都在感慨墨尔本的天为什么会这么蓝,而且是天天都这么蓝!我告诉他们,其实这就是地球的本色,如果一个城市能维持地球的本色,那就叫"素面朝天"。至于北京嘛,我只能说这个城市的妆化得太浓了,这化浓妆好处就是妖艳吸引人,可是时间长了会对皮肤造成永久性的损伤呀。作为一个摄影爱好者自然不能错过这景致,于是拿起了相机,记录下了这蓝色的天空和美丽的城市!

很快到午饭时间了,助产士老太太给我们端过来两份一样的午餐,面包沙拉还有三明治,而主食是 spinach ricotta filo,一种意大利奶酪菜卷,就是把一种长的和豆腐一样的奶酪,外加一些菠菜和香料等裹在面粉里面

午餐

烘烤而成的,你可以理解成意大利的"韭菜合子"。你问我好吃吗?要是没有其他可吃的,它就好吃!

吃饱饭,Jay妈吧唧吧唧嘴,往床上一躺,接着玩iPad。过了一会儿,我们的医生来了,检查一番之后确定宫颈没有开口,而破水的程度非常轻,整个早晨在医院监测的过程中几乎就没怎么再流,而且对JayJay的监测也没有发现任何异常。于是医生决定让Jay妈回家继续等待并且还要尽量活动,接着又把Jay妈明天引产的时间提前到了早晨7点。

医生走了后,我们也收拾收拾准备回家,Jay姥站在一旁感慨道:"真是不一样呀,这要是在国内估计早就住院了,破水了更是不能活动了。"

"妈,不一样的地方多了,您就慢慢等着吧。"我说道。

6月29日　3:00 p.m.

　　下午回到家后大家都显得比较紧张和兴奋,因为我们明确地知道第二天所有人都要升级了。于是又开了一个家庭会议,再次详细部署了一下各自的任务。然后Jay妈开始遵守医嘱进行活动——前往商场购物,主要是买一些生活用品,还有吃的喝的一类的后勤保障物品。晚饭后,大家都睡得比较早,主要是为了养精蓄锐,准备明天大干一场!

　　躺在床上,想着就要当爸爸妈妈了,我和Jay妈兴奋得睡不着。

　　"明天6月30日,差一天咱们的JayJay就是七一红孩儿了。"Jay妈说道。

　　"无所谓了,管他什么时候生呢,只要宝宝健康就行了。"

　　就这样,你一句我一句地聊着,没一会儿,Jay妈就冒出了鼻涕泡,睡得那叫一个香呀。这几天都一直紧张着,老婆也该好好休息一下吧,于是在她的脸上轻轻地亲了一下,然后双手合十放到胸前默念道:母子平安……母子平安……母子平安……呼噜……呼噜……

催产
Induction

6月30日　7:00 a.m.

一大早我们便来到了医院,站在大厅里面等电梯。在大厅里面环顾四周,说句实话,这感觉和国内的医院完全不一样,于是举起相机记录下来。

看着我咔嚓咔嚓地照相,Jay妈在一旁说道:"哟,小伙子够轻松的,还有心情到处拍照留念呢。"

"那是,咱心理素质好。"

"是不是以前有过孩子呀,外面还养着小三吧。"Jay妈调侃道。

"什么小三,你这孩子胡说八道!"老岳母厉声说道。

你看,还是丈母娘疼姑爷,这不就站出来替我说话了吗。

"人家旦旦要是外面还养一个,那现在就应该紧张得不行了。"老岳母说道。

医院大厅的一角

我晕……这什么理论呀？！男同胞们，等老婆生孩子的时候可千万不要紧张呀！>_<

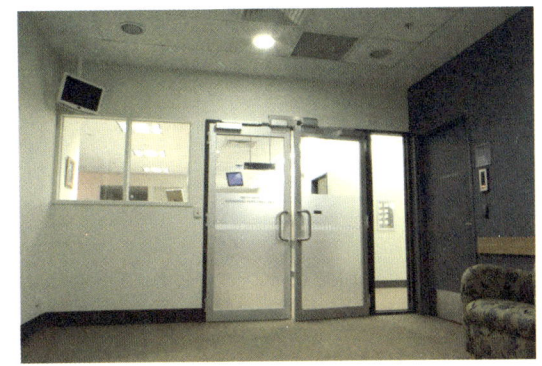

来到位于六层的产房，我们在外面的沙发上等待医护人员清理好Jay妈要住的房间。看得出来，早晨产房里面估计有过几次"战斗"，穿着手术服的医生们和护士们都在忙碌地走来走去。

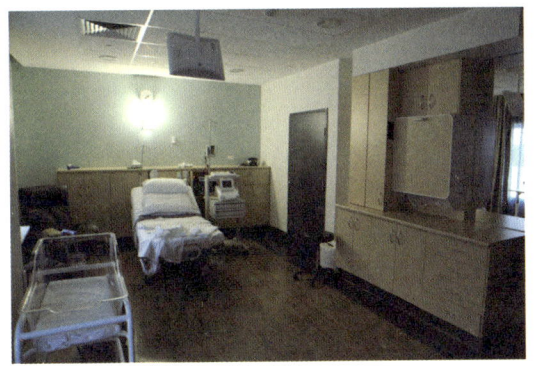

过了一会儿，一位名叫Pam的助产士老太太亲切地把我们带到了1号产房。嘿，No.1呀，但愿一切顺利！右面的图片就是这间产房，从现在开始一直到JayJay出生，Jay妈就要一直在这间屋子里面度过了。而在Jay妈的整个生产的过程中，任何家属或者朋友可以随时来探望。只要不吵不闹，不影响医护人员的工作就不会有人阻拦。

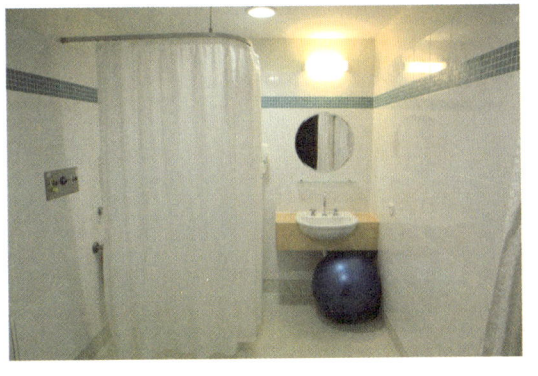

这是产房的卫生间，里面不论是马桶旁边还是淋浴旁边都有一个紧急呼叫按钮。而在水池子下面有个健身球。分娩前，孕妇可以坐在上面随着球晃动，这样可以缓解宫缩带来的疼痛。

Pam 简单介绍了屋子里面的每一样设施，然后告诉我们今天下午 2 点之前 Jay 妈都是由她来负责。她很了解中国人生宝宝的习惯，一般喜欢喝热水，怕受风，生完之后不洗澡。不错，不错，我们比较放心了，看来中国人的传统文化已经渗透到了墨尔本的医院里，人多就是有人多的好处呀。

Jay 姥帮着 Jay 妈换好了医院提供的产妇装，还挺好看挺性感的，就像一个开叉儿开到胳肢窝的旗袍，然后再把后背露出来。接着 Jay 妈被助产士安抚着躺在了床上，然后又拿出了一个用纸做的手环套在了 Jay 妈的手腕上，手环上有 Jay 妈的名字、医生的名字、编号以及预产期等一些信息。而旁边的桌子上还有两个小的手环，这是给即将出生的 JayJay 戴的。住院期间不论医护人员进行任何操作，都必须事先核对妈妈和宝宝身上的信息，完全一致才能进行，确保不会出现任何差错。

一切安顿好了，助产士给 Jay 妈安上胎心监测挂上生理盐水点滴，然后亲切地嘱咐她不要紧张，先好好休息一会儿，医生晚一点会过来检查的。

6月30日 9：06 a.m.

医生来了。经过一番检查后告诉我们，JayJay 目前的状况非常正常，就是 Jay 妈的宫口还没有开，而且仍未出现什么规律的宫缩。于是医生决定进行人工破水见红，只见医生拿着一个长长的类似止血钳的工具将 Jay 妈的宫颈口打开，然后一股股羊水流了出来。为了确定 JayJay 头部到宫口的距离，医生又将止血钳伸进子宫去触碰一下 JayJay。拔出来的时候还带出了 JayJay 的两三根头发，又黑又长的，看起来很健康。

这头发看得让 Jay 妈直心疼，歪过头悄悄对我说："旦，不会把咱家 JayJay 揪成秃子吧？"

"儿子又不是三毛，别瞎操心了！"我说道。

站在一旁的助产士 Pam 也不忘搞笑，打趣地说道："好消息，宝宝的头发不是金黄色的。"

……金黄色就不是我在外面养小老婆了。

人工破水之后，医生将一个软膏涂抹在Jay妈的宫颈口，作用在于软化宫颈口，加速其开口速度。接着又给Jay妈打了一针抗生素，因为初产妇在分娩的时候都会有不同程度的撕裂，所以这个抗生素是为了预防感染用的，大概每6个小时注射一次。

药膏也抹上了，抗生素也打上了。一切准备就绪，Jay妈静静地躺在床上，面色紧张地等待着那10级人类极限疼痛的到来。看着她紧张的样子，我赶忙安慰道："别怕，老婆。咱们不是说好了吗，你就全当这里是渣滓洞好了，咱也体会一把革命前辈们受的酷刑。没事儿，要是实在忍不住咱就上麻药。"

趁着Jay妈等宫缩的这段时间，我得空走出来溜达溜达。这医院的环境还真是很不错呀，又干净又安静，除了偶尔看见助产士和护士走来走去几乎看不到医生和病人。

通向产房的医院走廊

这是一个茶水间，里面摆满各种口味的袋装茶叶、咖啡还有饼干等。打开冰箱，嚯，里面都是面包、牛奶、果汁、三明治等食品。只要是在这里生宝宝的产妇和照顾产妇的家属都可以随便吃喝。

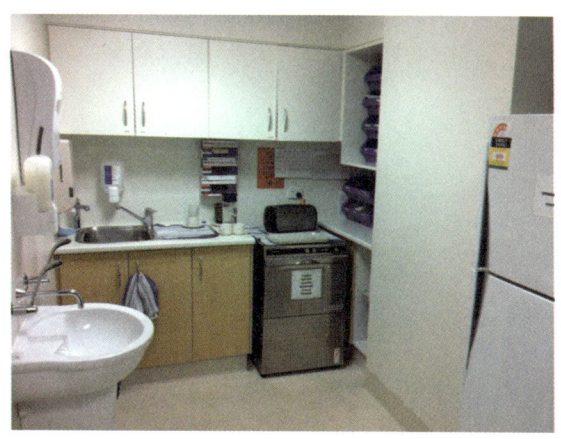

茶水间

这个是从医院走廊上向窗外望去，我站的这一层实际上是六层，下面的那个看似花园的地方并不是地面，而是楼下公立医院病房的天井花园。

6月30日 1:00 p.m.

时间真是过得好慢呀，在此期间我们接待了一批前来探望的朋友，然后我又给Jay妈和Jay姥讲讲刚看的小说，接着又吃了一顿医院的大餐，喝了n杯果汁外加几杯咖啡。直到下午1点多了，Jay妈依旧是没有任何动静。医生又来检查了一下Jay妈的宫颈开口情况，这么长时间了居然勉强开了一点点，还不到一指。于是医生决定不再等了，开始进行静脉输催产素，打上催产素的点滴之后，医生嘱咐Jay妈一定要多活动一下，如果出现难以忍受的宫缩赶紧叫助产士。

我带着Jay妈在病房和楼道里面是走了又走，活动了又活动，就差打篮球了，可是Jay妈还是没有任何有规律的宫缩，一切都还是那么平静。

"嘿，老婆，奇怪了啊，你这怎么一点反应都没有呀，溜达得我都快宫缩了。"我揉着肚子说道。

"你那是屎憋的。"Jay妈说道。

"你说，会不会你没有任何反应，然后等医生来检查的时候你已经宫颈口大开了呢。"我说。

"你怎么不说我溜达溜达着一不小心就把JayJay给生出来了呢。"Jay妈说道。

"老婆，那个是大小便失禁，不是生小孩儿呀。唉，算了吧，你就踏踏实实地慢慢等着吧。"

散完步我们回到病房里，这时候助产士也换班了。换班的助产士叫戴安娜，名字不错就是长得和王妃比起来差点意思。不过人看起来非常干练也很友善，旁边还带着一个实习的助产士，有点像印度人，好像是来自太平洋上的一个岛国，人也很不错，但听不懂她的名字，于是我和 Jay 妈之间"亲切"地称呼她为小黑。

戴安娜和小黑一接班就给 Jay 妈测体温，测血压，记录监护胎心结果，调试点滴等等，走来走去地看起来好不忙活呀！转眼又是一个小时过去了，胎心监测显示正常，而 Jay 妈也开始出现而一些微小的宫缩，不过规律的大宫缩还没有一个，戴安娜安慰着 Jay 妈说催产针已经打了一会儿了，JayJay 应该能在她们晚上 10 点下班之前出来。

会这样吗？但愿吧。

麻醉
Epidural

6月30日 5:00 p.m.

强烈的宫缩终于来了，虽然不是很频繁，但Jay妈感觉到疼痛一阵比一阵强烈，最后开始哇哇大叫起来。我们赶紧叫医生和助产士，兴奋呀，看这架势，JayJay真的是要出来啦。

10分钟后医生赶到，开始全面地仔细检查。还以为差不多了呢，结果Jay妈的宫颈口刚开不到两指！我心想：老婆呀，你这刚开了不到两指就吱哇乱叫成这样，这要是开到10指你还不变成帕瓦罗蒂了。看来是不得已要考虑麻药的时候了。

在澳大利亚，顺产生宝宝时可能用到的麻药大体分三种。效果最小的是氧化亚氮，俗称笑气，带着面罩吸，通过降低肌体的活性来减少疼痛感。以前一朋友用过，觉得基本上没什么作用，可以不考虑；下一个级别就是肌肉注射吗啡等镇定剂，但副作用是会降低胎儿的活性和使用者的成瘾性，万一Jay妈上了瘾可麻烦了，家里多一个瘾君子，这事儿可不好办呀；第三个就是无痛分娩的硬脊膜外麻醉（Epidual）。在人类脊髓的硬膜与脊椎的黄韧带之间有一个腔隙，凡是脊髓发出的神经，都经过此腔隙进入各椎间孔。麻醉师通过专业的操作将一个非常细小的管子埋在这腔隙中，然后再将麻药打入此腔隙，随着麻药向上向下的扩散从而产生区域性的麻醉。

看网上一些经产妇说，在宫缩阵痛死去活来的时候用上硬脊膜外麻醉，感觉就如同从地狱飞上了天堂。硬脊膜外麻醉最大的好处，就是完全可以缓解分娩前强烈宫缩带来的剧痛，而且在麻药泵的帮助下可以实现自我控制。每当感觉到阵痛将要来的时候，产妇只需要按一下麻药泵上的按钮，5 毫升的麻药就会自行注入，这样可以在防止麻药过量注射的同时有效地提高麻醉的效率。硬脊膜外麻醉的自行注射频率为 15 分钟，也就是说在 15 分钟之内，不管你按几次按钮，麻药泵也只给你注射一次 5 毫升的麻药，非常安全。

当然了，硬脊膜外麻醉也并非完美无缺，麻药虽然让产妇感觉不到疼痛，但是同样也感觉不到宫缩了，所以在整个分娩过程中需要医生随时监测产妇情况。还有可能出现的副作用包括头痛、腰痛、恶心、呕吐以及皮肤瘙痒等等，当然最严重的就是截瘫了。另外，由于整个下半身处于麻醉状态，孕妇在硬脊膜外麻醉之前要排空肠道，之后要插尿管，除了喝水之外不能吃任何东西。

医生的建议是——如果 Jay 妈开了不到两指就已经这么疼痛了，最好现在就用硬脊膜外麻醉。因为很多产妇是各种麻醉方式用了一个遍，最后还是得上硬脊膜外麻醉。看 Jay 妈子宫开口这速度，估计是要做好长期抗战的准备了，恐怕 Jay 妈很难忍受长达十几个小时的剧痛，别到时再休克了，连顺产都不行了。看着 Jay 妈疼痛的样子，我也开始心疼了。行了，老婆，别忍了，不用去体验地狱般的剧痛了，直接让你体会上天堂的感觉吧！什么无药主义，什么坚强忍受，全放脑后，翠花儿，上药！！！

站在一旁的 Jay 姥有点担心，问我是不是医生能得到巨大的提成才极力推荐用麻醉呀。这点我必须声明一下，澳大利亚在医疗方面还是非常严格规范的，医生的收入和药品的使用没有半毛钱关系，任何药物要经过反复的试验和严格的审查才会进入药典。医生如何用药完全是根据病人的指征和病情的需要。而在一些国家，医疗体系的市场化，使救死扶伤的医院变得更加像一个生意场所，很多医护人员会在利益的驱使下忘记了他们应有的道德准绳。

不到 10 分钟，皇家妇女医院的麻醉师就来了，嚯，这哥们儿又年轻又帅气，长着一张传说中的巴掌小脸。这么年轻，技术行吗？我和 Jay 姥都不禁心里打起鼓来。

  但是这个年轻的麻醉师非常干练，让 Jay 妈坐在床边，然后脚踩在椅子上双手抱头拱起后背，尽量扩大脊柱之间的距离，麻醉师在 Jay 妈的背上涂抹酒精然后一针扎进少量注射麻药后撤出针头，将细小的软管插入了 Jay 妈的腰间，整个过程不过几分钟而已，操作非常熟练。看来，经验不是写在脸上的，我们低估了这位年轻的麻醉师了。虽然进针的时候有一点痛，但这却是 Jay 妈在分娩过程中最后一次感到的疼痛。

  另外，我也比较担心麻药的副作用，于是和麻醉师交流起来，他告诉我，在麻醉效力退去之后可能腿部仍会感到不适，这个过程需要持续一段时间。另外，可能还会出现一些副作用。至于脊柱损伤导致截瘫的问题，一般是发生在操作过程中，这个概率虽然不可能为零，但是在澳大利亚这个概率差不多是几百万分之一。我一听这个，立刻就放心多了，整个澳洲才 2000 多万人口，这概率可以说是小到没有了。

  还有一点我感到特别奇怪，这种有可能导致截瘫的医疗操作，居然没有家属的任何签字。只要同意，麻醉师就给你开做，这点和咱们国家真是不一样呀。我想大家可能都有同感，在国内的医院，甭管手术呀、麻醉呀或者是一些更小的操作比如腰穿、腹穿的，这签字是必不可少的。这么说吧，住一次医院别的不好说，但一准能把你的签字给练出来。估计以后会发展到在做任何一件事情前都得先签字——病区里面小护士扭搭扭搭地走进病房叫道："1 号床，王富贵，吗丁啉两片，签字！"

  "2 号床，李国庆，量体温，签字！"

  接着小护士转向 3 号床的农村老大爷，丢给他一个小塑料杯和一个小纸盒，嚷道："3 号床，张爱国，先签字，然后验屎验尿去！"

  只见大爷面露难色，说道："姑娘呀，这尿忍忍俺还能咽得下去，这屎是说什么也咽不下去呀！"

  "那也得签字！！！"

  哈哈……不贫了，不贫了。

接下来的时光是那么的美好。虽然已经感觉不到了,但是通过监测上的显示可以看出来Jay妈的子宫在一阵阵地收缩着,宝宝在出来的路上,Jay妈在玩着游戏,时不时再看会儿小说,不过多少还是有点紧张,可以理解,毕竟是第一次生宝宝嘛。

这期间,Jay妈的好朋友Kerry也来了,她放下了所有的工作准备一直陪伴Jay妈到生完JayJay。呵呵,Kerry就是在"Jay妈的Game Plan"那篇日记中提到的小前锋,一个有过生产经验的老队员,她的到来为我们这两个"新兵蛋子"心中注入一股暖流,顿时感觉放心了很多。

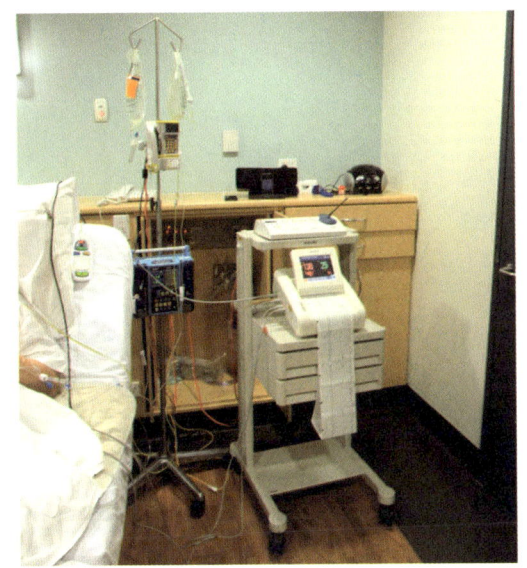

图片中输液架上方黄色的小机器就是硬脊膜外麻醉用的麻药泵。右侧的仪器是用来监测胎心和宫缩的。

就这样时间一点一点地过去了,一切看起来那么平静美好。不过这会不会是暴风骤雨来临之前的片刻宁静呢?

放松
Relax

6月30日　8:30 p.m.

用上催产素已经近8个小时了，检测仪显示Jay妈一直有宫缩但是很少出现临产前那种大幅度的规律宫缩。于是助产士只好又把医生请了过来。一番检查后，Jay妈到现在为止只开了三指，速度过于缓慢。从医生稍皱眉头的表情中Jay妈似乎判断到了什么，于是着急地问道："医生，下一步怎么办呀？"

医生告诉她说很多初产妇宫颈开口的速度都很慢，不要紧张，他会在两个小时后再过来检查Jay妈的宫颈开口情况，然后到时候再决定下一步怎么走。

Jay一听紧张了："到时再决定？！别介，医生，您还是现在就决定吧，我还能顺产吗？"

医生赶紧安慰她说不用紧张，完全可以顺产，现在要尽量放松一些，只有放松宫口才会开得快一些。等医生走后，助产士倒是告诉我们如果11点还不能全开的话，医生恐怕就要考虑剖腹产了，因为毕竟大家想要的是一个健康的宝宝。

这个我们也了解，如果一直这样持续下去，后果就是胎儿严重缺氧，剖腹产肯定在所难免。说到剖腹产，我要在这里多说两句，打电话和国内的朋友们聊天，发现几乎每一个人都是剖腹产，很少听到有谁顺产。在澳大利亚，顺产是产妇们唯一的选择，不管是公立医院还是私立医院，除非产妇实在不具备顺产的条件了。毕竟人类诞生几十万年以来，都是通过顺产来繁衍下一代，这是一种最自然、最健康的分娩方式。而剖腹产则是在不能以自然的方式生产时，人为地通过手术去改变生产方式。

Jay妈之所以担心能否顺产也是情有可原的。因为对于胎儿来说顺产的好处实在是太多了，这里我还是要再强调一番：生活在羊水中的胎儿呼吸道里会残存一定量的羊水和黏液，顺产时经过产道的收缩和挤压，会使胎儿肺里和呼吸道内的羊水和黏液得以流出，减少了新生儿羊水、胎粪吸入性肺炎的发生。胎儿胸廓受到有节律的压缩和扩张，促使胎儿肺部产生一种叫做肺泡表面活性物质的东西。这使得胎儿出生后肺泡富有弹性，更容易扩张。顺产时胎儿的头部不断受到产道的挤压，这样有效地刺激了胎儿的呼吸中枢，有利于出生后建立正常呼吸。自然分娩宝宝在经产道时，会随着吞咽动作吸收附着在妈妈产道的正常细菌，让他（她）很快在体内建立了正常菌群，这对宝宝免疫系统的发育非常重要。

而顺产对妈妈的好处也是剖腹产望尘莫及的。首先，顺产的妈妈在宝宝生出后，饮食、生活很快就能恢复正常，最多3天就可以出院；而剖腹产手术后，产妇在最初3天里躺在床上不能活动，术后6-8小时不能进食，所要忍受的疼痛也会持续较长时间。顺产有利产妇产后恶露的排出，子宫恢复得也很快；而剖腹产创伤大，手术切口较长，伤口愈合、拆线时间都较迟，增加子宫内膜异位症发生概率。还有一点就是，剖腹产是一种手术，手术过程中可能会发生麻醉意外。而从长远来说，剖腹手术的妈妈容易导致肠黏连等合并症，再怀孕风险也会增大。如果疤痕体质较严重的妈妈，手术后留下的疤痕会让人触目惊心的。

好了，接着回到产房里。要不怎么说我们的医生是经验丰富呢，就连说起善意的谎言都是那么的淡定。回想着医生告诉我们的话，放松，一定要放松……就是呀，医生说得太对了，Jay妈确实是需要放松，好像从早晨来到她就紧张得全身一直较着劲，虽然打了麻药，可是紧张的情绪似乎根本就没有消失，这也许还真是宫颈开口缓慢的主要原因。

要做到真正的放松，于是我开始对Jay妈施展我的催眠疗法。先哄着她躺好了，然后让她闭上眼睛，开始轻声缓慢地在她耳边说道："浑身放松，浑身放松，越来越松，全身都软了，越来越软，像一泡 shit 似的……。"

"你说得这么恶心，让我怎么放松呀。"Jay 妈抗议道。

"哦，对不起，贝宝，来，躺好。继续放松，放松，想象自己在一片碧绿的草地上，周围到处都是参天的大树，一缕缕温暖的阳光照在身上……"

"周围都参天大树了，阳光怎么照进来？"Jay 妈说道。

"别较真儿，领会精神……重来！放松，放松，想象自己在一片碧绿的草地上，周围有那么几棵参天的大树，一缕缕温暖的阳光透过树枝照在你的身上，你感觉暖暖的，于是懒洋洋地闭上了眼睛，听着鸟儿们嬉戏唱歌。这时候，你越来越困，感觉浑身上下都无比松软，越来越软，就像一摊泥一样，慢慢地化了……想着自己的肚子也越来越软，也化掉了……"

嘿，真管用，还不到 10 分钟 Jay 妈就睡着了，太好了，这证明她已经完全放松了。就这样过了一个多小时，Jay 妈睁开了眼睛，感觉特别舒服。我说还有更舒服的呢，大家一起上，给她来个全身的马杀鸡。于是乎，老岳母开始给 Jay 妈按摩双脚，Kerry 给 Jay 妈按摩胳膊，我给 Jay 妈按摩脑袋。再放点班得瑞的背景音乐，嚯，Jay 妈这叫一个舒坦呀，你是来生孩子呀还是来当贵妃呀！这时候，刚接班的助产士进来了，看到我们这样子先是惊讶地一愣，然后就笑了出来，我说没见过吧，我们可是专业的产妇按摩团队呀。

"怎么样，舒服吧，老婆。"我问 Jay 妈。

"嗯，舒服……"Jay 妈用腹语说道。

"你这医院住得可真值呀，人家有的是到这就生了。你可好，助产士换了三拨儿，宫颈软化膏也抹了，催产素也打了，麻药也上了，医生估计今晚也回不了家了，就连这屋里的垃圾桶都换了三次。而我们饭也吃了三顿，三明治吃了 n 个，饮料咖啡更是喝了无数，真不愧是一个懂得利用资源的好老婆呀。"我感慨道。

"人家等会儿还得受罪呢。"Jay妈说道。

"你受罪？！得了吧，本打算让您体验一把咱们早期地下党员受的酷刑，可结果却体验了一把现代大款享的福了，老妈老公伺候就算了，连姐妹儿也拉过来给你按摩，你这孩子生的，快赶上慈禧老佛爷了。"我说。

"谁让我宫口不开呀。"

"是呀，要这么下去，等你宫口开了，估计我们仨非累趴下不可。行，等会儿医生检查，你要是再不松松口的话，你就下来给我们仨轮流按摩。"

6月30日 11:00 p.m.

又经过了一个多小时的贵宾级待遇，我们迎来了医生的检查。这次的结果没有再让大家失望，Jay妈的宫颈口居然一下子开到了八指，看来这放松真的是很重要呀。我们大家备受鼓舞，在柔和的音乐下更加卖命地给Jay妈按摩了。

一边按摩还不忘一边鼓励："老婆，太棒了，争取在最短时间内咱们就来一个十指全开！"

"行，没问题！"Jay妈回答得倒干脆。

"唉，你这怀孕，别说疼痛了，就是一丁点的不舒服都没有感觉到，你说生孩子生到这份上，是不是也算达到一种境界了。"我感慨道。

7月1日 1:00 a.m.

天道酬勤，那个准备来到JayJay体内的小天使，一定是在窗外看到了我们这三个人的努力，也看到了Jay妈满脸洋溢着的幸福。凌晨1点时，正如我所预言，Jay妈的宫口居然全开了。我们正式准备迎接JayJay的时刻到来了。

顺产
Natural Delivery

7月1日 1:30 a.m.

所有人都做好了准备，医生用手指感觉到JayJay就在门口了，助产士则是打开了暖灯和氧气装置，防止新生儿低体温或者缺氧。

这时医生让Jay妈张开双腿，露出产道，伴随着宫缩的到来开始进行挤压。由于打了麻药所以Jay妈本身并不能感觉到任何宫缩，医生主要是通过监测仪器上面的显示以及按压在Jay妈肚子上的手，来判断宫缩的是否来临。

就这样经过一次次的挤压，终于依稀看到JayJay黑黑的头发了，可是距离出来还是差那么一点点。我突然有点担心，主要是担心医生上产钳。因为我妈以前和我讲过一起由于用产钳而引起的医疗事故，那还是70年代的事呢，她们医院妇产科的医生产钳用力过度，导致胎儿大脑损伤的事故。当时还刚赶上计划生育，夫妇俩看到事故后决定放弃这个孩子，但医院死活不同意，说是革命的后代，还要延续革命的火种。我去，都傻了还怎么延续呀！于是，我告诉医生千万不要上产钳。医生说不要担心，上产钳是一件很重大的事情，在这里甚至可以和手术相提并论了。

不过，目前Jay妈这分娩实在是太费劲了，于是医生拿了一个小吸盘放在JayJay的头上，在Jay妈用力的同时也帮助她拉拽一下。很快，就听见"噗"的一声，在墨尔本时间7月1日凌晨2:15、北京时间7月1日凌晨0:15，JayJay连汤带水地一下子就来到了这个世界上。^__^

在澳大利亚人的观点中，由于孩子是父母最最珍贵的礼物，所以整个生产过程中父亲也要尽量参与。在澳大利亚的每一家医院，不论是公立还是私立，孩子的父亲都会无条件地成为医生的助手之一，陪伴在妈妈身边，亲眼见证宝宝出生的那一刻。更有意思的是，所有的医院都有这样一条不成文的规定，孩子出生后，由父亲亲自为宝宝剪断脐带！这就像为孩子的人生去剪彩，同时也宣告自己正式升级当了爸爸！

这个具有重要纪念意义的时刻即将到来！医生将脐带两边夹好后，把剪子递给了我，让我为JayJay的到来剪彩。于是，我拿起剪子，干净利落地将脐带剪断，宣告JayJay从此可以脱离母体了。

你问我剪脐带到底是什么感觉？很简单，和剪一根粗点的橡皮筋没什么两样。听说有些准爸爸非常紧张，生怕剪不好，还是先拿橡皮筋练习。还有些准爸爸更是紧张，人家医生让你剪断脐带，好嘛，拿起剪刀，哆哆嗦嗦朝医生的手上就是一剪子。你说人家医生冤不冤，帮你老婆接生了半天，末了还挨了你一剪子。

JayJay出生后，助产士先要检查一下体温是否过低或者其他不良的症状，然后不经过任何擦洗，就一把将JayJay放到了Jay妈的身上。因为我们选择的是母乳喂养，助产士这么做的目的，就是要让JayJay在出生后的第一时间和母亲有肌肤之亲，这样有利于Jay妈下奶。

在经历了漫长的生产过程后，Jay妈已经疲惫不堪到了极点，面对着突如其来、连汤带水的JayJay，不由得大叫了一声，这一声叫得我们是哭笑不得呀！

短暂的肌肤之亲后，助产士拿了一块事先准备好的毛巾，将JayJay包裹到了Jay妈的怀里，然后引导着JayJay去寻找

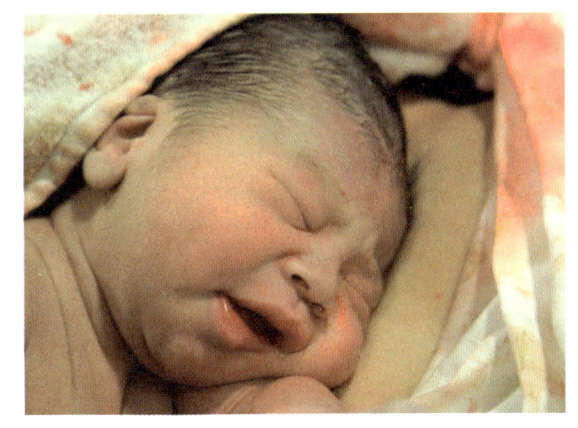

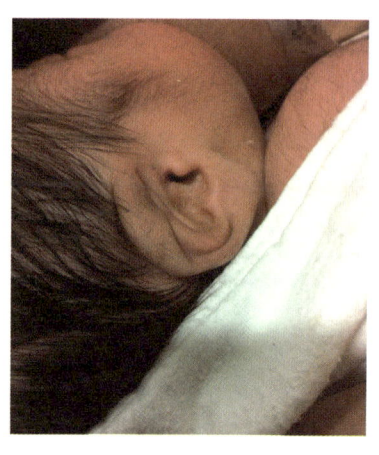

奶头。大自然赋予了这个小生命一种神奇的力量,就在JayJay的嘴巴触碰到乳头的瞬间,小家伙突然张大嘴巴,一下子啜住了奶头,然后拼命地用力吮吸。就这样,最有营养价值的初乳被JayJay一滴不落地喝到了肚子里去。

这是JayJay在喝初乳时候的相片,看这大耳朵和这大鬓角,估计将来少不了享福呀。

与此同时,就在Jay妈享受着人生中第一次哺乳的快乐时,医生也忙着将剩下的胎盘拽出体外,然后判断撕裂程度。Jay妈还是比较幸运的,分娩的时候没有做侧切,而生完JayJay后撕裂的程度非常轻,仅仅是一点表皮撕裂,并没有伤到深层的肌肉,医生只是稍微缝了两针而已。

喂完初乳,享受完肌肤之亲,助产士将JayJay放到电子秤上,嚯,3.73公斤,不轻呀。

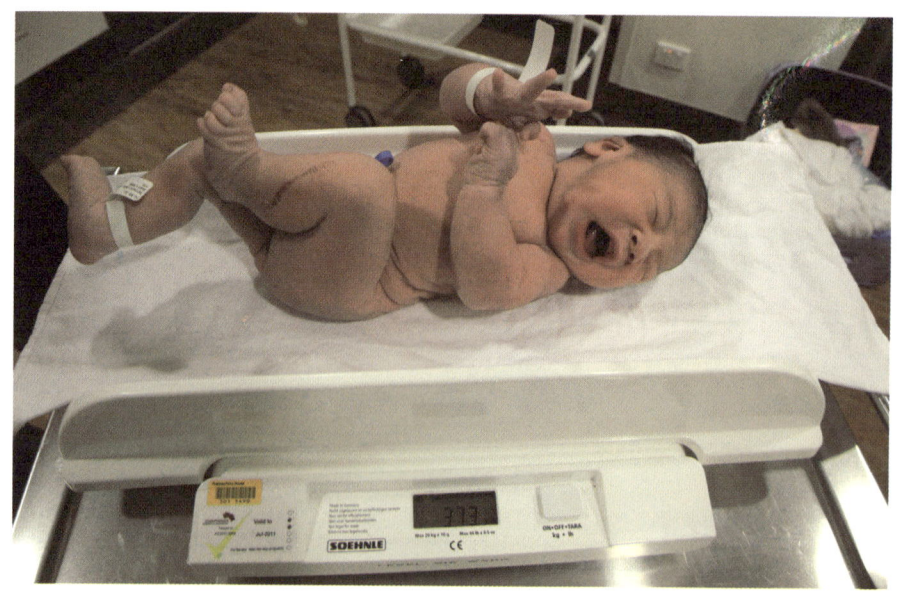

接着助产士给JayJay打了维生素K，因为新生儿自身的凝血功能很差，所以必须通过体外注维生素K来预防新生儿颅内出血。打针时JayJay哭得这叫一个响亮呀。助产士告诉我们，通过JayJay的哭声以及触摸他的身体，可以判断他是一个非常健康的boy。

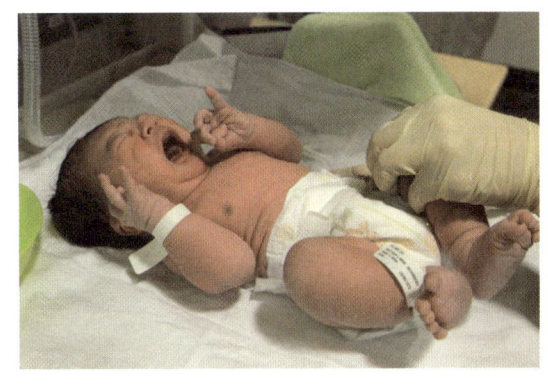

由于在子宫里面待了很长时间，宝宝刚出生的时候都不会马上适应外界的环境，所以这时候最好能够模拟制造些类似子宫内的环境，比如紧紧包裹他，让他感觉好像子宫壁仍旧在包着他；还可以制造一些有规律的微弱噪声来模仿宝宝在子宫里面听到的血管杂音。于是在打完针后，助产士便用一块很大的布将JayJay紧紧裹住，然后把他放在了一个能够推动的小床上。

可爱的宝JayJay，就这样顺利地来到这个世界上。^_^

安置好了JayJay后，助产士开始检查Jay妈的情况，在确定一切正常后，将尿管、点滴还有插在Jay妈后背上的麻醉药的小管

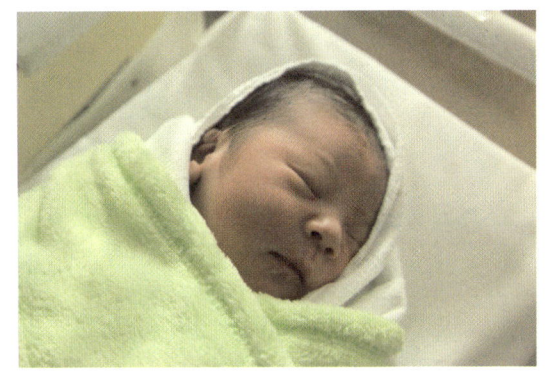

统统拔掉。通常来讲，澳大利亚的医生和助产士会建议产后妇女马上洗个澡，这点虽然和国内传统观点相抵触，但确实是有充分的科学依据的。首先，分娩不是一种疾病，而只是一个生理过程，所以无须像对待重病号一样处处加以小心；其次，产妇在分娩的时候会大量出汗，加上出血和排除

的恶露等多种液体混合，散发出难闻的气味，也会让细菌趁虚而入造成严重的感染，及时的清洗会减少感染的概率。在经历了分娩之后，产妇会疲惫不堪，这时候洗一个澡会有效地缓解疲劳。

当然了，这不是被中国文化所影响的 Frances Perry House 嘛，所以助产士并没有要求 Jay 妈洗澡，只是悄悄地把浴巾留在了床上。

不过有点洁癖的 Jay 妈是绝对受不了下身血糊糊的，而且也担心伤口感染。于是在众人搀扶之下来到浴室，用热水将下身慢慢冲洗干净，然后换上了睡衣又被众人搀扶到了轮椅上，准备去产后病房。

就这样，在经历第一次破水的 48 小时后，Jay 妈终于把 JayJay 顺利地生了下来。而此时此刻的 Jay 妈，脸色煞白、疲惫不堪。由于用力过度，她的手一直在哆嗦着，而且整个脸部都浮肿了。看着 Jay 妈的样子，我忍不住潸然泪下，搂住她，轻轻地在她的额头上亲了亲，说道："老婆，谢谢你！"

幸福篇
产后的生活

住院期间

Days in Hospital

有心栽花花不开，无心插柳柳成荫。本来按照预产期来算，JayJay 应该是 Jay 妈生日那天出来，结果小家伙却选择了 7 月 1 日，一不小心还真成了"红孩儿"。虽说现代年轻人很少看阴历了，不过 JayJay 的阴历生日也很好记，六月初一！

大家虽然很累，但是全都笑逐颜开，喜不自胜。尤其是 Jay 姥，特别喜欢小孩，不论谁家的孩子都亲得和自家似的，在来墨尔本之前就等着抱外孙子了。这不一大早，JayJay 刚一哭，已经累了一晚上的 Jay 姥马上就把他抱起来开哄。

"哦，哦，宝 JayJay，姥姥给你唱歌听，天涯呀海角，觅呀觅知音，小妹妹唱歌郎奏琴……"

"哇……哇……"

"哦，JayJay 不喜欢听，姥姥换一个，花篮的花儿香，听我来唱一唱，唱一呀唱，来到了南泥湾，南泥湾好地方，好地呀方，……到处是……"

"哇……哇……"

"哦……哟……JayJay 还不喜欢听，姥姥唱个现代的，快使用双截棍，嘿嘿哈嘿，快使用双截棍……"

"哇，哇，哇……"

"苏三离了洪洞县，将身来在大街前，未曾开言我心好惨过往的……"

"哇，哇，哇……"

我和 Jay 妈在旁边看得叫一个乐呀，这知道的是在哄小孩，不知道的还以为我们这是练歌房呢！《天涯歌女》、《南泥湾》、《双截棍》、《苏三起解》，老岳母呀，您太牛了，整个一个卡拉OK点唱机呀！

不过怎么唱都没用，JayJay还是哭个不停呀。这时候什么周旋周杰伦的全是浮云，Jay妈的奶头才是硬道理！只要奶一喝上，立刻停止哭闹。看着JayJay喝奶的样子，那叫一个"香"，Jay妈的"奶"也好，哗哗地流，乖"儿"子好好吃。总结一下——"香奶儿"。

让我们接着从Jay妈7月1日凌晨生完JayJay后说起吧。

话说Jay妈生完JayJay后，一队人马有推着JayJay的，有拿轮椅推着Jay妈的，有拉着行李的，直接从Frances Perry House的六层产房来到了七层的产后病房。七楼整体环境和产房差不多，就是感觉大了很多。我们跟随着值班护士来到了Jay妈的病房——一个自带卫生间的单间病房。病房不是很大，但是环境还是不错，一进大门的右手边是一个卫生间。往前走一点的左手边是一个专门给宝宝洗澡的大池子，池子边上是换尿片的垫子，垫子的里面堆放了很多棉球、尿片、尿垫什么的。住院期间这些东西全是随便用、随便拿的。水池的下面柜子里有专门处理尿片用的垃圾桶。还有一个小冰箱，冷冻层里放满了冰袋，这个看似多余的东西在以后却起到了巨大的作用。

再往里走就是一个多功能的单人病床，病床的旁边是一个带抽屉的小柜子。奇怪，抽屉还上了锁，莫非上一个住在这里的产妇在这里放了什么贵重的东西，临走时忘拿了？后来才知道，这个抽屉里面是为该病房病人准备的药，主要是一些止痛药等。病人需要的时候，护士会拿钥匙打开抽屉把药发给病人。

一切安顿好了，看着躺在 Jay 妈床边呼呼大睡的小 JayJay，一种幸福感油然而生。我还记得小时候得了一次重感冒，高烧 41℃，三天后清醒过来发现我爸也感冒了。我还琢磨着我这感冒病毒挺厉害的，我爸身体那么好怎么也给撂倒了？后来我妈才告诉我，一向不信佛的他在我高烧不退的时候，居然自己一个人跑去了雍和宫，寒冬腊月大雪纷飞，他从进门的第一尊佛开始拜起，一直到最后的万福阁。也许当时年少无知的我还不能完全理解这份父爱，但是此时此刻，站在 JayJay 面前，在触碰到他那柔嫩的小手的瞬间，我真的是彻底明白了。JayJay 呀，你知道爸爸有多么爱你吗，我可以为你付出一切，甚至生命！！

Kerry 拍了拍看似发呆但却心潮澎湃的我，说道："当爸爸了，感觉不一样了吧。"

我笑了笑："嗯，有了这么个大儿子，心里激动得很呀。"

"行了，别激动，今晚我来照顾你老婆还有 JayJay，你回家好好休息休息，明天来换我！"

"那怎么行，你也陪了我们一晚上了，你回家好好歇歇。"我说道。

"不用，你又没有什么照顾孩子的经验，老岳母岁数也大了。我有经验，等明天白天助产士教你怎么换尿布、哄宝宝睡觉后你再开始值夜班。"Kerry 说道。

"旦，第一晚就让 Kerry 留下吧，万一有什么事她可比你有经验呀。"接着 Jay 妈又转过头对 Kerry 说道："谢谢你了，Kerry！"

"你瞎客气什么呀。"

我和 Jay 妈都挺感动的。我们和 Kerry 一家是最要好的朋友，说句实话，他们为朋友付出的太多了，我想很多亲戚都未必能做到。在 Jay 妈生 JayJay 使劲的时候，她左手握着的是我的手而右手握着的就是 Kerry 的手；而在 JayJay 来到这个世界的时候第一个见到的人是我，而第二个见到的就是 Kerry，所以我们决定从此以后让 JayJay 管 Kerry 叫 "Kerry 妈妈"，不管 JayJay 长到多大都不能改口的那种。

在这篇日记里面，Jay 爸和 Jay 妈由衷地感谢 Kerry 一家人，有你们这样的朋友是我们前世修来的福分！！！

在经过一夜的休息后，第二天一早我带着老岳母来到了医院。一进门就看到 Jay 妈正在抱着 JayJay 喂奶呢……扶住墙，得马上扶住墙，因为顿时感觉一阵幸福的眩晕。^_^

在送走 Kerry 回来的路上，有机会仔细地看看这产后病区的样子了。这一层一共有 36 间病房，全是单间，每个病房门口的墙上有一个大概 50 厘米见方的小木头门，打开后里面是相应病房里病人的病例和各种治疗记录，每次助产士或者护士检查后，都会拿钥匙打开这个小门在病历上作好记录然后再锁上。

产后病区

看到一间病房门口的小木门没有关,于是我好奇地过去翻了两页,想看看这外国医院是怎么写病历的。打开一看,几页纸上就那么寥寥几行字,然后就没了!?这要是打起官司来,肯定是一个败诉呀。再看看咱们国内的医院,住院医师大部分的工作时间都是写病历,而且还要认真仔细地揣摩每一句话,既不能写出会引起麻烦的语句,同时又要准确、详细、高水平地记录病人的每一步诊治情况,省的万一打起官司来,病历一封都来不及修改。

这个是病房的茶水间,虽然比产房的那个大了不少,但是吃的喝的可远没有产房的多。

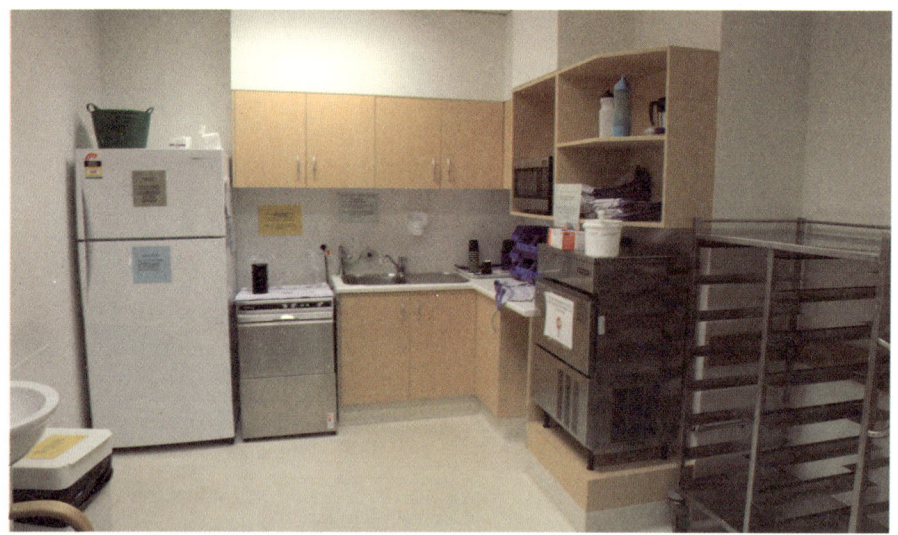

回到病房后,发现助产士过来给了Jay妈两样东西,一个是大信封,来自澳洲政府,叫"Parent Pack",里面装着申请出生证明的表格以及申请生育奖金和奶粉金等表格。除了表格之外,袋子里面还有付过邮资的信封,填完表

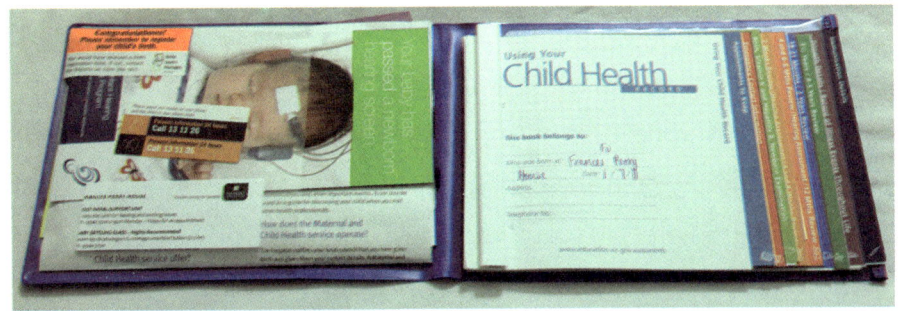

后邮寄到对应的机构就行了。

另外一个非常重要的就是"Blue book",传说中的蓝皮本。里面是从宝宝出生到5岁时应该做的所有检查内容、要注射的疫苗以及这期间宝宝的所有医疗记录等等。说简单点,这个蓝皮本就是宝宝的健康和医疗档案。等宝宝出院后,每次注射疫苗或者看病时都要带上这个蓝皮本,它将一直伴随宝宝的童年时代。

而我和Jay妈在医院里所需要尽快掌握的就是如何照顾好我们的小JayJay。刚一开始,给JayJay换尿片或者给他拍嗝时我们都显得特别外行,几乎每次都是在助产士手把手的帮助下完成的。不过一天下来,我们俩可以算是基本操作熟练了,就是下手动作特别轻,尿片也不敢系得太紧,生怕弄疼了JayJay。助产士看到我们"温柔"的动作后总是说:大可不必这样,小孩子远比你们想象得结实。是呀,看着他们给JayJay拍奶嗝、换尿片、擦眼屎的动作那叫一个干脆利落,下手还特别重,我们就是一个心疼呀。尤其是每天晚上值夜班的一个菲律宾助产士老太太,给JayJay拍奶嗝的时候那叫一个用力呀,拍得小家伙直翻白眼。再看看她的手,我天,尽是老茧子。我琢磨着:大妈,您该不会还在墨尔本什么地方承包了一块儿责任田吧。

除了要照顾好刚出生的JayJay,还有一件事情是绝对不能忽视的,那就是一定要吃好喝好,因为这直接关系到了Jay妈奶水的质量。本来我们以为医院的伙食不会太好,你想想,西方人的饮食嘛,普遍比较简单,而且汤汤水水的东西不多，这样很不利于下奶。而且 Jay 妈也不是很喜欢吃西餐，所以我们准备一天三餐全都在家里做好了然后拿到医院来。

可是，Frances Perry House 的饮食真的是有些让我们意想不到，饭菜花样繁多，不但有各种西式主餐，还时不时地来一些亚洲风味，而且几乎每一顿都可以算是口味俱佳，甚至超过很多街上的餐厅。每天三餐的时候，都会有专门的服务人员将饭菜端到我们的屋里，酒足饭饱后，服务人员会过来收走所有的餐具，服务非常周到。

生 JayJay 之前，Jay 妈就听说过 Frances Perry House 的饮食是在全墨尔本私人医院里面最好的，不过当时总觉得医院的饭菜能好吃到哪里呀。但是住进来后才发现确实名副其实呀。本来吧，以为住院期间照顾 JayJay 就是我们最大的乐趣了，可不曾想到现在又增加了一个乐趣。就是每天的三顿饭，一到饭点儿我和 Jay 妈就开始变得特别兴奋，还总咽着口水。我觉得巴普洛夫教授的条件反射试验，也在我俩身上淋漓尽致地体现出来。

医院的大餐

除了美味的一日三餐以外，医院还为爸爸妈妈们准备了上下午茶。每天上午10点半和下午3点半，都会有服务人员推着一个餐车停在病房门口，各种冷热饮还有不同口味的蛋糕随便挑。这个是我拿的红茶外加一块小蛋糕。

我觉得可能对于一个正常人来说医院的饭菜可能足够了。

医院的下午茶

但是对于我和Jay妈来说，这些只能是一部分而已。别忘了，咱们可有后勤保障呀。Jay姥爷是干什么的，专门负责给Jay妈做各式各样口味俱佳的产后大餐，还有各种汤来促进Jay妈下奶。

提到这产后下奶，我不得不多说两句。首先，喝汤绝对是对下奶有着非常大的帮助。住院期间，曾经有一个专门辅导喂奶的助产士老太太问过我：为什么几乎所有的亚洲产妇在生完宝宝后都能很快下奶，而且奶水的量还很大。她知道这一定和饮食有关。我告诉她，在我们的饮食文化中，有专门辅助产后女性下奶的各种汤类。老太太认真了，说什么也要让我把如何做汤的方法告诉她，她要好好学习一下。我心想，中华民族可是有着5000年的历史文化，而饮食绝对是我们文化中的一个瑰宝，真的是值得你们好好学习学习。但是这汤一定要有时有晌地去喝，在刚刚生完宝宝的前两天一定要以清淡的汤为主，比如用红枣煮出来的小米汤。绝对不要马上喝补汤，一是孕妇容易上火，二是过早地大量补浓汤非常容易造成乳腺炎。因为孕妇刚生完孩子，乳腺里面的管道基本都没有打开，这个过程是要循序渐进，一旦浓汤过多，会导致奶水过多从而淤积在尚未完全打通的乳腺管里，时间长了就会发炎。所以务必小心，这个我下面会提到，喂奶既是学问也是一关呀！

另外,很多妈妈看到宝宝们吸了半天乳头也没有什么奶,生怕宝宝饿着了,于是就改喂奶粉了,这样做可就错了。首先,新生儿的胃还没有一个乒乓球大,即便是出生后不喂奶他们也不会感到饥饿;其次,下奶是一个循序渐进的过程,对于一个初产妇而言,奶水不大可能在你生完宝宝后,立马就能源源不断地流出来。而这个时候,宝宝对乳头的吮吸起到了至关重要的作用,在宝宝不断的吮吸刺激下,乳头会将这种信号通过神经传达到下丘脑,促使垂体释放泌乳激素;同时,宝宝的吮吸也能反射性刺激垂体释放催产素,使乳房泌乳。也就是说,这奶水是越喂越有,但是需要一个时间。

Jay妈就是一个典型的例子,生完JayJay后一直到第二天的下午,奶水也不是很多。不过在JayJay不断的吮吸下,奶水终于在第二天的晚上源源不断地来了。于是通知Jay姥爷,除了清淡的汤外,可以开始上鲫鱼汤了。

就这样,学会了给JayJay换尿片、洗澡、拍嗝等,Jay妈的奶水也开始增多了。住院的前两天我们渐入佳境,一切都是那么顺利。于是我们开始考虑医院给我们的另外一个选择,就是住院的最后两天免费搬到墨尔本的君悦酒店(Grand Hyatt)。这家5星级酒店与医院有合作项目,凡是在Fances Perry House住院的产妇,都可以在出院前的最后两天带着宝宝免费住进这家酒店,不过名额有限。酒店那边的居住环境更好一些,房间也比这里的病房大不少,而且医院的助产士,每天都会定期地去酒店检查产妇和宝宝的状况。因此,很多爸爸妈妈们都是争着抢着要去。

这个就是为爸爸妈妈还有宝宝准备的酒店房间。

我们琢磨着,这毕竟不是度假,Jay妈刚生完有些虚弱,搬来搬去的太麻烦,何必贪图这两天的酒店住宿呢,等

JayJay 大一点我们度假再住也不迟呀。再说了，那毕竟是酒店不是医院，而且助产士也仅仅是在白天过去看看而已，万一有点什么情况发生都不好办。而医院里是一天 24 小时都有专业人士在，比较放心。于是告诉医生，我们风格比较高，还是把住高级酒店的机会让给别人吧，给我们换一个双人床的大房间就行了。于是当天，我们便搬到了另外一间稍大一点的病房里。

在住院的第三天，发生了一段意外的小插曲，证明了我们当初留守医院而不去酒店，是多么明智而正确的选择。

在熬了两晚上后，Jay 姥过来替我值夜班。我琢磨着应该没有什么大问题，于是回家蒙头大睡了一晚上。谁知凌晨 Jay 妈哭着给我打电话，说她两个乳房就像两个大石头一样压在胸前，而且火辣辣地疼。这是怎么回事？莫非奶水堵住了？我牙也没刷脸也不洗就冲到了医院。

到了医院一看 Jay 妈，天哪，这个心疼，看来是闹了一个晚上，脸都绿了。再一摸乳房，好家伙，硬邦邦的真像两个大石头。Jay 妈说晚上开始就感觉两个乳房疼痛难忍，助产士过来说是乳腺里面的管道堵了，想给她揉一揉，可是一碰就生疼，只好作罢。早晨医生过来的时候，Jay 妈是放声大哭，说没想到生孩子的这一关过了，这里还有一关等着她呢，弄得医生也是哭笑不得。后来医生联系了喂奶室里面最专业的助产士，准备等我来了以后带着 Jay 妈好好去看看。

我琢磨着，可能是因为 Jay 妈平生第一次喂奶，乳房里面的乳腺管道还没有完全打通，但是 JayJay 的不断吮吸刺激以及 Jay 妈饮食中的汤汤水水，已经促使大量奶水的形成，或许现在全部堵在了乳腺里面。于是二话没说，赶紧带着 Jay 妈去病区的喂奶室找那位助产士。到了喂奶室，才发现里面全是正在学习喂奶的妈妈们。嚯……好家伙，这外国人就是火爆呀，为了充分进行肌肤接触以促进奶水分泌，里面那些五大三粗的外国妈妈们，有光着膀子喂奶的，有光着屁股喂奶的，还有全裸一丝不挂喂奶的。至于吗！！！

由于喂奶室里是绝对谢绝男士入内的,所以没办法,我只好回到病房焦急地等着。一直以为能把JayJay顺利地生下来就行了,剩下的事自然就是水到渠成了,还真没有想到这喂奶也是一关呀!

在学习了近半个小时后,助产士带着Jay妈还有一台小机器回到了病房。原来是个吸奶器,助产士告诉我们Jay妈这种情况是很常见的,由于是第一胎,所以产妇的乳腺管道基本没有打开,这个时候奶水又下来较多,自然就导致堵塞了。

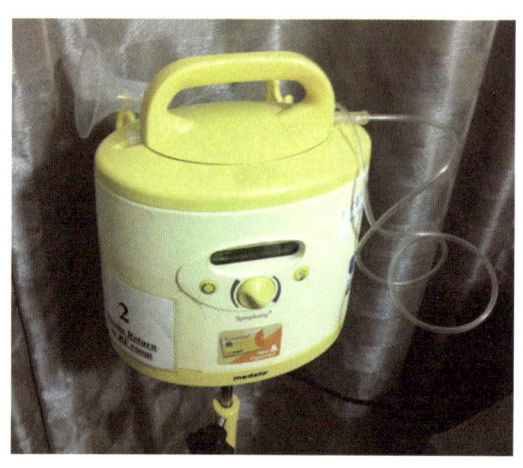

这个小泵泵可起了大作用了。

解决的办法就是每次喂奶前后都要按摩,喂奶之后一定要用吸奶器将多余的奶水吸出来,不要让剩余奶水长时间地淤积在乳房里面,这样会导致乳腺炎。另外,这种情况下还要切记一件事,就是千万不要热敷。Jay妈之所以那么难受,可能也"得益"于Jay姥的"经验"。就在Jay妈乳房刚开始肿胀变硬的时候,Jay姥心疼女儿呀,便拿了两块热毛巾裹在了Jay妈的乳房上,这下可糟了!大家知道,热敷可以加速一切液体循环,比如血液、淋巴液,当然也包括乳汁的分泌。对于软组织损伤引起的疼痛热敷还是很有效果的,因为它可以促使局部血管的扩张,改善局部血液循环和淋巴循环,有利于淤血和渗出液的吸收,具有消肿、止痛、减少黏连和促进伤口愈合的作用。可这是淤奶不是淤血呀,所以对于乳腺管道不通畅但又在不停下奶的Jay妈来说,热敷所起到的唯一作用就是加速她的乳房肿胀,以致Jay妈疼痛难忍,哇哇大叫。这个时候最有效的方法应该是冰敷,感觉乳房胀痛难忍的时候,在左右腋下各放置一个冰袋,这样可以暂时减少乳汁的分泌,缓解乳房的胀痛。

难怪 JayJay 洗澡池下面的小冰箱里有那么多冰袋呢，原来除了冰敷伤口之外，还可以用在这里。

再就是局部按摩乳房也可以缓解肿胀。在助产士的指导下，我赶紧帮着 Jay 妈按摩乳房，按摩的手法是三指并起，以一点为中心，顺时针或者逆时针画圈，不要太使劲也不要太温柔，力度要适当。如果妈妈太疼可以考虑吃一点孕妇能吃的止痛片。打开音乐，Jay 爸要变成专业的揉奶师了，左三圈，右三圈，上面揉揉，下面揉揉，祝 Jay 妈奶水通畅永远不会痛……

最后形成了一个固定的流程，先是按摩一边的乳房，然后喂 JayJay 奶，接着拍嗝，然后按摩另外一个乳房，再喂 JayJay 奶，再拍嗝。安顿好吃饱喝足的 JayJay 后，用吸奶器吸出剩余的奶水，依次循环，不慌不乱。

渐渐 Jay 妈的奶水越来越通畅了，奶水的颜色也有从黄色逐渐转向白色的趋势。堵塞程度得到了极大缓解，JayJay 每次喝奶都是咕咚咕咚地往下吞咽，比前几天不知道好了多少。

看到这一幕顿时觉得踏实多了，也和 Jay 妈聊起天来："今天早晨吓坏我了，生怕你得乳腺炎，又输液又吃药的太难受了。"

"可不嘛，就怕到时候影响喂奶。"Jay 妈也后怕道。

"幸亏没去酒店，要不晚上可怎么办呀。"我说。

"没错，到时候真是罐子里掏虾米——抓瞎（虾）了。"

"不过现在好了，老婆，你的左乳是任脉，右乳是督脉，你终于打通了任督二脉，练成了喂奶的九阳神功呀！"我说。

"得了吧，功力还远不到家呢。"

后来，事实证明 Jay 妈练功的方法得当，加上 Jay 姥爷充分的熬制鲫鱼汤，在接下来的一天，Jay 妈算是真正彻底地练成了喂奶九阳神功。再次去喂奶室学习的时候，Jay 妈的奶水如水柱般向外喷射，羡慕坏了那些看似人高马大、实则缺奶少粮的外国妈妈们。教喂奶的助产士还调侃道：谁的奶水不够，可以到 Jay 妈这来购买。然后又转头问 Jay 妈，都是住一个病区的，要不要给她们打个折扣？

就这样，Jay 妈算是不乏艰辛地渡过了喂奶这一关，到出院的时候已经是驾轻就熟了。而在住院期间，JayJay 还接受过一次听力测试、过敏测试以及两次儿科医生的全面检查，结果全都正常。在临出院前的那次检查时，小家伙力道十足地照着儿科医生的脸上就是一脚，一下把她的眼镜给踹飞了。当医生抱起他的时候 JayJay 又是哭声震天呀，好不容易检查完了，Jay 妈刚把奶头掏出来，小家伙一下子就含住，迫不急待地嘬了起来。医生站在一旁感慨道，很少见到这么强壮的婴儿宝宝。好吧，JayJay，我们承认你和咱们家那台吸尘器一样厉害，你也是婴儿中的战斗机，喔~~耶！

住院时间过得飞快，我们终于可以带着 JayJay 出院了。车还未到家门口，就看见 Jay 姥和 Jay 姥爷列队站在车库前，欢天喜地、手舞足蹈地等着小孙子的归来。看这劲头儿快赶上扭大秧歌儿的东北大妈了。

进了屋，把还在熟睡的 JayJay 安顿好，Jay 妈换衣服准备洗澡。Jay 姥赶紧拦住："乖女儿呀，妈知道你生活在国外，但是咱别学外国人那套行吗，坐月子期间先别洗澡了。"

"妈，你上网查查现在中国医生都怎么说的。"边说边打开暖气，准备脱衣服。

Jay 姥爷在一旁说道："老伴儿，你别管那么多了，女儿有分寸的，现在就连中国医生都鼓励坐月子期间要洗澡刷牙了。"

"你不怕她以后落下病根呀！" Jay 姥说道。

"能落下什么病呀，你别管我，心情不好可影响你外孙子的口粮。"

就这样，在幸福的争吵中，Jay 妈开始了坐月子的生活。

温馨小贴士

关于母乳喂养

母乳喂养的好处全世界有目共睹。在澳大利亚,几乎所有品牌奶粉的外包装上都会注明:母乳是宝宝的最佳选择!

我就把住院期间发的一个母乳喂养手册上一段关于母乳喂养的原文写下,不懂英文的朋友不要紧,我附上了翻译,大家可以看看母乳喂养有多么的重要!

Why breastfeed? 为什么母乳喂养?

Breastfeeding is one of the most precious gifts that you and your partner can give to your baby. By breastfeeding you ensure that your baby is getting the best possible nutrition and protection from disease. 母乳喂养是你和你的伴侣给宝宝最珍贵的礼物,它能给宝宝带来最好的营养并且能预防一些疾病。

The key to successful breastfeeding is motivation and support. 动力和支持是母乳喂养成功的关键。

How babies benefit from breastfeeding? 母乳喂养对宝宝有何益处?

Breast milk is a complex living fluid containing many

different components that maximize a baby's growth and development as well as protecting babies from illness. 母乳是一种包含多种成分的混合液体，它能最大化地促进宝宝成长以及预防疾病。

Studies have shown that babies who are breastfed are less likely to become ill with：研究表明母乳喂养的宝宝不容易患以下疾病：

- gastrointestinal infection and disease 胃肠道感染和疾病
- diarrhoea and urinary tract infection 腹泻和尿道感染
- respiratory and ear infection 呼吸系统和耳部感染
- diseases such as pneumonia and meningitis 肺炎和脑膜炎

Mother's milk provides all the nutrients a baby needs in exactly the right proportions. The protein in breast milk is easier to digest than in cow's milk /soy milk formulas. Breast milk enables the infant's immune system to mature before the introduction of foreign proteins such as cow's milk, fish, egg and soy, thereby reducing the risk of food allergies and sensitivities. 母乳能够提供最适合宝宝的营养成分。母乳中的蛋白比牛奶奶粉和豆奶奶粉中的蛋白更加容易吸收。母乳能够使宝宝的免疫系统在进食牛奶、鱼、鸡蛋和豆类之前变得成熟，这样可以减少食品过敏的风险。

Breastfed babies gain long term health benefits such as：母乳喂养对宝宝健康的长期益处在于：

- reduced risk of developing insulin dependant diabetes 患胰岛素依赖性糖尿病风险减少
- decreased risk of asthma and a delay in the development of eczema and other allergy related condition 患哮喘、湿疹以及

各种过敏的风险减少
- lower incidence of heart disease, coeliac disease, ulcerative colitis, Crohn's disease and liver disease 心脏疾病，腹腔疾病，溃疡性结肠炎，克罗恩氏病（局限性结肠炎）以及肝病的发病率降低
- increased cognitive ability. Research has shown that babies who received breast milk had, on average, higher I.Q. test results at age 7 months and 8 years of age, than children receive formula 自我认知能力强。一项在7个月和8岁的宝宝之间做的研究表明，母乳喂养的宝宝平均智商高于奶粉喂养的宝宝
- lower risk of childhood lymphoma (cancer) 患淋巴癌风险减少
- lower incidence of orthodontic treatments. Suckling at the breast promotes the development of a well-shaped jaw and straight teeth. 矫正牙齿的概率很低，吮吸母乳可以防止宝宝下颌和牙齿畸形

How women benefit from breastfeeding? 母乳喂养对于妇女的益处？

Studies have shown women who breastfeed have a: 研究表明母乳喂养的妇女可以：

- decreased risk of ovarian and breast cancer 降低患卵巢癌和乳腺癌的风险
- delay in the onset of menstruation after birth 延缓产后月经
- lower risk of osteoporosis in later life. The longer a

woman breastfeeds, the greater the protection 对防止后期骨质疏松有保护作用，而且母乳喂养时间越长，这种保护越强

- higher self esteem, greater feelings of empowerment and assertiveness, and are more outgoing 建立更高的自尊心，自信心和自我满足感，让性格更加开朗
- lower incidence of obesity later in life and also return to their pre pregnancy weight sooner 防止后期肥胖，也可尽快恢复孕前体重
- breastfeeding also assists the uterus to contract down to its pre pregnancy size more quickly 母乳喂养还可以帮助子宫尽快恢复到孕前尺寸

Hormones involved in the production and release of milk are useful in helping a new mother to adapt to the role of mothering by producing feelings of calmness and relaxation. 母乳喂养时所释放的激素让新妈妈们更加平静和放松，从而更快地进入母亲这一角色

How everyone benefit from breastfeeding? 每个人都能从母乳喂养中得到益处

- Breastfed babies' soiled nappies do not smell or stain as much as formula fed babies 母乳喂养宝宝用过的尿片不像奶粉喂养宝宝的尿片那么肮脏和难闻
- Breastfeeding is environmentally friendly. It decreases the pollution associated with production, packaging and marketing of artificial formula 母乳喂养非常环保，它可以减少由于制造、包装以及销售奶粉带来的相关污染

- Prevention of illness in breastfed infants contributes to a significant saving in government health costs 母乳喂养减少婴儿发病，这就为政府在健康预算上带来巨大的节省
- Mothers of breastfed infants have a lower rate of absenteeism at work 母乳喂养的妈妈通常在工作上出勤率很高
- Breastfeeding is the most cost-effective form of infant feeding 母乳喂养是最经济的喂养方式
- Breast milk is always ready and waiting 母乳总是唾手可得

坐坐月子吧
Postnatal Confinement

话说 Jay 妈经历了辛苦的十月怀胎，然后又熬过了痛苦的一朝分娩，终于把可爱的 JayJay 生了出来。就在生完 JayJay 的那一刻，Jay 妈可以说已经疲惫到了近乎崩溃的边缘，看得我们非常心疼。所以一向疼爱女儿的 Jay 姥也下了决心，要监督好 Jay 妈坐月子，让她的身体状况能尽快复原。

可怜天下父母心，但是 Jay 妈却完全不理会 Jay 姥那一套传统的坐月子理论。尽管 Jay 姥经常苦口婆心地劝说 Jay 妈，但每次都被 Jay 妈用现代观念噎得说不出话来。而 Jay 姥爷比较开明，一向主张现代的医学观点，他的一句话非常经典：我们已经生活在 Windows 的时代了，不能让孩子再用 DOS 的模式去坐月子吧。

对于那些传统、落后的坐月子老方法，我的观点当然是要除旧布新。不过每天看到 Jay 姥被 Jay 妈和 Jay 姥爷联合数落，我也不好再发表任何观点了。做一个中立的老好人，时不时还得帮着 Jay 姥说两句话，虽说方法不太得当，但是毕竟是一颗爱孩子的心嘛。

这篇日记我就要聊一聊 Jay 妈坐月子。

先说说什么是月子。在妊娠期间，女性全身各个系统都会随着妊娠的发展而产生巨大的变化。生产之后，身体的各个器官的形态和功能，要逐步恢复至妊娠前的状态，医学上就把这个恢复期叫做产褥期，而老百姓则俗称为"月子"。

那么外国人坐不坐月子呢？当然不坐，他们甚至都不懂所谓月子的概念。刚生完宝宝，便马上洗澡。第二天抱着宝宝就下地活动了，穿裙子的，不穿鞋的都有。总之，外国人完全把生孩子当成吃喝拉撒睡一样的生理过程，所以很多外国人认为，只要是正常顺产，除了额外多休息休息，就没什么特别需要注意的了。

说句实话，我个人其实不大同意外国人的这个观点。就算怀孕生产是一个正常的生理过程，但是你身上哪个生理过程持续时间如此之长呢？而且身体变化得如此之巨大。不管什么人种，女性在分娩之后脏器功能都会出现暂时失调，身体十分虚弱，抵抗力也会下降，在产褥期适当的保养是非常有必要的。因此 Jay 妈这月子还得坐，只不过是要在遵循现代科学观点的前提下来坐。

我们家里就 Jay 妈坐月子的事儿已经明显分成了两个阵营。Jay 妈和 Jay 姥爷完全拥护现代医学观点，而 Jay 姥则是主张传统观点的。我嘛表面上向着 Jay 姥，实际上是人在曹营心在汉。因此我就以"批判"Jay 姥错误的传统观点，来描述一下 Jay 妈是如何坐月子的吧。

首先，Jay 姥主张产后尽量不洗澡。出院后刚回到家，Jay 妈就钻进了浴室痛痛快快洗了个澡。虽说 Jay 姥百般劝说，无奈有 Jay 姥爷帮忙等于白说。最后老人家只好说了一句：孩子以后别落下病呀。Jay 妈听见这句话不高兴了，立刻说道："能落下什么病呀？"

"女儿呀，生孩子可是对身体消耗最大的，现在你的骨头缝都是开着的，水一刺激，风一吹，凉气进到骨头里面这辈子就好不了啦。"

"妈，拜托你说话有点科学依据，什么叫骨头缝开了。你给我做一个 X 光片让我看一眼这骨头漏缝是个什么样子，好长长见识。那跑 1 万米的运动员消耗大不大，照你这么说跑完之后什么都别干了，一个个的赶紧回家坐月子了。"

其实 Jay 姥的这种观点并非完全没有道理。产后身体器官功能发生变化，凉水凉风确实容易让孕妇落下一些病根。但是那是过去人们无法自主控制室温和水温的前提下造成的，所以才会演变成坐月子不能洗澡的老传统。而 Jay 妈是生活在现代社会，回家后她是把屋子里面的暖气开到最大，然后把浴室的水放热后再进去洗。洗完之后又尽快擦干穿上衣服，所以没有任何危险。而现代医学观点认为，产妇在分娩过程中大量出汗，乳房还会泌出奶水，而下体不断排出的恶露会聚积在肛门以及会阴部。因此产后必须定期洗澡洗头，否则会引起感染从而影响自己和婴儿的健康。

其次，Jay 姥希望 Jay 妈产后先不要急着刷牙。出于同样的原因，牙缝开着呢，坐月子刷牙将来会引起牙齿酸痛、松动，甚至提前脱落。可以说这是完全没有科学道理的谬论。产妇在坐月子期间，进食次数会明显增多，而通常会以高热量高蛋白的食物为主，如果不刷牙，这些食物残渣长时间地停留在牙缝间，发酵、产酸后会促使牙釉质脱磷、脱钙，牙质软化，各种口腔内的致病菌趁虚而入，导致牙龈炎、牙周炎和多发性龋齿的发生。因此，为了 Jay 妈的健康，要每餐后用温水刷牙，还要额外加强口腔的护理和保健，否则才真会落下病根呢。

最后，Jay 姥希望 Jay 妈能够躺在床上，尽量不下地活动，吃饭的时候给她端过来坐床上吃。可惜呀，对于 Jay 姥而言，Jay 妈的气场过于强大，再加上 Jay 姥爷的敲边鼓，所以 Jay 妈只在床上躺了一天，就开始下地活动了。其实 Jay 姥不知道，这产后适当下地活动，不但有利于 Jay 妈血液循环和恶露排除，更有利于子宫、膀胱和直肠的复位。在澳洲，医生告诉我们，顺产后第二天就可以下地活动，但要避免下蹲动作；而一周后基本可以恢复轻微家务劳动，但要避免提拿重物。

这第四点就是关于开窗通风。大家可以想象，这一晚上了，又是打嗝又是放屁的外加呼出来的二氧化碳，这屋子里得多味儿呀。而且现在还多了一口子人，虽说 JayJay 小点吧，但麻雀虽小五脏俱全，照样也要出气放屁呀，所以开窗通风非常必要。可是 Jay 姥却担心 Jay 妈受凉，于是说道："孩子，别开窗户了，我担心你别再得了产后风（也叫产褥热）。"

"你不让我开窗户我产后才会疯了呢。旦，快开会儿窗户透透气吧。"

没错，门窗紧闭会使卧室通风不良，空气污浊，从而滋生大量细菌危及母亲和婴儿的健康。而 Jay 姥所说的产后风其实与自然的风吹没有关系，而是由于产后妈妈的身体抵抗力下降和产褥期感染产所引起的。

呵呵，看来 Jay 姥还真是保留了大量传统坐月子的习俗呀。因此 Jay 妈总是质问她："妈，您到底从哪里听来的这些歪门邪道呀？"

"嘿，怎么是歪门邪道呀，这是老理儿呀，老人们传下来的，我那会儿坐月子的时候都这样。"

"您那会儿？！您那会儿还住窑洞呢吧。您那会儿屋里有带热水的浴室吗？有空调吗？有暖气吗？医院的医疗条件能和现在的比吗？您吃的东西能有现在营养全面吗？都没有吧！既然没有，您为什么要用窑洞年代的那一套来要求高科技时代的现代人呢？" Jay 妈说道。

得，一席话说得 Jay 姥是彻底无语了。在这科技如此发达的现代澳大利亚社会，她老人家可能也感觉到了这些"老理儿"已经变得没理儿了。慢慢地，Jay 姥对 Jay 妈的很多行为也就逐渐地睁一只眼闭一只眼了。

虽说不用再按传统习惯坐月子，但是我们中国的饮食可是博大精深，这坐月子中吃好吃对可是绝对必要的。为什么要说吃对呢，很多人都觉得生完孩子了，身体会虚弱得不行，所以坐月子期间是鸡蛋成筐，水果成箱，天天不离鸡，顿顿有鱼汤。在咨询过医生后，了解到这其实并不科学。虽说产妇在妊娠和分娩过程中各种营养素的储备都有很大消耗，补充足够的营养，对于健康的恢复帮助很大。但是产妇的消化功能，一般要在分娩后 2 周左右才完全恢复正常。因此在坐月子的早期胃肠张力较低，蠕动也很弱，很多产妇食欲欠佳。这个时候大量食用过于油腻的食物，反倒是让肠胃难以接受，容易引起消化和吸收不良。因此在坐月子的最初阶段，要少食多餐，以稍微清淡和高蛋白、营养精细的饮食为宜。

在产妇功能完全恢复之后更不能大补特补。本来月子期间活动就不多，这样很易造成肥胖。要知道，肥胖人群冠心病的患病率可是正常人群的 2-5 倍，而糖尿病高达 6-9 倍。另外，如果产妇的营养太丰富，奶水中的脂肪含量必然会增多，如果宝宝能够吸收的话必然会导致肥胖；若是宝宝消化力不好，不能充分吸收的话，则会导致脂肪泻。因此坐月子时的要吃得精细吃得好，而且要尽量多补充一些动物蛋白和各类维生素、微量元素。

当然了，这吃好了除了对 Jay 妈非常重要以外，对 JayJay 的口粮也有着至关重要的作用。记得在《住院期间》那篇日记中，我提到了医院的助产士对我们的饮食也非常好奇，因为一样是十月怀胎一朝分娩，可是中国妈妈们的奶水是下得又快质量又好，羡慕坏了很多外国妈妈们。我个人认为，这和我们中国人注意喝下奶汤有着极大的关系。自从 Jay 妈回家后，Jay 姥爷每天都会做各种各样的汤。当然了，生活地域和习惯不同，喝的汤也不同，所以我只把 Jay 妈坐月子期间常喝的汤列举如下，仅供参考。

这汤里面首屈一指的就是鲫鱼汤。产妇下奶之必备"武器"，不过墨尔本这买不到北京那种鲫鱼，所以只好用这里的罗非鱼代替了，口感和味道都差不多。

除了鲫鱼汤之外，三文鱼汤既美味又有丰富的营养。三文鱼学名叫鲑鱼（Salmon），是世界名贵鱼类之一。它的肉色橙红，肉质细嫩鲜美，且腥味小，蛋白质含量很高，既可直接生食，又能烹制菜肴，由它制成的鱼肝油更是营养佳品。而三文鱼的营养价值更是不可小觑，它含有丰富的不饱和脂肪酸，能有效降低血脂和血胆固醇，防治心血管疾病。所含的 $\Omega-3$ 脂肪酸更是脑部、视网膜及神经系统所必不可少的物质，有增强脑功能和预防视力减退的功效。而且经常食用三文鱼，还能有效地预防诸如糖尿病等慢性疾病的发生。因此三文鱼具有非常高的营养价值，享有"水中珍品"的美誉。

鉴于三文鱼汤不像鲫鱼汤那么普遍，所以这里讲一下 Jay 姥爷三文鱼汤的做法，非常简单而且味道特别鲜美。将三文鱼头收拾洗净，然后用油略微煎一下，待鱼头两面变黄时倒入开水，然后加入 4-5 片姜，大火煮 5 分钟然后改小火煮 20

分钟左右就行了。记得关火之前加一些盐。

除了上述的汤之外，Jay妈常喝的还有猪蹄汤、鸡汤和各种蔬菜汤，就不一一上图了。不过多说一句，现在很多的养鸡场都是靠注射抗生素来加快鸡的成熟期，所以买鸡做鸡汤的时候最好选用有机的。我们给Jay妈买的就是墨尔本市场里面的有机鸡（嗯？这名字咋感觉这么怪呢）。虽说汤汤水水的很重要，但是也注意荤素搭配，不能一味地只荤不素，这样不但会导致肥胖，而且奶水中脂肪含量也会过多，从而造成宝宝过于肥胖。

事实证明，这些汤汤水水，非常有效。Jay妈的奶水有如滔滔江水连绵不绝，又如黄河泛滥一发不可收。这样极大地满足了非常能吃的小JayJay。每次喂JayJay之前我都帮助Jay妈按摩，就看奶水居然成柱状

喷出，即使JayJay再能喝似乎也喝不完，因此一定要用吸奶器把剩余的奶水吸出来。图片里就是Jay妈吸完一边的奶水。

另外一边也吸了不少，加起来差不多50毫升了，Jay姥说道："剩下这么多，怪可惜的！"

"妈，要不然您拿俩酒盅过来，咱俩感情深一口闷了？"我说。

"别，我可不喝这个……"Jay姥立刻走开了。

说句实话，Jay妈住院时我也喝过两口，倒是没有什么异味，但还是感觉有点不舒服。看着剩下这些白花花的乳汁，怎么办呢？倒了可惜，不倒又无法处理。还是Jay妈高明，居然用她自己的乳汁做了一个面膜。牛呀，自产自销，纯天然，无污染，牛到家了！！！

呵呵，这就是Jay妈在坐月子期间吃的喝的，无法一一细说，只是拣了一些主要的聊聊。当然了，现在各种各样的怀孕食谱到处都是，我所写

的也仅仅是为大家提供一个参考。但是，通过月子期间Jay妈充足的奶水和JayJay迅猛的生长速度，我相信，我们的实践经验还是有一定说服力的。^_^

要说Jay妈这月子坐得可是够享福的。Jay姥爷一天三餐地做着，Jay姥和我忙前跑后地照顾着，太舒服了。不过就是有点枯燥无味，于是Jay妈打开了国内的电视台，窝在沙发里面开始看连续剧了。好嘛，这一看就是两个多小时，这坐着月子可不能总看电视，虽然离得远但终究还是有辐射的。于是我走过去劝她道："大姐呀，你一看就是俩小时，忘了自己刚刚生过JayJay了吧。悠着点，赶紧回床上躺着休息吧，要知道正常分娩的消耗相当于快跑完1万米呀。"

"行了行了，我知道了，我不是打麻药了嘛，相当于跑了5000米。嘿，你别挡着屏幕呀！"Jay妈不耐烦地说道。

"那也消耗不小，赶紧的。"我催促道。

"不是，你听过王军霞跑完1万米后又在床上接着躺了1个月吗？"

"你有人家那体力吗！再说了，王军霞可有养藏獒的马俊仁教练和中华鳖精呢。少废话，快走！"我最后命令道。

"老公，就一会儿，这电视剧马上演完了。"Jay妈央求道。

"不行！上床去！"我命令道。

要说咱们国家电台播电视剧的方式是够吸引人的，一晚上能连播三集，没俩礼拜就播完了一部电视剧，然后就上新剧。这可真和西方的电视台成鲜明对比。在这里，不管多长的连续剧，一律是一礼拜播一集，要赶上什么特殊节日还得停播，要不《老友记》能播10年。我琢磨幸亏韩国没像国外这样，要不麻烦大了。你想呀，要是像《看了又看》这种韩剧，这么个播法，年龄大点的最好还真别看，因为很可能这辈子看不到结局了，到时临终前还得嘱咐子女："孩子们，妈妈一直在追看《看了又看》，不过算是看不到结局了，你们给我烧纸的时候一定记着告诉我，银珠和基正结婚没有。"

Jay妈不情愿地爬上了床。过了一会儿过去看看她，嚯……姐们儿正捧着iPad看韩剧呢。

"嘿，我说你就不能消停会儿。"

"太无聊了嘛，再说了这部片子真的特别好看，要不咱俩一起看？"Jay妈说道。

"行呀。"

"太好了，老公，终于等到能和你一起看韩剧了。"

"明天看我打'使命召唤'。"

呵呵，这就是Jay妈坐的月子，一个传统与现代相结合的、科学的、快乐的月子^__^

哺乳期乳头护理

很多妈妈在哺乳一段时间后或多或少地感觉到乳头的疼痛。其实大多数的乳头疼痛都是和哺乳姿势不正确有关。喂奶时一定要让宝宝将整个乳头和整个乳晕含在嘴里，因为如果只含乳头的话，宝宝不但吃不到乳汁，而且还会因宝宝的用力吮吸导致乳头疼痛甚至乳头破裂。

为了保持乳头和乳房的清洁，经常清洗非常有必要，但是一定不能用肥皂或者香皂来洗。因为香皂和肥皂中的清洁物质可通过化学作用除去乳房皮肤表面的角化层，洗去乳头和乳晕皮肤自身所分泌的油脂，减少其保护作用，此时皮肤表面碱化，反而有利于细菌的生长。时间一长，皮肤还会出现皲裂，从而引发疼痛，更有可能招致乳腺炎。

Jay妈可以骄傲地说，自从在医院学会了正确的喂奶方法后到现在乳头乳晕从来没有出现过任何问题。她的经验是，在最初喂奶的几周里每次喂奶后一定要用温水洗干净，然后在乳头乳晕区均匀地涂抹一些保护乳头的软膏。这样经过一段时间后，不管是JayJay喝奶还是Jay妈喂奶都能达到驾轻就熟的阶段后，就可以不再使用软膏了，但是喂奶后的清洗是必需的。

　　下面的图片就是Jay妈用的保护乳头的软膏，是用精炼的羊毛脂制作的，效果还是很不错的。

社区护士的家访
Midwife Home Visit

虽说 Jay 妈在月子里并没有完全遵循老一套的规矩，但是在喂养 JayJay 方面却是绝不含糊的。为了保障给 JayJay 最最新鲜的奶水，Jay 妈从不把奶水挤出来保藏。即便是在半夜里，也必须起床亲自喂他。而刚出生的小 JayJay 完全没有定时喝奶的习惯，所以 Jay 妈也就遵循着按需喂养的原则，只要他想喝奶就喂。有时一晚上基本上睡不了什么觉。

我看在眼里，甜在心里，对 Jay 妈充满了感激之情。同时我们大家也都尽量忙好各自的事情，只要是 Jay 妈提出的要求我们都会尽可能地满足她，帮助 Jay 妈全力以赴喂好 JayJay。

大概喂奶的时候经常是一个姿势的缘故，Jay 妈最近常感到肌肉酸酸的，于是迷恋上了按摩。要不怎么说上阵父子兵，月子母女情呢。每次 Jay 妈一嚷嚷胳膊酸了或腿酸了，Jay 姥立刻就坐到 Jay 妈身边，开始力度适中、收放自如地给她全身来个"马杀鸡"，接着再来个头部按摩。有时候一按就是一个多时辰，经常令 Jay 妈滋滋润润，昏睡过去。

这就是母爱！Jay 妈为了 JayJay 能整夜整夜地不睡觉给他喂奶；而 Jay 姥为了 Jay 妈不顾自己的腰酸腿痛，一个姿势一坐就是几小时几小时地按摩。母爱是这样的平凡和简单，但又是那么的无私和深厚。

这天下午，Jay 姥正在补觉，Jay 妈的"马杀鸡"瘾又犯了，于是躺在沙发上故意拉着长声呼唤道："旦……旦……"

"来喽，老婆，干吗？"

"给来个头部按摩吧。"Jay 妈央求道。

"没问题!"我坐在那里开始按摩。

过了十几分钟,Jay 妈说道:"旦,累了吧,来,躺这里,找个你觉得最舒服的姿势。"

"呵呵,谢谢老婆,真是知道心疼老公呀。"我准备躺下来歇了。

"旦,你别误会啊,我是琢磨着你要是找个舒服的姿势可以给我按的时间长一点。"

💧……接着来吧,我突然觉得 Jay 姥好伟大呀。>_<

"老公呀,不要用指尖,尽量用指肚,我这坐月子,骨头还开着呢。"

"嚯……你哪块儿骨头开了,也让我瞜一眼。"我说道。

又过了一会儿,Jay 妈嚷道:"老公呀,头部按摩,不是脸部按摩,您边按摩边看小说我不反对,但也别按倒我嘴里去呀。"

嗐,你还别说,这一边看小说一边按摩还真是不行。要不人家按摩院的小姐都穿得那么少呢,可能就是怕她们工作的时候随身藏本书吧。^_^

接着按……

"老公,劲儿太大了,你再把我脑袋给戳漏了。"

……大姐,你脑袋纸糊的!>_<

"不是,老公,你改择虱子了,使点劲儿吧。"Jay 妈说道。

……妹儿啊,你几天没洗澡了?@_@

"旦呀,你别挠耳朵,弄得我一身鸡皮疙瘩。"

"没事,你抖搂到地上然后我给你扫了。"我说道。

"真恶心,让你给我按摩还不如我自己躺着呢……嗯?!你别走呀,老公,你不会改进一下吗。右边还没按呢,这样不均衡,旦……老公……"

唉,这喜欢按摩的老婆你是伤不起呀。

呵呵,讲讲今天的护士家访吧。

在澳大利亚,一般产妇出院后,宝宝的健康都是由医院直接转交给妈妈和宝宝所住的社区政府(Council)来负责。社区政府会将所有资料保存,然后再联系距离妈妈和宝宝住处最近的一家母婴保健中心的工作人员,宝宝们的定期体检和疫苗接种都是由他们来完成的。而每一个母婴保健中心里面都会有经验丰富的护士、助产士以及一些相关的专业人员。当然了，如果宝宝得了病还是要去社区诊所由 GP 来诊治；如果是急症的话，就要直接去专业的儿科医院。

在 Jay 妈出院后，医院已经将 Jay 妈和 JayJay 的所有信息资料转交给了我们所在区的政府和母婴保健中心。这样在 Jay 妈出院后，中心的护士会联系我们然后和我们约定一个时间上门来拜访。一是要监测一下 JayJay 的生长发育情况，二是要为初为父母的我们提供各种育儿信息和资料。比如接种疫苗的信息，帮助宝宝健康成长的社区服务信息，以及解答我们提出来的各种问题。这种登门拜访，在 Jay 妈出院后一共有两次。两次之后妈妈就要带着宝宝定期去母婴保健中心检查了。

这点可能和国内很不一样，所以我举个例子便于大家理解。比如你家是住在北京朝阳区的，等你生完宝宝从医院回家后，医院就会把你和宝宝的资料传给朝阳区区政府负责产后母婴健康的部门，然后这个部门会定期派 GP 或者护士，登门拜访并且检查宝宝的健康情况。不过话又说回来了，北京要是真这么做恐怕不现实，人太多了。估计这每天登门拜访的医护人员就得安排好几车呀。

下午 2 点左右，社区的护士敲开了我们家的大门，原来是个老奶奶呀，走路都直打晃，看来澳洲真的是缺少医护人员。有决心的朋友赶紧过来考个护士执照吧，我敢保证到处都会抢你的。

护士奶奶进来后先是询问一下 Jay 妈和 JayJay 出院后的生活，Jay 妈的身体有没有什么不舒服的地方，JayJay 喝奶是否正常等等。然后她告诉我们，几乎所有第一次做父母的爸爸妈妈们对很多事情都会比较紧张，宝宝的每一件事情都会牵动他们的神经，尤其是喂养方面。比如宝宝喝奶过于频繁呀，经常打嗝呀，拉臭臭很多呀，吐奶呀等等，其实这些都是再正常不过了。因为出生十几天的宝宝胃很小，差不多就一个高尔夫球那么大，而且所有脏器还都没有发育成熟，难免吃奶后会出现一些消化系统的反应。

接着，护士奶奶开始检查 JayJay 的发育情况，先是把她的两个食指让 JayJay 握好，然后向上一使劲，小 JayJay 居然被提离床面，这个就是传说中的手掌握持反射。接着护士又用手指轻轻地划了划 JayJay 的脚底外侧部位，就看到小家伙的五个脚趾立刻分开，足大拇指向上翘起，这个是巴氏反射。所有的这些检查都是在确定 JayJay 的神经反射是否正常。

这个是澳洲政府规定的新生儿出生两周后要检查的内容

Developmental Review (2 Weeks)

Gross motor development		Grasp reflex	L	R
Hands fisted, thumb tucked in		Placing reflex		
Head lag complete		Stepping reflex		
Dorsal curve complete		Babinsky	L	R
No head control in ventral suspension				
Prone: knees under ab. head one side, pelvis high		**Vision and fine motor**		
		Pupils equal, round, react to light, accommodate		
Neurological reflexes		Eyes follow moving light		
Asymmetrical tonic neck		Eyes briefly fixate and follow at 20cm		
Blink/moro/startle		**Language speech and hearing**		
Rooting		Momentarily responds to voice or bell		
Sucking		Infant feeding status: breast/bottle		

在经过了一系列的神经反射检查后，护士奶奶拿出了电子秤，准备给 JayJay 称体重。通常来讲新生儿在出生后的几天内，体重会减少 10% 左右。那是因为他们要排出从羊水里带出来的很多分泌物，然而随着喂养体重又逐渐回升。一般宝宝会在 3–4 周后达到出生时的体重。那么 JayJay 现在到底有多重了呢？我们要先等护士奶奶把他扒光了上称再说。

要么说 JayJay 厉害呢。估计心里琢磨着您这个老太太是谁呀，敢扒我衣服。于是竖起小鸡鸡，冲着护士奶奶的手里就来了一泡，哗哗的，还真

没少尿呀。当时就给我们所有人都乐翻了。我说儿子呀，不管你心里面是怎么想的，这种行为可不是很"文明"呀！>_<

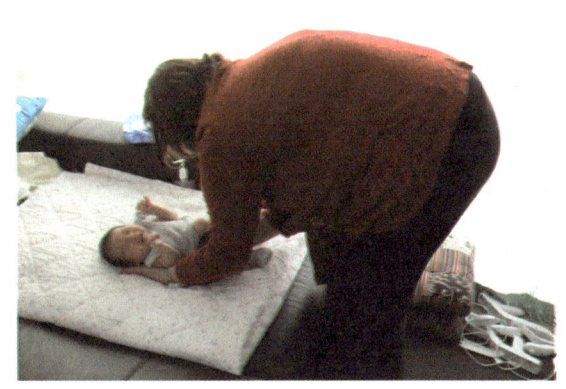

不过人家专业的护士什么没见过，估计手上不知道被多少宝宝拉过尿过了。她微笑着告诉我们这太正常了，然后掏出消毒液一擦，干净利落地扒光了JayJay的衣服把他放到了秤上。速度之快，动作之麻利，是不是怕JayJay再给她拉上一泡？

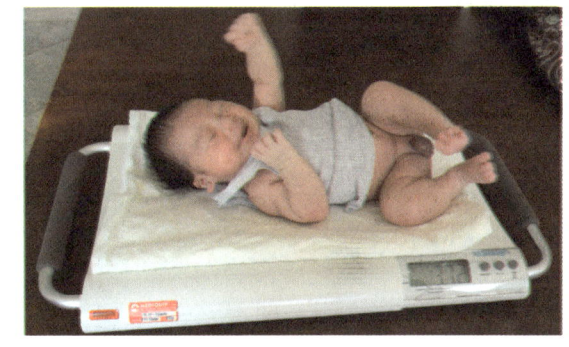

好嘛，乖儿子，这刚20天，你就又回到7斤4两了，看来你妈妈的奶水是够有营养的。

一系列的检查和测量后，护士奶奶总结JayJay目前的状况是Perfect，然后就坐在沙发上，开始在JayJay的蓝皮本（就是《住院期间》那篇日记中提到的儿童"Blue Book"）上，记录所有检查的情况和数据。

记录完了之后护士奶奶告诉我们，她下一次登门检查是两周后。如果这

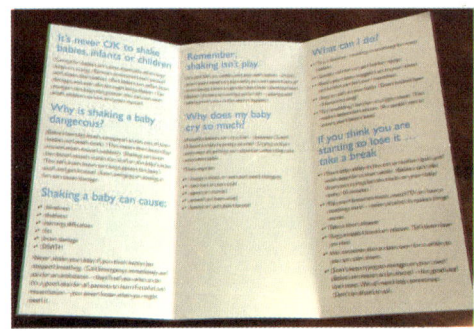

期间有任何问题,可以随时给她或者她所在的中心打电话。接着又给我们发了维多利亚州政府为所有新生儿家庭制作的宣传资料,里面有关于宝宝喂养的各种信息和注意事项,还有一个DVD。

打开资料,嚯,各种信息还真不少。不过有一个宣传单一下吸引了我的注意力,就是不要摇晃小宝宝。因为我接触到的所有中国家庭的老人都喜欢在哄孩子时抱着他们摇来摇去,这个其实对新生儿来说是很危险的。因为新生儿的脑组织和脑血管都很脆弱,如果长时间晃动的话,会有颅内出血的潜在可能性。另外,新生儿的大脑也未发育建全,脑组织也会在摇晃的时候不停地撞击颅骨,容易导致大脑神经损伤。当然了,不是不能摇,只是幅度要非常的轻微,而且最好等孩子长大一点再做。

最后,护士奶奶临走前和我们强调,如果Jay妈的奶水非常好的话就尽量不要给宝宝喂奶粉。虽然很多奶粉都有各种各样的营养,但是孩子未必能吸收。而且那毕竟是牛的奶水,对于宝宝而言,只有母乳才是最有营养最健康的食品。

预防婴儿猝死综合征

宝宝安全的睡眠环境已经引起了澳洲政府的高度重视。因为每2000个新生儿中就会出现一例婴儿猝死综合征（Sudden Infant Death Syndrome, SIDS），又称摇篮死亡（Cot Death）。它是指外表似乎完全健康的婴儿突然的意外死亡。虽然SIDS的发生概率只有0.05%，但是它的发生和宝宝不够安全的睡眠环境有着很大的关系。那么我们该如何为宝宝提供一个安全的睡眠环境呢？

第一，要选择安全的完全符合婴儿使用标准的床架。因为任何的不合格因素都会对宝宝造成危险；第二，就是安全的床垫，床垫软硬要适度并且非常干净，放入床架后与床架之间的缝隙不能大于2.5厘米；第三，就是要除去床边所有可能造成窒息的物品，比如枕头、被子、垫子等等；第四，就是要避免一切有隐患的睡眠场所，不要单独将宝宝放在父母的床上，不要将宝宝放在过于柔软的垫子上睡觉，不要把任何电器放在宝宝的睡眠场所，不要把任何绳或者线之类可以发生缠绕的物品放在宝宝身边。如果宝宝在婴儿车上睡觉，切记要把车的轮子锁住。

这样，宝宝就会在爸爸妈妈的细心照顾之下茁壮成长！

Jay 姥的演唱会
Concert of Grandmother

JayJay 已经来到这个世界快 20 多天了。小家伙儿为我们家里带来了无限的乐趣，也为我和 Jay 妈的生活增添了一份甜蜜的幸福。当然了，这照顾 JayJay 的辛苦也是不言而喻的。小家伙非常爱哭爱闹，尤其是在换尿片的时候，经常是狂哭不止，有时候哭的时间长了嗓子还会变哑，听得我们那叫一个心疼呀。于是 Jay 妈每次给 JayJay 换完尿片后就给他喂口奶，这奶头往他嘴里一塞，嚯……世界立刻安静了。可结果却导致 JayJay 养成了一个很不好的习惯——叼着奶头睡觉，否则就会哭闹不止。

我和 Jay 妈狠了狠心，准备把他这个毛病给改掉。于是换完尿片后，把 JayJay 往那儿一放，老实待着，不能给奶喝！可是这么做 JayJay 哪里干呀，马上报以最嘹亮的哭声。这时候 Jay 姥看不下去了，准备抱起小家伙哄他。结果被我们阻止了，Jay 妈说道：“有时候就得让孩子自己哭一哭，哭多了没有人理他，他自己自然就明白了，也就学会自己乖乖地睡觉了。我看网上，人家一个知名的美国医生专门告诉过家长，要让宝宝们自己养成良好的习惯，因为婴儿床是不会摇动哄他睡觉的！"

JayJay 又哭了几分钟，结果是 Jay 姥爷也看不下去了，于是老两口不顾我们的反对，冲到 JayJay 旁边，Jay 姥抱起了哭闹不止的小家伙，Jay 姥爷声色俱厉地对我们说道：“你们俩呀，不要老学外国人的那一套，把宝宝放在那里，任其哭闹，最后让宝宝自己养成了所谓的安静懂事的好习惯。那是因为外国家庭孩子多，大人没有时间照顾，不得已才那样做的。我们这明明有四个大人，干吗还让宝 JayJay 这么哭，万一引起疝气怎么办！再说了，你们俩学了那么多东西，可你们知道即便是婴儿也是有心理行为的，过分让孩子在婴儿期间哭闹而不去安抚他们，会导致孩子长大后形成冷漠的性格，甚至出现一些心理疾病。我们不去惯着JayJay，但安慰安慰孩子总没有什么错误吧。老伴儿，走，把JayJay抱咱们屋里去！"

其实Jay姥爷的这一番话并不是没有道理的。是呀，婴儿床是不会摇动哄孩子睡觉的，但是孩子的成长过程中是需要爱的。而在婴儿时期，这份爱就是来自父母对宝宝肌肤接触的安抚当中。

在JayJay充分享受我们的爱的时候，虽然这叼奶睡觉的坏毛病逐渐得到了改善，但是小家伙又养成了新的习惯，那就是拉臭臭换尿片后还有睡觉前必须听歌。

每次Jay姥哄JayJay的时候都是随口哼唱着各种各样的歌曲，从革命年代的到80年代流行的再到陕北民歌，效果奇好。每次听上十几分钟后，JayJay就安静了。可后来发现这孩子非常聪明，一首歌曲不能老重复演唱，唱上两遍后必须得换新的。我说JayJay呀，你这每次都要换新歌听，你当咱们家是开唱片公司的呀，我们这归了包堆儿就四个人，除了找不着调的你爸和你姥爷以外，就剩下你那五音不全的妈妈和姥姥了，这种条件有人能给你唱已经不错了。

看着Jay姥每次辛苦回忆各种歌曲的样子，我真是有点哭笑不得。于是为了缓解Jay姥的压力，我把Jay妈怀孕时经胎教用的小故事放给JayJay听，结果和没听一样，没有任何效果，小家伙照哭不误，边哭还边看我，仿佛在说："那是给肚子里的我听的，现在我都出来半个多月了，您蒙谁呢！"

好吧，胎教故事没用，那爸爸我给你来点歌曲总行了吧。于是下载了各种节奏的中英文流行歌曲，还有不同的轻音乐专门给JayJay听。嘿，这孩子，居然是一律不听，就得听他姥姥现场版的演唱。我也没有了办法，老岳母呀，您还是接着唱吧。>_<

发展到现在，JayJay对Jay姥现场版演唱的要求是更加升级了。听歌时间延长了不说，每次唱歌要一首接一首的不能重复，一重复小肚子就一挺一挺地抗议。好嘛，Jay 姥从 20、30 年代的老歌曲一直唱到现在的流行歌曲，再时不时地来点戏曲什么的。到最后实在不知道唱什么，改唱陕北民歌了（别忘了，Jay 姥可是老区来的向阳花呀），从 1942 年的民歌开始一直到现在的版本。

说句实话，Jay 姥在同龄人中算是歌唱得比较多的，可就这样也赶不上 JayJay 听的。禁不住这小家伙屎拉得多呀，每次一换完尿片就得听歌。昨天晚上我和 Jay 妈听见 Jay 姥对 JayJay 说道："JayJay 宝宝，你将来一定是个音乐家，姥姥现在的歌库里面算是没歌了，等姥姥回北京后好好去 KTV 学学，下次过来再给小 JayJay 唱。"

"妈，等您再过来的时候他可能该让您唱英文歌或说唱乐了。"Jay 妈说道。

今天早晨 Jay 妈给 JayJay 换完尿片后，把他扔给了 Jay 姥，小家伙昨晚又喝奶，又拉屎，又放屁的没少折腾我俩。最狠的是给他换尿片的时候小家伙还在放响屁，而且是极其富有韵律的那种，声音抑扬顿挫的。更逗的是每放一次屁，就崩出一点便便来，崩出的量和屁声成正比，屁放得越响崩出的屎就越多，把我和 Jay 妈乐得差点没背过气去。

补了两个小时的觉后出来一看，嚯，Jay 姥还抱着 JayJay 在那唱呢，不是歌库没歌了吗？走近一听，我去，Jay 姥自己编曲自己填词的在那唱着呢，小 Jay 是真捧场呀，瞪着个大眼睛，听得津津有味。这 Jay 姥的现场版演唱会真是演绎到了极致。

Jay 妈转过头来，冲着我说道："可怜的孩子，音乐方面的造诣算是让我妈给毁了！"

后来我们挖思想找根源，最终把 JayJay 这换尿片后爱听歌的毛病推给了 Jay 姥爷。

"爸，这得赖您！"Jay 妈对 Jay 姥爷说道。

"为什么呀？！"Jay 姥爷非常冤枉地问道。

"您想呀,您做饭那么好吃,又给我煮了那么多下奶的汤,所以我的奶水就丰富好喝,对吧;奶水好喝又多就导致JayJay能吃;他能吃就导致他能拉;拉得多了换尿片就得频繁;尿片换得频繁了我妈就得多唱歌哄他。您看看,这不赖您赖谁呀。"Jay妈调侃道。

"要不我也给咱家JayJay唱两段?"Jay姥爷说道。

Jay妈听完一个箭步冲上去抱住了JayJay,然后冲Jay姥爷说道:"爸,我妈最多就是毁了JayJay的音乐造诣,您要是唱完了,估计这孩子得进精神病院了。我错了,这事不赖您,行吗。"

哈哈……哈哈……Jay姥又笑弯了腰……

虽然JayJay刚20多天左右吧,但是我发现小家伙的表情是非常的丰富,你是不是也被你老爸老妈一身的幽默细菌给感染了呢?所以从这篇日记开始,我将会用JayJay的相片做一些可爱又搞笑的漫画。^__^

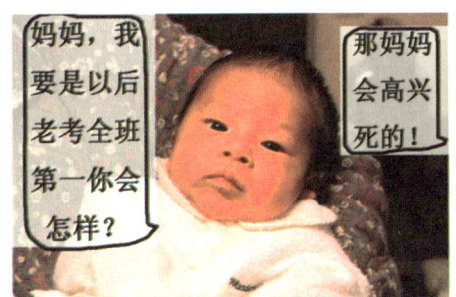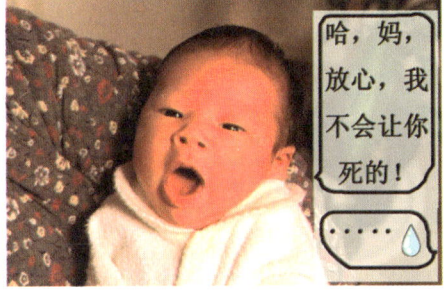

孝子

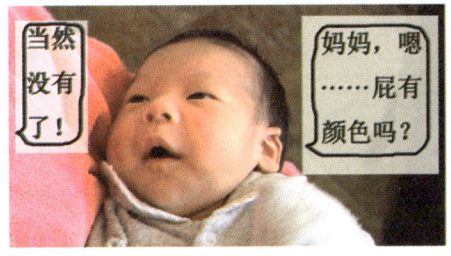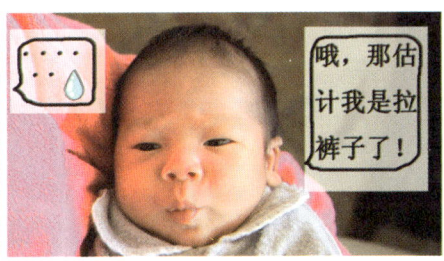

放屁了?

JayJay 的福利
Child Support Policy

　　今天的午饭特别丰盛，凉菜有酱牛肉、炝拌鸡杂和拍黄瓜，主菜有炖羊肉、苦瓜炒肉丝、蒜茸生菜，饭后还有丸子白菜汤溜溜缝儿。我和 Jay 妈吃得叫一个舒服呀，一阵风卷残云后，碗筷一推，挺着个大肚子歪那了。

　　过了一会儿，Jay 妈挣扎着坐了起来，嚷道："爸，您不过了，怎么做这么多！"

　　"嘿！吃撑着还赖我了。孩子们呀，我做得多也没有让你们一顿都吃完了呀。"Jay 姥爷说道。

　　"旦，你说没事吧，又是牛肉，又是羊肉，加上猪肉丸子，同时吃这么多到肚子里面不会起什么化学反应吧？"Jay 妈问我。

　　"当然有化学反应！最后全都变屎了。"我说。

　　"真恶心！"

　　"何止三种肉呀，还有海鲜呢！"我说。

　　"嗯？！我怎么没看到？？"Jay 妈问我。

　　我挑起白菜丸子汤里面的一虾皮儿说："你别把虾皮儿不当海鲜呀，把你缩小 50 倍，这就是大对儿虾了！另外，等你下次觉得吃的东西特多特杂，担心会不会有什么反应时，你想一样东西后感觉就会好了。"

　　"什么？"

　　"火锅！"

　　💧⋯⋯⋯⋯

　　话说 Jay 妈这几天一直在看一本早教的书籍，因为我们希望 JayJay 将来不但要有一个健壮的身体，更要有一个聪明的头脑。这书还是国内一位著名儿科专家兼儿童心理学家写的。书上说在这个时期，除了要多和宝宝说话以外，爸爸妈妈们还要多和宝宝玩一些互动的游戏。我们印象最深的一个就是你经常冲着宝宝吐吐舌头，久而久之的宝宝便会学你的样子也把舌头往外吐。

嗯，这个挺有意思的，于是早晨起床后我和Jay妈轮流教JayJay吐舌头。小家伙太厉害了，没过多久，就开始学着我们的样子吐起舌头来，样子还特别的认真，太可爱了。我和Jay妈备受鼓舞，看来这胎教还真管用，于是我们俩吐得更勤快了。半个小时下来，JayJay算是学会吐舌头了，不过我和Jay妈怎么老想找根儿骨头啃啃。

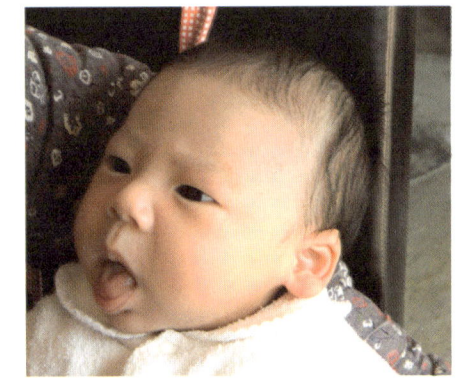

JayJay吐舌头的可爱样子。

本以为JayJay学一下就完了，谁知道小家伙停不住了。整整一个上午，JayJay在不停地吐舌头玩儿。于是我捧着他的小脸说道："Jay呀，玩一下就行了，来，不要吐了。"

还吐……

"JayJay，不吐了，姥姥给你唱歌了。"

一边津津有味地听歌，一边津津有味地吐舌头……

"JayJay，不要吐舌头了，姥爷准备给你跳段舞。"

💧……"爸，那个，还是让他吐吧。"

看着不停吐舌头的小JayJay，我心里琢磨着，这早教书籍真是坑爹呀。好端端的一个漂亮宝宝，现在却吐舌头停不住了。莫不是……我和Jay妈的身上隐藏着狗的基因？

最后还是Jay妈厉害，她分析现在JayJay可能是一种条件反射，小家伙以为我们只要看着他，就是让他吐舌头玩儿。于是Jay妈拿出了小家伙的"按摩椅",然后上好电池,把JayJay往里面一放,接着命令道:"未来一个小时之内谁也不许抱他,说话时也不要再露出舌头来。"

JayJay也是一个会享受的宝宝,按摩椅上一躺,震动开关一开,音乐旁边再一放,小家伙儿立刻爽歪了,还吐什么舌头,这时候早没工夫理我们了。

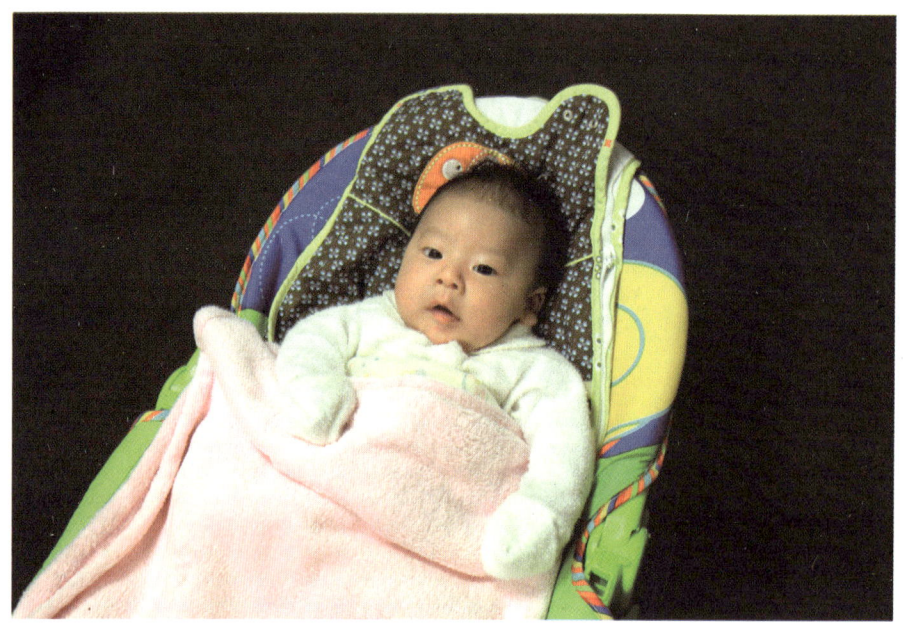

呵呵,这篇日记里面就简单聊一聊澳洲的福利吧。

今天下午,带着填好的表格来到了澳大利亚联邦服务部(Centrelink),为JayJay申请奖金和补助。也许很多朋友听说过,作为资源丰富、地广人稀的澳大利亚,福利肯定特别好。我个人觉得,这里的福利可能与欧洲一些富裕的小国家相比还差点意思。不过在大部分西方国家中,澳洲的福利还是很不错的。

首先,我个人认为一个非常好的福利就是宝宝看病完全免费。不管父母做什么工作,也不管是在澳洲的任何地方,只要宝宝生病了,立刻就可以去儿科医院的急诊,然后急诊护士先根据宝宝得病的轻重缓急分类:病情轻的可能就会在急诊外排队等一段时间，病情比较急的可以直接就诊无须排队。我不大清楚其他的城市，但是墨尔本的皇家儿童医院的急诊可以说是相当的"皇家"，因为陪朋友去过一次，嚯……医院里面真是富丽堂皇，而急诊的等候区更是豪华，居然有一个两层楼高的小型水族馆，里面有着各种各样的热带鱼，看了让人心旷神怡，顿时减缓了家长焦虑的心态。而急诊室里面每一个就诊的宝宝都有一个单间，医护人员的服务态度更是没的挑剔，非常专业和热情，身上还配带着各种逗孩子的小玩具。尤为难能可贵的是，如此豪华、专业的医院，只要是宝宝就诊，父母从不需要花钱，完全由国家支付费用。

儿科医院急诊的候诊室

再有就是各种补助。只要父母是澳大利亚的公民或者永久居民（绿卡）持有者，那么生完宝宝之后，就会得到联邦政府的奖金（Baby bonus）。以前是一次性付清，现在改为分13次付给父母，每两周付一次，第一次是880澳币，往后每次是380澳币。这个奖金只是针对一个孩子而言，如果你生的是双胞胎，那么就可以领到两份奖金。如果你是领养而不是亲生的孩子，一样也可以得到这笔奖金。

在奖金之外，政府还会根据家庭发放其他的各种补助。一般家庭都可以领到一个叫做Family Benefit Tax的补助，它分为A和B，可以一直发到小孩 18 岁。当然金额的多少也是根据你家庭的年收入多少来制定的，不过通常来讲，只要收入不是特别高的家庭都能得到这个补助。

Family Benefit Tax 的 A 补助是 13 岁以下每两周发 164 澳币，13 到 15 岁发 214 澳币，16 岁以上发 52 澳币；B 补助是 5 岁以下每两周发 140 澳币，5 岁以上每两周发 97 澳币。什么？你觉得不是特多，那得根据物价来判断多少，这么说吧，一般澳洲超市的一桶奶粉价格波动在 15 到 25 澳币之间，尿片更是便宜，224 片装的好奇尿片在 Costco 只要 60 澳币，你说这点钱够不够你抚养一个小 baby 的？

除此之外，还有其他的一些补助。比如家庭收入过低的，可以领取低收入补助；又比如有三个或三个以上孩子的家庭，可以领取一个大家庭补助等等。不过听朋友说，目前"收入"最高的可能就算单亲低龄妈妈了，好嘛，这补助七领八领的比一般打工者挣得还多，要不国外这么多未婚先有子女的呢，合着光靠孩子不用上班也能挣钱呀！

更有意思的是，澳洲的所有补助政策全部是建立在维护女子权利之上，补助则是直接发给妈妈的，除非妈妈授权爸爸，否则男士别想拿到一分钱。即便离婚也是完全维护女性权益，只要女人离婚理由正当，男人们就等着破产吧。所以在澳洲结婚要格外慎重，老婆更要选好，否则可真是鸡飞蛋打啦。

"旦，干吗呢？" Jay 妈在叫我。

可得赶紧去，要是 Jay 妈不开心和我离婚可就麻烦了。在澳洲，这女人可伤不起呀。>_<

"来喽，贝宝……"

Party

话说 Jay 姥可不是一般人呀。好家伙，在哄孩子的领域那可算是独孤求败一类的人，很"鄙视"我和 Jay 妈哄 JayJay 的方法，曾经"嘲笑"我道："JayJay 呀，你爸爸可不会哄你，你一哭就知道给你换尿片儿。"

我回答道："妈，俗话说得好，人生自古谁无屎！"

Jay 姥："…………"

Jay 姥也曾经"讽刺"过 Jay 妈："JayJay，你妈也不会哄你，你一哭就知道掏出那两个肉疙瘩。"

Jay 妈回答道："妈，有奶才是硬道理！"

Jay 姥："…………"

Jay 姥虽然说不过我和 Jay 妈，但是哄起 JayJay 来那真是太厉害。现在 JayJay 已经完全被 Jay 姥的"动人歌声"所迷倒，成为老人家最铁杆的歌迷了。但是 Jay 姥绝不仅仅满足于眼前所取得的成就，经过多次实践后又发明了"童话哄法"和"暗示哄法"。

每当 Jay 姥给 JayJay 唱了一段时间歌曲后，就开始即兴创作各种各样的童话故事讲给 JayJay 听：JayJay 呀，在一片大森林里面住着一个小红帽，她迷路了，后来遇到了森林的大坏蛋灰太狼……

💧……妈，串了，狼有好多条呢，您选成国产的了。

JayJay 呀，葫芦娃的爷爷被妖怪抓去了……最后在孙悟空的帮助下终于被救了出来……

💧……孙悟空还接外活？！

有的时候，不管是唱歌也好讲童话也好，JayJay 还是不安静，于是 Jay 姥看着 JayJay 的双眼然后轻轻地说道："JayJay，其实你想睡觉，其实你想睡觉。"嚯……您老具有心理医生的潜质呀。

话说昨天晚上，Jay 爸我替 Jay 姥值夜班。老人家连续看了三个晚上，真是累坏了。由于 JayJay 经常会犯肠绞痛，所以一到晚上就会哭闹得很厉害。这不，刚过 12 点，小家伙准时开哭，于是我和 Jay 妈轮流抱起来开始哄。讲故事，不管用！唱歌，也不管用！要不跳段舞吧，于是把 JayJay 放在床上，我和 Jay 妈给他激情地表演一段探戈，就是《暗算》里面钱之江和唐丽娜那段"啪、啪"甩脑袋的那种舞。好家伙，哭得更厉害了！

看着 JayJay 的小脸已经哭成了猴屁股，嗓子也哭哑了，我实在是心疼呀！于是又抱起来哄道："哦……哦……乖儿子，不哭了好吗？"

JayJay："哇……哇……"

不领情，要不爸爸自降一辈吧："大哥，不哭了好吗？"

"哇……哇……"

那爸爸再自降几辈："祖宗，别哭了。"

"哇……哇……"

忽然回想起网上看的资料，通常新生儿入睡的时候需要一定的噪声和晃动，因为宝宝在子宫里面的时候，周围会有主动脉"嘘……嘘……"的血流声自始至终地陪伴着他们，外加妈妈走动时羊水也会带着宝宝晃来晃去，所以如果能够营造出一些和子宫里面相似的环境，会非常有助于宝宝入睡的。据说有些外国人会打开吸尘器哄孩子睡觉，而 Kerry 也和我讲过她一个朋友的方法，大晚上孩子哭个不停，最后没办法，爸爸想一主意，把孩子放到车上然后"游车河"，这招还真管用，车子没开一会儿，孩子就睡着了，而且睡得特别踏实。不过这两招也有缺点，一个是费电，一个是费油！

吸尘器辐射太大，而晚上开车出去怕不安全。于是我打开手机上的音乐，给 JayJay 来点轻音乐吧，结果什么约翰·施特劳斯呀、班得瑞呀、恩雅呀，全都玩儿去，一律没用！最后让人意想不到的竟是大屁股碧昂丝阿姨和前卫控 Gaga 阿姨的歌最管用。轮番放着《Sweet Dream》和《Telephone》，我抱着 JayJay 又摇又唱，而 Jay 妈拿着个沾毛滚子当成麦克风，在一旁也是又唱又跳的。咳，知道的这是在哄孩子呢，不知道还以为开 party 呢，就这样又唱又跳的过了半个多小时，小 JayJay 终于睡着了。

突然特别佩服开演唱会的明星们，这真是一体力活儿呀！把已经熟睡的 JayJay 放到了小床上，拉上 Jay 妈直奔厨房，体力消耗得差不多得来点儿夜宵了。

宝 JayJay 呀，等你长大了，要是你碧昂丝阿姨和 Gaga 阿姨还能跳的动的话，爸爸一定带你去看她们的演唱会，到时候你别再睡着了就行！

吃完夜宵回来，已经凌晨1点多了，正打着哈欠和 Jay 妈铺床准备睡觉，就听见哇……哇……哇……

看着 JayJay 哭得满脸通红，Jay 妈睡眼惺忪地对我说道："来吧，旦，Party 才刚刚开始……"

温馨小贴士

新生儿肠绞痛（Infantile Colic）发作时，宝宝会出现声嘶力竭的大哭，甚至哭到脸红脖子粗的，同时往往伴有腹部鼓胀，两手使劲握拳而两脚伸直，还会伴有四肢末端冰冷。这些症状可以持续数十分钟到数小时之久，无论如何哄抱基本都不管用，直到宝宝精疲力竭才会罢休。有时在排便或者放屁后稍有改善。任何时间都可能发作，但是最常发生在傍晚和夜里。因此很多老年人怀疑是不是孩子招惹上了什么"不干净"的东西了。

肠绞痛的具体病因至今仍旧不是很明确。但是医学界认为，这与新生儿肠胃神经和大脑中枢神经发育不协调有关。澳洲这里的助产士告诉我们：也可能是与新生儿肠胃菌群不均衡有关。总之，这个症状会让宝宝很痛苦，也让家长们手足无措。不过不用担心，这不是疾病，既不影响宝宝的胃口，也不会影响宝宝的发育，而且越是身体健康发育完善的宝宝越爱有肠绞痛。一般来讲，在6—12周后随着宝宝的发育成熟，肠绞痛就会自然而然消失了。

在肠绞痛发作时，可以让宝宝趴在妈妈的腿上，然后妈妈用一只手按摩宝宝的后腰，也可以将宝宝平放在床上，然后顺时针轻轻按摩宝宝的肚子。当然了，如果症状加重并出现呕吐，大便带血和出现腹部肿块的话就可能是肠套叠了，一定要马上去医院就医。

JayJay的漫画之《问问题记》

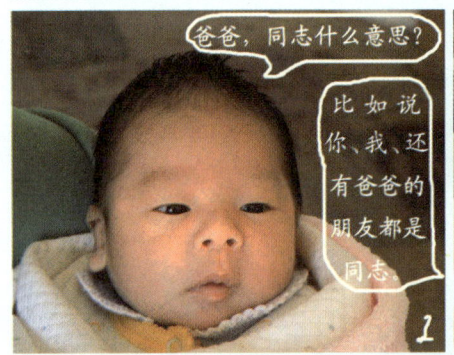
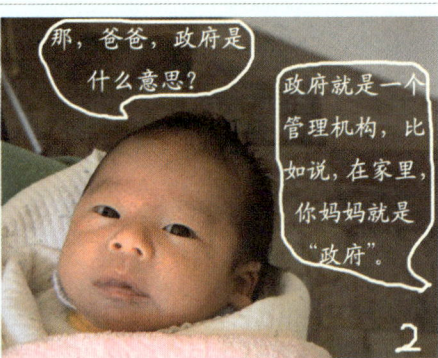
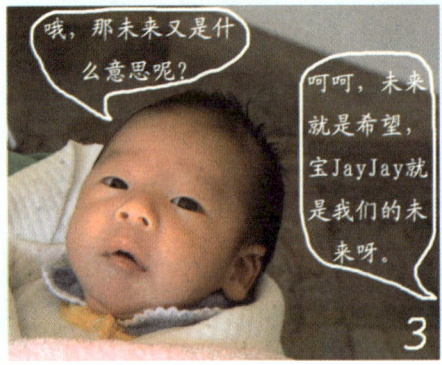
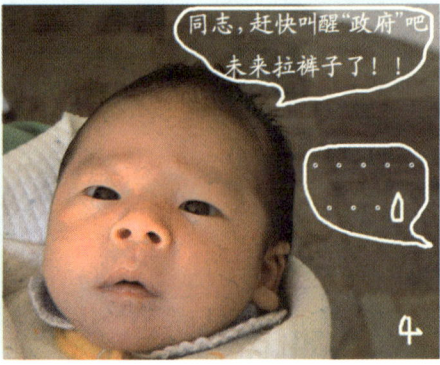

JayJay 的漫画之《赌气》

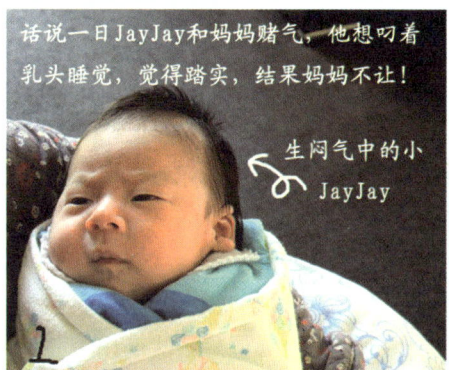

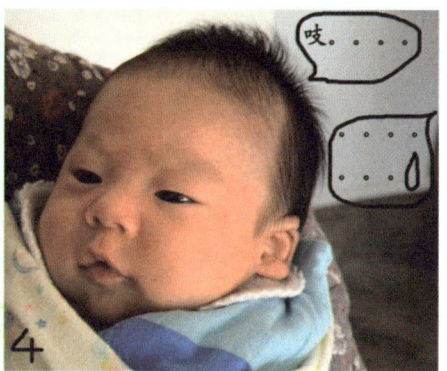

阻止不了的！
You Can Not Stop Them！

满月之后的小 JayJay 好像又成熟了不少。哭的时间明显比以前减少了，而且渴望和大人交流的行为越来越明显。每次总是希望有人能够陪在他身边，唱唱歌，说说话，最好还能来一点儿肢体语言。

我们对他的这种变化感到非常高兴，于是更加努力地逗他开心。结果由一开始的 Jay 姥个人演唱发展到现在的全家上阵，不管你是给他讲笑话、念英语，还是有调没调地唱歌，JayJay 是照单全收，听得津津有味。这个捧臭脚的小家伙让大家都特别有成就感。

不过话又说回来了，大家轮流的这么逗 JayJay，别的不好说，这唱歌的水平都尼玛成几何速度提高呀。以前唱歌没调的现在已经进步到了唱歌走调，以前唱歌走调的也逐渐开始找到调了。我后来觉得吧，原来这唱歌和那个疯狂的英语是一样一样滴，就得拉下脸皮，敢大声地嚷出来，这样才能进步。

不过哄多了 JayJay，Jay 姥落下一点"后遗症"。Jay 姥爷给我们讲了一件逗事："昨天晚上睡觉时你妈这梦话说的，边拍我还边唱刀郎的歌儿，还说道：乖宝宝睡觉了，乖宝宝睡觉了。"

"哈哈，哄 JayJay 哄上瘾了。"我说。

"爸，说不准我妈半梦半醒之间也想哄哄您睡觉呢。这段时间她哄 JayJay 哄得太多了，哄谁睡觉不是哄呀。"Jay 妈调侃道。

"嘿，我还用哄着睡呀，都快入土的主儿了。"

下午的时候，听见外面一阵欢笑，于是循着声音向后院望去，我勒个去，小JayJay平时躺着用的小摇摇椅也被拿到了后院，小家伙正躺在上面目不转睛地看着他的姥爷和姥姥，老两口儿在JayJay面前一个是声情并茂地演唱，另外一个则是手舞足蹈地伴舞。

我勒个再去，地球已经阻止不了Jay姥爷和Jay姥姥了，这要是邻居看见了，非傻了不可，不愧是有5000年文明历史的古国呀，就连哄个孩子都这么霸气……

过了一会儿，又听见JayJay兴奋"啊啊"直叫唤，老两口儿真是辛苦了，这演什么呢能把小家伙逗得这么高兴，于是我走过去问Jay姥："妈，您今天跳的哪段呀，JayJay怎么这么高兴。"

"第七套广播体操！"

💧…………

二老呀，你们是怎么想出来的！还有小Jay呀，第七套就把你哄成这样，这要是上了最新的第九套你还不得高兴得站起来！

于是我说道："妈，您要是会第九套的话先别给他做了，等第七套不管用的时候再上。"

"知道，你爸已经下载了第九套的视频了，我们正学着呢。"

💧……我说什么来着，地球已经阻止不了这老两口儿了。

晚上吃完饭后，JayJay又开始哼哼唧唧想叫人陪了，Jay妈搬了个小凳子，往那一坐，然后举起双手冲着JayJay说道："保护视力，预防近视，眼保健操现在开始……"（→_→）（↑_↑）（←_←）（↓_↓）（→_→）（↑_↑）（←_←）（↓_↓）（→_→）（↑_↑）（→_→）

💧……我二姨呀，地球阻止不了的还有遗传基因！！

1小时后，Jay妈带着JayJay去了卧室，准备开始哄他睡觉了，大家也都各自忙去了。我刚要看会儿电视，突感后背一紧，屎来如山倒呀，赶紧跑进厕所，坐在马桶上后总觉得哪里不对劲，仔细一看,@#￥×&%$#……为什么卫生纸长大了？？这个好像是厨房纸巾吧？！我琢磨着你说手纸用到这种程度真是伤不起呀。

一摸，没错，这明明就是用在厨房里面当抹布的纸巾，怎么跑到厕所来了，于是我冲着Jay姥爷叫道："爸，能拿点手纸吗？"

"孩子，手纸没有了。"

"不会吧，我刚从超市里买回来两大捆呀？！"我说。

"孩子，你昨天抱回来的两大捆都是厨房里用的纸巾，我和你妈还以为你要大扫除呢！买错了吧？！"

我说怎么那么贵呢，我还以为手纸涨价了呢。看来男的买东西就是这样，直奔主题，不看价格不看内容，觉得差不多拿了就走。嗐，要改正，要改正呀。

就在这时候，老岳父递进来一卷"手纸"，我琢磨这不是有吗，仔细一看，我去……

"孩子，凑合用吧，我用菜刀把它切成了两半了，我和你妈今天用的都是这个。"

老岳父呀，您也忒猛了吧！！何止地球呀，银河系都阻止不了您了！

没办法，家里是一卷手纸都没有了，就凑合用它吧。不过你还别说，这纸用起来还真挺带劲的，手纸一半的量就能解决问题，太结实了。而且感觉也还挺舒服的。于是从厕所出来后和二老交流起来使用心得，有人说："这纸好结实呀，平时要把手纸先卷成四层再擦，现在只需卷成两层。而且再也不用担心会捅漏的问题了，用纸量也减少了，这厕所越上越快乐！"

有人说："嘿，上厕所时选厨房纸巾，还真对得起我这屁股，厨房纸巾呀，天天见！"

还有人激动地说："今年过节不送礼，送礼就送厨房纸！"

这时候Jay妈走出卧室，问道："你们瞎嚷嚷什么呢？"

"老婆，我们算了一笔账，虽然厨房用纸价格贵，但是性价比绝对高于手纸，于是我们决定，以后家里面厕所的手纸全部改成厨房纸巾。"我说。

"啊，那纸太大了吧。"

"没事，有咱爸，还有菜刀呢！"

哈哈……要不你今天也试试厨房纸巾？

JayJay的漫画之《追求》

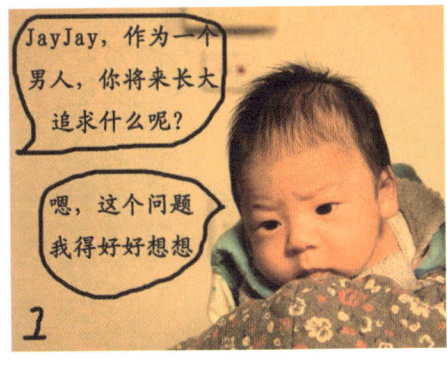

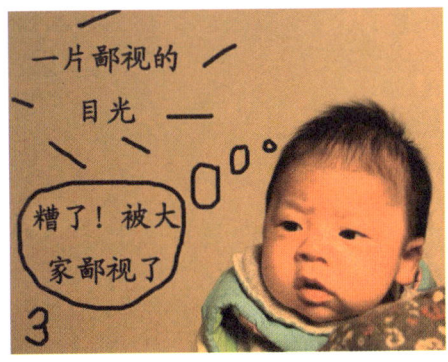

JayJay 的漫画之《考试归来》

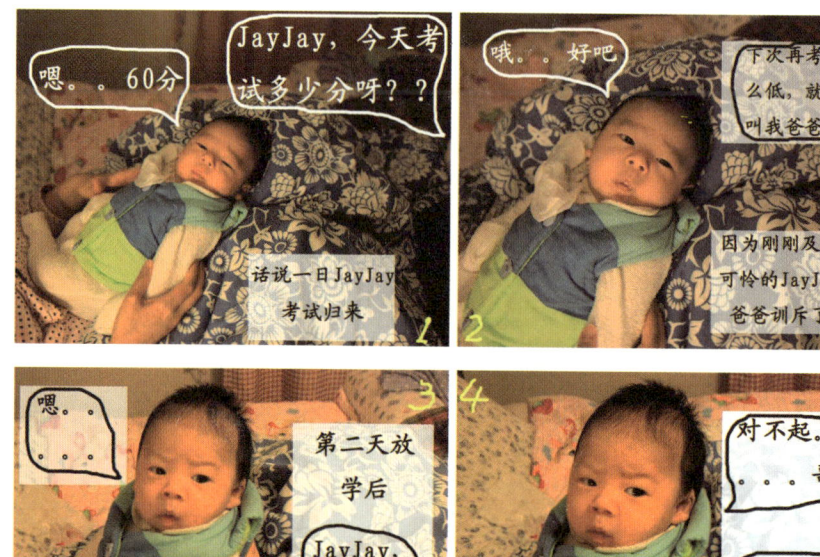

最后一次复查
Postnatal Examination

"旦,当你的食指抠鼻孔时,能不能离我的水杯远点儿!鼻涕妞儿都飞到我水里了!"Jay 妈冲我嚷道。

"老婆,你是不是把我的鼻涕妞儿当成东风 41 型洲际弹道导弹了,还带定向功能。"我说。

"那你也站远点,别抠了!"

"我这也就是小抠两下而已,搞搞个人卫生。"我说道。

"嚯,你别谦虚了,还小抠两下呢,手指头都快伸到脑浆子里去了。嘿,这正说着呢,你怎么又改大拇指了,你是嫌鼻孔不够大吗?"

"你懂什么,人类的一切排泄行为都是巨爽无比的。我这抠鼻子正好抠到情不自禁,哪还顾得上用哪个手指呀。"我说道。

"嚯……那你怎么不上脚丫子试试?"

💧…………

呵呵,为什么说到抠鼻子呢,因为 JayJay 最近鼻子好像有点堵。

自从出生以来 JayJay 一直都非常健康,偶尔打个喷嚏放个屁什么的,也不足为奇。可是自从昨天就发现他有时候喘气声音特别大,时不时还带出一点"呼噜呼噜"的声音。尤其在吃奶的时候,JayJay 的呼吸显得极为不通畅,偶尔还会出现呛奶。

第一次做家长,自然有点紧张,要是鼻子里面长了东西可就麻烦了,于是 Jay 妈捧着他的小脑袋,我用 iPhone4 上的超强手电对准他小鼻孔一照,我天,一个超大的鼻涕妞儿几乎封住了整个鼻孔,而且还是特别干的那种。我们的手指头又太粗了,这可怎么办,总不能看着小家伙老这么难受吧。

于是抓起电话拨通婴儿健康热线询问,专业人士告诉我们这个很正常。但是婴儿毕竟不像成年人能够使劲擤鼻涕或者自己抠出来,因此要等他打喷嚏然后慢慢地排出来。如果比较多比较干的话,可以试着用一些软化鼻屎的盐水喷雾剂。如果不严重的话,可以试着用加湿器稍微把空气湿润一下,然后再用宝宝专用的吸鼻器给吸出来,切勿用棉签捅到宝宝的鼻腔里面,因为宝宝的鼻腔很脆弱,可经不住这么折腾。

于是马上飞奔到附近的药店,买了一瓶婴儿鼻腔喷雾剂和吸鼻器。回来后先安抚JayJay,然后趁他高兴的时候,Jay妈按住他的小脑袋,我拿起喷雾剂,对准他的小鼻孔就是一喷,小家伙立刻蒙了,琢磨着从妈妈肚子里面出来后就再没有用鼻子喝过水,原来感觉是这么难受,于是马上报以最嘹亮的哭声。这么一哭倒是不错,正好有助于已经湿润的鼻涕妞儿排

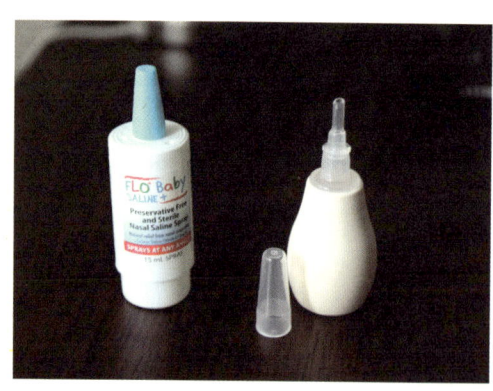

宝宝喷鼻子专用的盐水和吸鼻器

出。不到一会儿工夫,大鼻涕妞儿已经来到鼻孔的边缘,拿起吸鼻器一吸,大功告成!困扰JayJay的小问题终于解决了。

再说一说今天Jay妈去医院复查的情况吧。在澳洲,如果没有什么不适症状的话,一般产妇在出院后6周左右需要回到医院进行复查。

上午11点,我们如约来到医院。医生先是把Jay妈以前的住院生产史和我们共同回忆了一番,然后询问Jay妈出院后到现在是否有什么不适症状和排恶露的情况。要不怎么说顺产好呢,Jay妈在出院后第五周左右再没有什么恶露,基本全干净了。而自然撕裂的伤口也愈合得非常好,没有任何感染。到目前为止,除了走多了偶感有点累以外没有任何不适症状。

当然了，走路多了会累对女人而言是分地方的。要是在小区里锻炼散步那就肯定累，要是在商场里散步就不怎么感觉累。

而 Jay 妈比较关心的一个问题，就是如何把她这生产后的大肚子弄没了。于是询问了医生有关腹带和锻炼等问题。医生说锻炼现在已经完全可以开始了，只不过不要一上来就做剧烈运动，要循序渐进。至于腹带，他个人认为仅仅是腹带的话，对于缩小腹部没有太多的作用。而要减去腹部的肉，用腹带的同时必须要加强锻炼。我琢磨着也是，你想呀，光勒紧了，这脂肪也不能变肌肉呀，要是这样的话，那些练健美的也别去健身房了，直接往身上缠带子就行了，越紧肌肉越多。健美比赛时就听主持人大叫："下一位选手，来自奥地利的阿诺德·施瓦辛格！"没有人上来。过了一会儿，幕后的工作人员对主持人说道："施瓦辛格选手在解带子的时候被缠住了，现在还没有挣脱出来呢。"呵呵，估计这古埃及的法老们，可能全都是想在去世之后成为一代健美宗师呀！

医生接着又检查了阴道松弛程度来评估一下 Jay 妈的盆底肌肉恢复情况，然后又做了一个宫颈口涂片。在澳洲，一般生完孩子后是每两年做一次宫颈口涂片的检查，主要是用于防治宫颈癌，结果大概在一到两周后 E-mail 通知我们。最后我们把准备好了的 JayJay 的一组相片送给了医生，他也非常高兴。就这样，Jay 妈算是正式结束了生 JayJay 的医院阶段，而所有关于孩子健康方面的事宜全都转交给了社区诊所。

从医院出来后，我们去了一趟名叫"Daiso"的一家日本超市。据 Jay 妈讲这是一家很有名的日本小型超市，在全世界都很有名，墨尔本这家刚开张的时候要排队一个小时才能进得去。嚯……这是什么超市能在澳洲这么火，我得去瞧一眼。

到了门口一看，就是一个小杂货店，所有东西两块八澳币。不过你还真别说人家日本人，一个小杂货店都做得这么整齐干净，里面的小产品虽说做工一般吧，但是在同等价位的产品中绝对算是精品了。而且包装也非常好看，看着就想买。

　　买完东西结账的时候,日本服务员非常有礼貌地鞠躬收钱,然后微笑告别。

　　回家路上,看着天上大朵大朵的白云,Jay妈说道:"旦,你看这朵像不像一个双壳的花生?"

　　"嘿,你还别说,真像呀。"

　　"那个像不像海参,连须子都能看见。"

　　"真的,像海参!"

　　"还有这个,像不像一个夹着超长香肠的热狗?"

　　"老婆。"我叫道。

　　"嗯?怎么了,旦。"

　　"你是不是饿了?"

　　"咦!老公,你是怎么知道滴?莫非你就是我肚子里面那条小虫?"Jay妈道。

"你这形容了半天,除了吃的没别的呀。"

"赶紧给我爸打电话,让他准备下面条,这样咱们进门的瞬间就能吃上!"说着,Jay妈拿起电话。这老岳父,照顾这俩饿鬼投胎般的孩子也确实够辛苦的。

中午回家后吃的是老北京炸酱面,没买豆芽只好用生菜代替一下了。吃炸酱面时,突然想起美国副总统拜登好像在北京还专门去吃老北京炸酱面,吃得那叫一个香呀。看来咱们中国这博大精深的美食真是把老美给吸引了。我琢磨着一碗炸酱面您就美成这样,要是再吃点儿烤鸭什么的,您还不得辞职留这儿了!

澳籍华人
ABC

今天邮局发来了包裹领取通知,小 JayJay 出生后的澳大利亚护照到了,等一会儿我们准备带着 JayJay 去邮局把他的护照领回来。

在说护照之前我们先聊一聊 JayJay 的出生证。出生证(Birth Certificate)就是一张写满宝宝和宝宝父母信息的证明纸,在为宝宝申请护照和将来上幼儿园上学的时候都需要的,换句话说就是宝宝的身份证。墨尔本所在的维多利亚州有一个专门负责出生、死亡和结婚的机构(缩写是 BMD),这个机构会向所有医院发放出生证明申请表,宝宝出生后要尽快填写这个表格然后交回 BMD,一周之内出生证明就会邮寄到家里。

除了一页白纸黑字的标准出生证明纸以外,家长还可以给宝宝选择各种版本的纪念出生证明纸,有动物图案的,有植物图案的,还有澳洲土著文化的等等。不过这些纪念版本的出生证明纸只能挂在墙上,不能当做正式文件来使用。

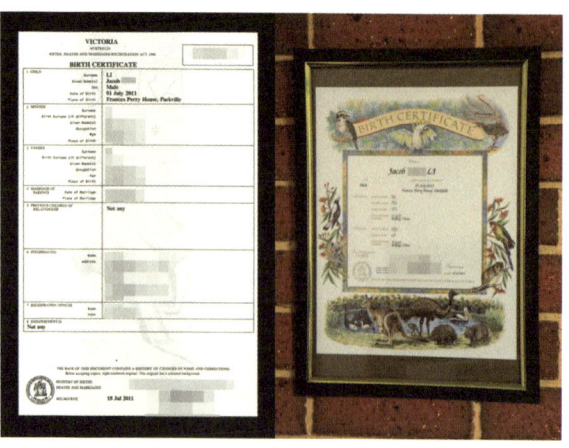

这是 JayJay 的标准出生证明纸和纪念版本的证明纸。

再说说 JayJay 的护照吧。收到邮局的通知单后,我带上 Jay 妈和 JayJay 一起去把他的护照取回来。路上 JayJay

兴奋得手舞足蹈，然后激动得吐了点儿奶，颜色接近透明闻起来就像酸奶一样，除了嘴边挂着一点之外，小家伙把嘴里没吐出来的奶咂吧咂吧又给咽了回去。Jay妈赶紧掏出纸巾边清理边说道："Jay呀，你恶不恶心啊！"

"嘿，老婆，怎么会恶心呢，只能说明JayJay很聪明！"

"聪明？此话怎讲？"

"知道龙虾有三吃吧——刺身、爆炒和煲粥。别看我们JayJay现在小，还只能喝奶，但就喝个奶人家都能整出个人奶三吃。先是喝鲜奶，接着发酵后吐出酸奶再咽回去，而挂嘴边的奶风干后变成奶片再嚼一嚼。人奶都能吃得这么有创意，你说他聪不聪明！"

"照你这么说应该是四吃，酸奶和奶片之间还有一奶酪呢。哦，宝JayJay，好聪明哟，坐车车喽，吐奶奶喽，谁能像宝Jay一样玩儿出个一奶四吃来呀。"Jay妈哄着JayJay贫道。

从邮局取出了装有JayJay护照的信封，先来一张相片，我会保留好这个信封等将来JayJay长大了给他看，因为这是他来到这个世界后收到的第一封邮件。

这个就是JayJay的澳洲护照，放在一个小夹子里面，左边是护照，右边是澳洲旅游局提供的旅游信息手册。

这个是JayJay的澳洲护照和Jay妈的中国护照放在一起的对

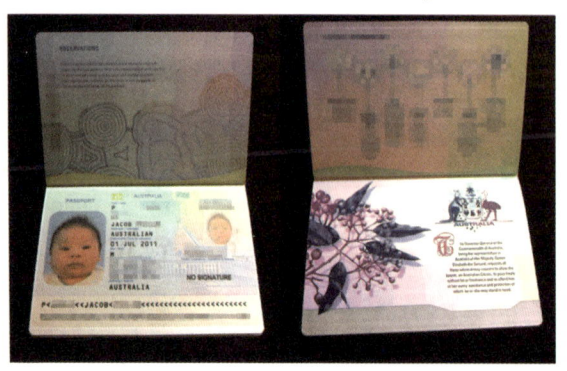

比照。

打开 JayJay 的护照后，嚯……这叫一个热闹呀，知道的是本护照，不知道还以为是精装版澳洲旅游手册呢，上面几乎囊括了澳洲所有具有代表性的动物、植物、体育运动、民族艺术以及纪念建筑等。没办法把每一页都拍照，所以我就拼一个首页和信息页给大家看看。JayJay 这张护照像可以说是他所有照片里面最丑的，没办法，躺着照的，脸蛋子上全是肉！

因为我和 Jay 妈都是澳大利亚的永久居民，加上 JayJay 又是生在澳洲，所以小家伙自然就是澳大利亚的国籍了。持有澳洲护照的方便之处就在于将来出国非常方便，因为所有西方发达国家都对澳洲护照持有者实行免签或者落地签。言外之意就是他只要买张机票，带上钱或者信用卡，就可以马上飞去美国、英国、法国等国家。但是这澳洲护照的不方便之处就是如果 JayJay 要是想去他父母的出生地——伟大的中华人民共和国，或者其他一些社会主义国家，比如朝鲜什么的，就必须事先申请签证了。

作为澳洲公民的 JayJay 其实还可以申请其他国家的国籍，这就是传说中的双重国籍，实际上我身边的很多澳洲人都是持有两国护照的，因为他们的父母来自澳洲之外的国家。不过有一些遗憾的是，虽然 JayJay 以后可以拥有美国、英国、加拿大等国家的国籍，但作为中国人的后代，JayJay 却没有资格申请中国国籍了。因为我们国家目前还不承认双重国籍。所以等小 JayJay 下次回国看爷爷奶奶的时候，还要申请中国签证。

Jay 妈拿着 JayJay 的护照逗他："JayJay 呀，这就是你的澳洲户口本，你可要收好了，等改天妈妈再给你做一个档案，社会成分一栏就填一个

ABC。"

"ABC？！退烧药？"Jay 姥在一旁打岔道。

"妈，那个是 APC，复方阿司匹林好吗。ABC 就是 Australian Born Chinese，澳洲出生的中国人。"Jay 妈说道。当然了，要是出生在美国呀、阿富汗呀、阿塞拜疆呀，只要是 A 字开头的国家出生的中国人，都可以叫 ABC！

"小 JayJay 是姥姥的澳籍华人了。"

"没错，澳籍华银！"我说道。

从此，澳籍华银就成 JayJay 的外号了，于是经常会听见 Jay 妈在家嚷道

"正给你家澳籍华银喂奶呢！"

"嚯……澳籍华银，你这屁放得够响的呀！"

"哎呀，老公，快过来，你家澳籍华银又拉了一裤兜子！"

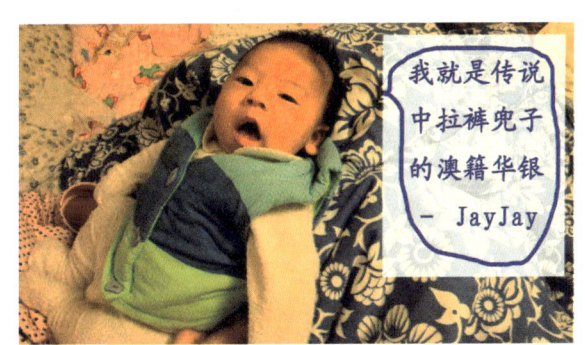

JayJay 的漫画之《应酬》

 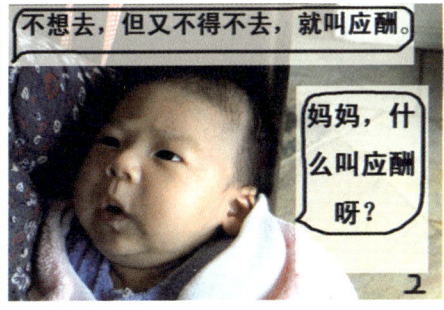

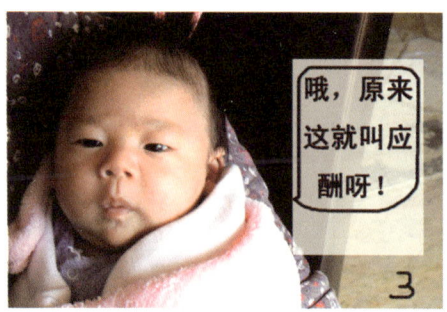
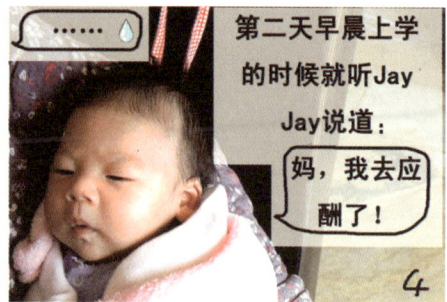

JayJay 的漫画之《神医》

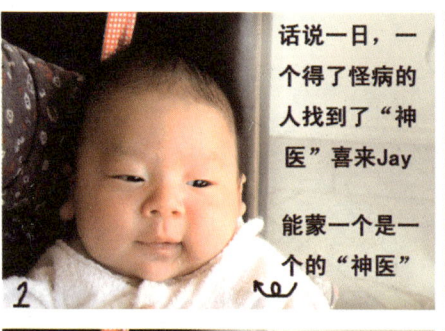
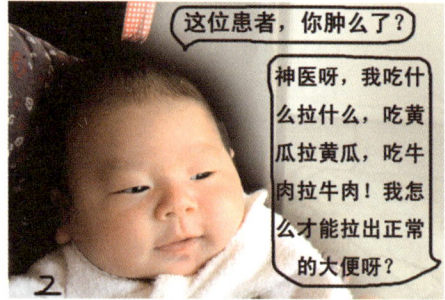

产后的锻炼
Postnatal Exercise

最后一次到医生那里复查回来后，Jay 妈准备开始减肥了。生完 JayJay 都两个多月了，Jay 妈的肚子还和怀孕几个月似的，太难看了。要想减掉这大肚子的方法，就是每天锻炼，这是最健康的，也是医生最为认同的方式。医生还告诉我们不需要等到生完宝宝 100 天，一个多月后完全可以开始了。

于是这几天，我信心百倍准备实施我的"魔鬼训练"，让 Jay 妈再次恢复那曾经曼妙的体态和婀娜的身姿。Jay 妈也对我表达了决心：洪湖水，浪打浪，长江后浪推前浪，一浪更比一浪强，把我大肚子的肥肉拍在沙滩上！

可是计划赶不上变化，虽然从医院回来后，我们全家都在念叨着让 Jay 妈锻炼，但由于 Jay 妈晚上要照看 JayJay，所以白天总要补觉，有时候经常是早晨 10 点多开睡，起来吃点儿东西后又接着睡了。基本上是什么时候看她什么时候都在睡，而且睡得叫一个香。所以我也不忍心再叫醒她，甭说魔鬼训练了，连天使训练都没开始。

昨天，Jay 妈在下午 3 点左右终于睡够了觉，于是我开始提醒她："你老人家今天觉也睡够了，JayJay 也有咱妈带着，怎么着，起来活动活动筋骨吧！"

躺在床上的 Jay 妈开始耍赖："你知道吗，这人心里面总住着两个小人，一个是善良的小人，一个是邪恶的小人。"

"当然知道了，对的事情都是那个善良的小人劝人做的，而错的事情都是那个邪恶的小人劝人做的。"

……

"不是……老婆，你到底想说什么呀，你不会是想和我一直贫到天黑，然后又可以不锻炼了吧？！"我说道。

"我的意思就是……在锻炼方面，我内心的那个善良小人好像从来没有工作过！"Jay妈伸着懒腰说道。

……我看得出来。

于是，不由分说地将Jay妈从被窝里面拵（念den，四声）了出来，强迫她换好运动服，然后又和拉死狗一样把她拽到了网球场上。

嘿，你还别说，虽然Jay妈平时不怎么打网球，可是这一打起来还真是有模有样的。虽然不会高抛发球，但是颠地发球是既有力度也有准确性，反手还是双手握拍那种，居然还知道左右地调我。行呀，原来我们家一直有一个潜在的网球明星呢。

"打得相当不错，以后咱们要坚持！"我嚷道。

"没问题，不过现在好累，打了有1个小时了吧。"Jay妈问道。

"……不到20分钟。"

就这样我们打一会儿歇一会儿地玩了差不多1个小时。

大师罗丹同志曾经教导过我们：生活中不是没有美，而是缺少发现美的眼睛。打完球后，和Jay妈坐在网球场的角落里，喝着水，仰望着天空，看见那片片白云如同一大块一大块簇新的棉絮一般，映衬在傍晚那略微发暗的蓝色天空中，真的是太美了。可惜Jay爸没有带相机出来，只好掏出手机保留住这份美感。虽然下面的相片比起实际效果大打折扣，但有时候我们的想象力就如同Photoshop一样，是能把美景还原到最佳状态，不是吗？

回到家后，我们在客厅里面铺好垫子，开始针对Jay妈的大肚子进行

减肥训练——仰卧起坐！

想当年上学那会儿，Jay爸也是运动健将，没有六块腹肌也有四块半，仰卧起坐一分钟65个，于是我率先躺在了垫子上面，准备身先士卒地带动一下Jay妈。

"贝宝，按住我的脚，脑袋不要离我太近，到时我做起来可是快如风呀，碰到了你的脑袋你可吃不消的。"我说道。

吓得Jay妈赶紧往后退了退，咱做之前得先来点气势，于是我大声嚷道："老婆，眼睛别眨，数着点儿，我可开始了！！"

"一个……两个……三个……四个……五个……"

做到第20个的时候基本已经起不来了，Jay妈说道："嚯……你老这刮的是哪阵风呀，太慢了吧。不眨眼数你这个还真挺困难的，等得我眼睛都干了。"

"你少在那冷嘲热讽的，你过来做，你要是能做五个，我立马穿着内裤到大街上做50个俯卧撑！"

于是Jay妈躺在垫子上，我扶好她的脚，开始！

"一……个,加油,再来一个,两……个。"

看 Jay 妈做第三个的时候也就能把脑袋离开垫子一点,可怎么也起不来了,我决定帮她一把,于是一把薅住(念 hao,一声,就是揪住,抓住的意思)Jay 妈的脖领子把她拖了起来,然后放回去,接着薅起来放回去,再薅起来再放回去……十几次吧,妈呀,我没觉得 Jay 妈多累,就是觉得我这个胳膊特酸……

"好嘛,老婆,这知道的是我在帮你做仰卧起坐,不知道的还以为我在揍你呢。这么做下去你这腹部没怎么练,我这臂力算是练出来了。"

"没办法,怎么现在连几个都做不动了……"Jay 妈气喘吁吁地躺在垫子上说道。

"行了,先这样吧,以后我尽量减少薅你的次数。"

就这样,我们折腾了一下午,就算是带着 Jay 妈好好锻炼了一次,但愿她能够多坚持几天吧。

这锻炼之后的减肥效果倒是没看出来,可这增进食欲的效果倒是一目了然。好嘛,晚饭的时候,Jay 妈的食欲那叫一个好,吃了两碗泡菜炒饭,外加炖牛肉、沙拉,还有一大碗粥。老婆呀,你这练还不如不练呢。

遥想 Jay 爸我当年上学的时候,那也是有四块半腹肌的人,可现在基本上融合成一块了,也不知道还能不能再练出以前的样子。不过我在想,如果一个男人能在 30 多岁的时候,脱下衣服露出结实的六块腹肌,那将是多么令人骄傲的事儿呀!于是我在这里也下一个决心,要带领 Jay 妈好好锻炼,我争取在 3 个月之内……好像时间太短了……争取在半年之内……好像也不够呀……算了,给自己的时间稍微富余一点吧……我要争取在三年之内练出腹肌的……雏形!

JayJay 的漫画之《讲故事》

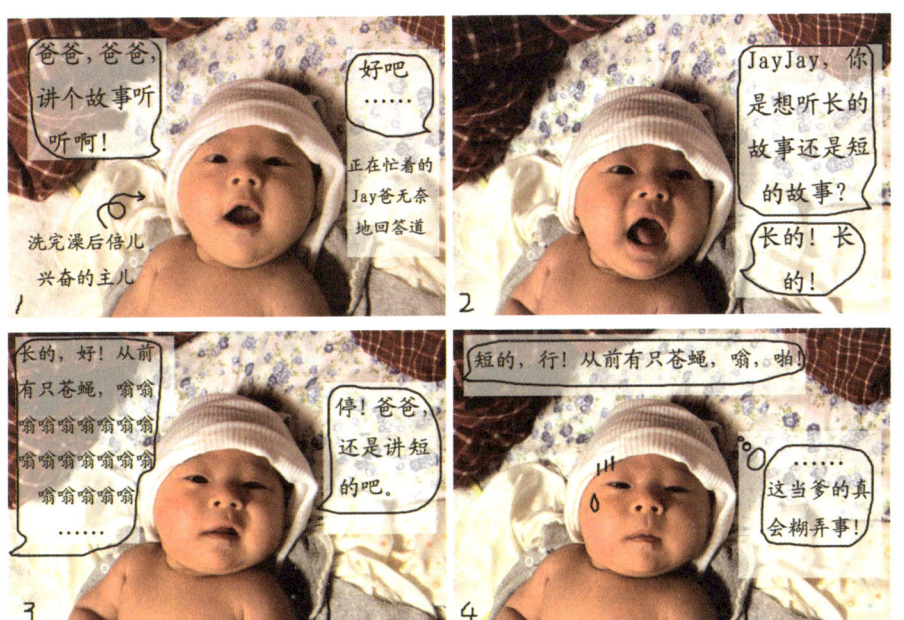

JayJay 的漫画之《洗澡之前》

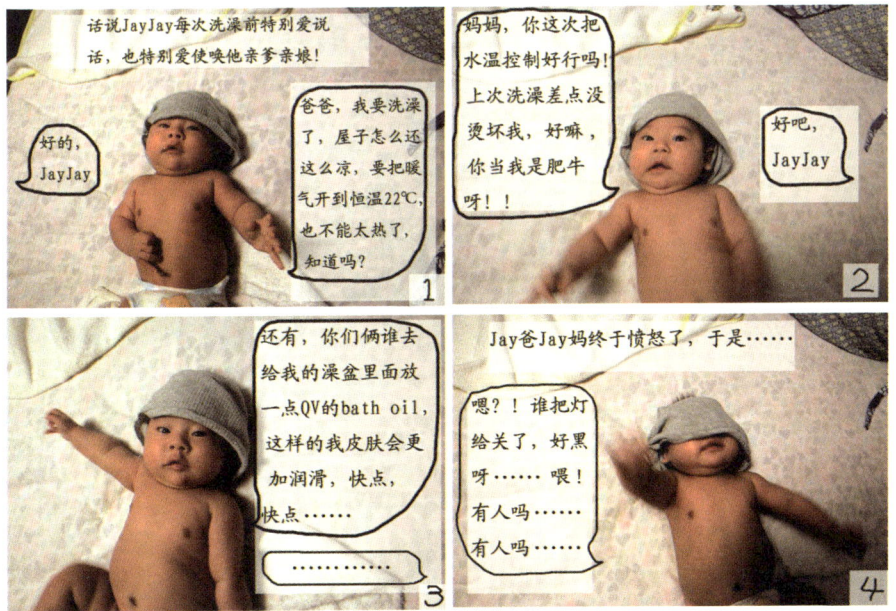

 温馨小贴士

产后锻炼

呵呵，看到Jay妈又打网球又被我拽着做仰卧起坐，你一定觉得很好笑吧。不过Jay妈的这些运动是在经过了一系列恢复性的锻炼之后才进行的。那么这里就分享一下Jay妈在打网球之前我为她安排的具体活动方法。

首先在坐月子期间，不要总是躺在床上，要适当地下地活动，这也为产后瘦身锻炼做好准备。产后两周可以开始适当增加一些下地活动的时间，甚至可以做一些比较简单的家务，但是一定不能长期抱着孩子走或者提重物。产后一个月可以外出进行户外散步，一开始的几次，走得一定要慢，不要到出汗或者呼吸急促、心跳加快的地步，只要感觉身体活动开了就行。然后慢慢地增加散步的时间，每次走到Jay妈刚好感觉出汗或者有一点心跳加快。按照这个时间再走一段时间，直到Jay妈完全适应后，再加量，不过标准就是以不要过于疲劳，以Jay妈身心都愉快为基础。

按照这样的方法锻炼一段时间后就可以逐渐开始一些运动。但是不要过于疲劳，还有就是不要运动后马上喂奶，因为在运动中体内会产生乳酸，乳酸潴留于血液中使乳汁变味，从而影响宝宝的食欲。

写在日记之后的话

呵呵，小JayJay现在已经彻底摆脱了新生儿的模样了，很少哭闹，倒是经常被我们的一点点儿小动作逗得哈哈大笑。这天真无邪的欢乐笑声极具感染力，令我们这些陪伴在他身边的大人们也常常开怀大笑。

这本书原本打算记录到Jay妈生产之后便收笔。可是后来发生的搞笑事情太多了，又考虑到新生儿的哺育喂养阶段，也是很多朋友非常关心的话题。因而把JayJay出生后的这段日记也收录了进来。

写到这儿，日记就要暂时告一段落了（我说的是暂时）。我和Jay妈既不是医学权威也不是人类学专家，日记中所涉及的医疗信息和生活常识，都是在Jay妈怀孕时到处搜集的。目的是让我们自己和朋友们，能够更全面地了解孕育和抚养一个健康宝宝的全过程。因为我们俩毕竟也是初为人父人母嘛。

如果朋友们读完这本日记后能够开心一笑，我就心满意足了。因为在领略了生活中的酸甜苦辣后，还有什么比您的快乐、幸福和健康更重要？！

就在这本日记准备截稿的时候，一件颇为奇异的事情发生了。由于连续修改稿件数小时，感觉有点疲惫，于是来到后院散步休息。无意中抬头仰望天空，我顿时惊呆了。蔚蓝的天空中居然出现了一条由白云组成的"龙"！（绝对不是PS的）这条"龙"一直顶着周围的云"飞行"了大约20分钟。我在惊愕中将这条神奇的"龙"拍摄下来。我想，这是否预示着龙年中出生的宝宝们，必将是人人身心健康，个个生龙活虎！

日记结束的时候，Jay爸Jay妈向所有关心和爱护JayJay的朋友们致以最诚挚的谢意！任何愿意交流的读者都可以登录我的博客http://blog.sina.com.cn/u/2138880105或者把你们的邮件发送至dannyhanli@gmail.com

最后，我想用写给JayJay的一封短信作为这本日记的结束语。

写给 JayJay 的一封信

亲爱的小 JayJay：

我知道你现在已经朦朦胧胧地认识了爸爸妈妈，但是你还不能表达出你的感情；我们也看到你牙牙学语般地叫出了爸爸妈妈，虽然你经常安错了对象；我们更是能体会到了你那不知疲倦的精力，尽管经常会把你爸妈还有姥爷姥姥累个半死。

但是我们快乐无比！因为你的到来，为这个家庭增添了无数的欢乐与喜悦。你知道吗，虽然你姥爷提前三个月回到中国去了，但是就在和你告别的那一刻就已经开始想你了；你姥姥虽然距离回国还有三个月，但是每每想到就要和你分开的时候，常常暗自啜泣；你爷爷奶奶虽然身在北京，但是他们俩每天都要反反复复、一遍一遍地看你的录像和照片。

记得当时你妈怀你的时候，每天祈祷最多的一件事情就是：不管你长得好看还是难看，只要能健康地出生就是她最大的心愿。你现在不但健康出生了，而且那么活泼可爱，我们是不是应该在健康之外再增加一份对你的期盼呢？

是的，我们绝对要增加一份期盼，那就是期盼你每一天都能快乐成长！爸爸妈妈、

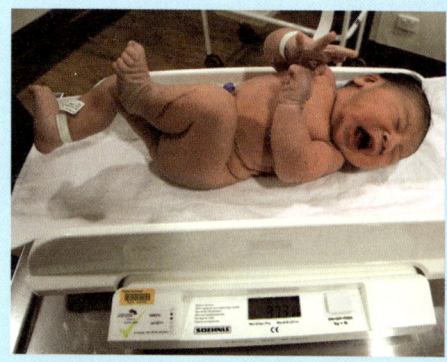
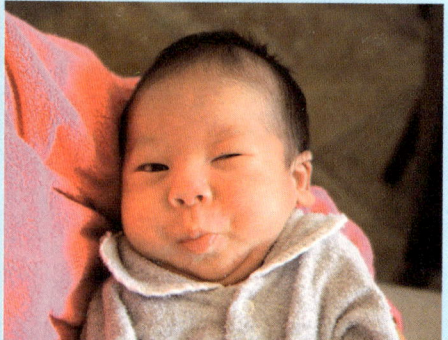

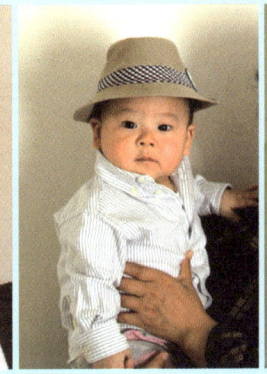

姥姥姥爷和爷爷奶奶都会为这份期盼付出一切。呵呵，别客气，JayJay，因为你是我们最最可爱的小天使！

　　JayJay，你要知道，爸爸在你还没有出生的时候，就已经开始为你写日记了。何谓日记？就是每天的记录。请原谅爸爸偶尔犯懒的日子，并没有真正做到每天都在记录。所以准确地说应该叫随笔更恰当，就是什么时候想起来什么时候就写两笔。不过爸爸一直没有停止过，而且永远也不会停止。我和你妈妈，要把你生活中的点点滴滴都收藏保存起来。因为，这将是我们俩在这个世界上最最美丽和最最难忘的时光。

　　JayJay呀，不久的将来你就会长大了，可能长得会比我还要高出半个头。到那时你也许只是个普普通通的人，也许会做到事业有成。但是，这些对于爸爸妈妈来讲都不是最重要的。最重要的还是我们的那份期盼，期盼你能健康快乐地度过每一天。

　　宝JayJay，你要记住一句话：爸爸妈妈永远都会像你刚出生时那样深深爱着你。即便有一天我们老得逝去了生命，也会化作两个守护你的灵魂，一左一右伴你到永远。

爱你的爸爸妈妈
2011年12月30日

图书在版编目（CIP）数据

生在澳洲：北京爷们儿的澳洲怀孕日记 / 李晗著．
—北京：人民日报出版社，2012.6
ISBN 978-7-5115-1212-3

Ⅰ.①生… Ⅱ.①李… Ⅲ.①社会生活－概况－澳大利亚 Ⅳ.① D761.18

中国版本图书馆 CIP 数据核字（2012）第 135155 号

书　　名：	生在澳洲——北京爷们儿的澳洲怀孕日记
作　　者：	李　晗
出 版 人：	董　伟
责任编辑：	朱　岩　葛　倩
封面设计：	蒋宏工作室
出版发行：	人民日报出版社
社　　址：	北京金台西路 2 号
邮政编码：	100733
发行热线：	(010) 65369527　65369509　65369510
邮购热线：	(010) 65369530
编辑热线：	(010) 65369522
网　　址：	www.peopledailypress.com
经　　销：	新华书店
印　　刷：	环球印刷（北京）有限公司
开　　本：	710mm×1000mm　1/16
字　　数：	250 千字
印　　张：	20.75
版　　次：	2012 年 7 月第 1 版　2012 年 7 月第 1 次印刷
书　　号：	ISBN 978-7-5115-1212-3
定　　价：	58.00 元